CHRIS GRISCOM

A EVOLUÇÃO de DEUS

CB131656

Créditos

Título da edição original: The Evolution of God
English edition copyright © 2008 by Chris Griscom
All rights reserved.

Direitos da edição em Português © 2010
Editora Vida & Consciência Ltda.
Todos os direitos reservados.

Direção de Arte: Luiz A. Gasparetto
Editoração Eletrônica: Marina Avila
Preparação e Revisão: Fernanda Rizzo Sanchez
Tradução: Brazil Translations & Solutions

1ª edição – Maio 2010
3.000 exemplares

Dados Internacionais de Catalogação na Publicação (CIP)
(Câmara Brasileira do Livro, SP, Brasil)

Griscom, Chris
A Evolução de Deus / Chris Griscom;
[tradução Brazil Translations & Solutions].
São Paulo : Centro de Estudos Vida & Consciência Editora.
Título original: The Evolution of God.
Bibliografia.
ISBN: 978-85-7722-072-4
1. Alma 2. Crescimento espiritual 3. Deus – Amor 4. Espiritualidade 5. Felicidade
6. Verdade (Filosofia) 7. Vida espiritual I. Título.

09-09919 CDD-291.4

Índices para catálogo sistemático:
1. Espiritualidade: Evolução espiritual: Religião 291.4

Publicação, distribuição, impressão e acabamento
Centro de Estudos Vida & Consciência Editora Ltda.
Rua Agostinho Gomes, 2312
Ipiranga – CEP 04206-001
São Paulo – SP – Brasil
Fone/Fax: (11) 3577-3200 / 3577-3201
E-mail: grafica@vidaeconsciencia.com.br
Site: www.vidaeconsciencia.com.br

Proibida a reprodução total ou parcial desta obra, de qualquer forma ou por qualquer meio eletrônico, mecânico, inclusive através de processos xerográficos, sem permissão expressa do editor (lei nº 5.988, de 14/12/73).

dedicatória

A evolução de Deus é dedicado ao meu Eu Superior, que tem tecido a trama da minha vida de tal maneira que só pude levantar esses questionamentos e ouvir as respostas de forma tão brilhante sussurradas dentro da minha realidade por meio de muitas Almas amigas, que têm me ensinado a enxergar a "verdade" como uma experiência. Sei, do fundo do meu ser, que além da vida e da morte está o encontro com a Fonte Divina – sempre em evolução.

Sobre a Autora

Mentora espiritual, terapeuta e visionária, Chris Griscom é autora de quatorze livros sobre temas de espiritualidade, cura e potencial humano, que foram traduzidos para treze idiomas. Ela se abriu para a percepção de sua Alma eterna por meio de suas profundas experiências de vida e morte, durante nove anos na Peace Corps. Como resultado de uma vida de troca de experiências espirituais, ela fundou a igreja The Sanctuary of Light e A Nizhoni College of Divinity, ambas norte-americanas. Ela também fundou The Light Institute of Galisteo, um centro de cura espiritual de prestígio internacional em Galisteo, Novo México, e é uma autoridade renomada em reencarnação e ensinamentos sobre a evolução da Alma por meio da materialização.

Chris Griscom dedica sua vida ao desenvolvimento da tecnologia espiritual, à expansão da consciência e à evolução da Alma. Ela viaja pelo mundo ministrando palestras e seminários enquanto mantém seu trabalho no The Light Institute of Galisteo.

Chris Griscom

Sumário

três

Ao leitor

Caro leitor,

Você está prestes a embarcar em uma jornada da Alma. É uma jornada sem fim, ou mesmo direção. É mais como atirar uma pedra em um lago e surgirem as ondas que se deslocam na direção contrária. Espero que essas ondas despertem em você um novo tipo de liberdade para explorar as extensões de sua consciência.

É sobre Deus. É sobre quem realmente somos. É sobre as perguntas que nunca fazemos e as que temos medo de fazer.

Estou compelida a escrever este livro, pois há um conhecimento poderoso dentro de mim, dizendo que está na hora de falar sobre essas energias profundamente intrínsecas entre toda a humanidade que deve ser produzida e esclarecida para que possamos evoluir para uma nova oitava da vida.

Estamos crescendo por saltos catapúlticos em todas as faces de nossa consciência. Nosso corpo está mudando para permitir mais luz. Nossa faculdade mental explodiu em um cenário multidimensional de nanossegundos e realidades invisíveis. Não temos nenhum problema ao usar um computador que processa quase instantaneamente qualquer comando em um aumento aglutinado de conhecimento. Ousamos sonhar, viajar além do nosso planeta, sonhar com milagres e magia – mas não ousamos tocar nosso Deus. Não ousamos imaginar o Divino realmente entre nós – ou além do nosso pequeno mundo de natureza humana.

Estamos assustados com nossos poderes de curar ou manifestar. Pensamos no potencial humano como algo relevante para apenas um grupo especial de seres únicos, mas o pior é que não podemos aparentemente permitir a nós mesmos conexão direta com nossa própria Fonte Divina.

Até agora, no nosso planeta, vivenciamos a mudança como ameaça, perigo ou energia desestabilizadora, a qual resistimos em nossa família, nossa igreja e nosso país. No entanto, a mudança é o que nos permite testar o rio da vida, e descobrir o que beneficia o todo e o que não.

Sim, estamos em um eterno pulso de evolução – a evolução de nossa espécie, de nossa consciência e de nossa Alma. É hora de selecionarmos dentre todos os nossos sistemas de crenças e encontrarmos as pérolas de sabedoria, as chaves para a jubilosa, arrebatadora e livre expressão de nossa divindade. Não podemos continuar com nossos conceitos limitados de Deus. Não podemos criar ódio, medo e guerra em nome de Deus. Devemos ativar a inteligência de nosso coração e – evoluirmos Deus. Não se trata de um sacrilégio, mas sim nosso direito como humanos – e nossa responsabilidade.

Nossa Fonte Divina nos trouxe para dentro de nosso corpo. Ela existia entre nós muito antes de livros sagrados serem escritos para nos guiar, muito antes de podermos sequer invocar as formas ou dogmas da disciplina religiosa. Agora, há um apelo para que nos libertemos da velha interpretação sobre o que é espiritual e tomemos nosso primeiro fôlego como seres Divinos evoluídos o bastante para vivenciar a Fonte de Deus em todos os momentos de nossa vida.

Este livro não é um discurso sobre religião ou Deus. É uma sinopse descritiva sobre como temos nos relacionado com nossa Fonte e moldado Deus como um ser que nós mesmos criamos por meio de nossa interpretação de experiência subjetiva. É exatamente essa subjetividade que guiaria as verdades profundas caso conseguíssemos adotá-la como parte de nosso propósito. Todos nós tivemos experiências espirituais, mas julgamo-las sem importância ou errôneas. E se nos permitíssemos vivenciar a Deus em novos caminhos – sem medo ou censura?

Vamos arrancar a pele de uma cobra que não nos serve mais!

Digo estas palavras a você não porque tenho a intenção de culpar, desaprovar ou desonrar a religião, mas porque sei que novas energias estão se movendo dentro de todos nós, necessitando que seja dada voz. Neste livro está a minha voz. Convido sua voz a se juntar à minha, e pela coragem e inspiração Divina poderemos participar de...

"A Evolução de Deus."

Com muito respeito e amor,

CHRIS GRISCOM

...estamos em um eterno pulso de evolução...

Evolução

A espiral da perfeição

QUANDO FALO DE "EVOLUÇÃO" NESTE LIVRO, não estou me referindo à discussão contínua se os seres humanos simplesmente evoluíram como um fenômeno natural ou se Deus criou os humanos distintamente separados dos outros animais, ou ainda se nossa gênese é sobre um design inteligente. Cada uma dessas teorias tem algo a nos oferecer, mas colocando seus polos em contato uns com os outros fica muito constritivo para avançarmos uma perspectiva holográfica do nosso lugar no Universo. Exploremos a evolução de uma maneira mais descritiva.

A evolução é o resultado da lei do carma – ação e reação, causa e efeito. Significa que existe um movimento natural que permeia todas as oitavas do Universo, que compreende experiência e a aplica à função e consciência, dessa forma alterando-a. Dizemos que algo está evoluindo quando muda sua forma ou quando se adapta ou faz algo que traz novidades ao mundo multidimensional. Cada pulso, ou onda, ou geração traz consigo o potencial de uma mudança que altera o projeto original – a cada movimento, uma mudança ocorre.

O movimento da vida penetra um campo holográfico de energia, absorvendo todas as suas faces até que oscile para fora do perímetro e gire em espiral – a espiral da evolução. É uma digestão e integração virtuais de matéria-prima das quais algo novo emerge.

A evolução não é algo linear, assim como o tempo não se move exatamente em uma sequência contínua, mas em vez disso se arqueia de forma que as energias do que chamamos de passado avolumem-se para dentro do futuro, que é pressionado pelo presente, derramando seu conteúdo cristalizado do passado. Todo o potencial se cria como uma onda vinda da origem da Fonte, comprime-se em matéria e então se esvazia novamente no ciclo infinito de reconfiguração e renovação.

Se pegarmos o significado da palavra evolução para o seu propósito desenvolvido de evoluir em todos os mais altos e perfeitos estados, então ela se torna uma ferramenta de graça em nossa vida – uma espiral de perfeição. Uma aventura para evoluir em todos os níveis de nossa existência. Como gostaríamos de evoluir nosso corpo, nossa consciência, nossos relacionamentos, nossas sociedades, nosso planeta?

Nada continua igual – mesmo que desejemos veementemente que isso aconteça – não devido ao tempo incessante, mas devido à criação cósmica infinita. Tudo o que conhecemos hoje ou chegamos a conhecer alguma vez como verdade ou mesmo como vida, é resultado da Força Divina criativa, que para sempre alternará as realidades de forma e sem forma de maneira semelhante. Nossa vida não permanece a mesma, nem nosso mundo, e certamente nem nosso Deus.

Ainda assim, resistimos a qualquer insinuação de mudança referente a Deus, como se mesmo um novo pensamento ou expressão Divina pudessem nos lançar a um inferno infinito de punição e vergonha. Não ousamos conceber uma mudança de algo que consideramos onipotente, e certamente nenhuma instituição religiosa apoiaria tal transgressão. Se o Universo está sempre mudando, por que pensamos que a Fonte Divina não evolui também? Será por conta do nosso medo de mudança tão profundo que nos apegamos àquilo constante em nossa vida?

Acreditamos realmente que estaremos salvos se Deus permanecer o mesmo para nós? Neste caso, nosso futuro está condenado, e certamente iremos deslizar para o esquecimento – não porque Deus proclamou o fim do mundo, mas porque teremos caído em um restritivo e incessante abismo de cegueira. Temos nos defendido tanto da força criativa Divina que não podemos conceber um deus que se mova conosco em nossa órbita evolucionária. A verdade da criação é que ela continua progressivamente; mesmo as palavras escritas em uma folha de papel têm seu significado mudado conforme são lidas e relidas. Esse é o mistério da consciência em que a experiência holográfica sinergisticamente esboça a verdade.

De fato, deixamos Deus para trás em uma cápsula do tempo. Não chegamos a explorar as possibilidades infinitas de conhecermos a Deus devido ao nosso repertório limitado de consciência. Nossa relação com o deus de nossa herança cultural é envolta por um fanatismo veemente de fidelidade inapropriada, um acordo de monotonia interminável.

Há uma insana obrigação nesta perspectiva sempre igual que prenuncia qualquer alteração religiosa ou progresso em nós. Como esses contratos de lealdade fictícia vêm a existir? Pelas mãos do homem.

Aprecio profundamente o predicamento dos dogmas religiosos. Modificar as interpretações daqueles infalíveis, reinterpretar os profetas, seria impensável em termos de doutrina e constância religiosas. No entanto, persistir na ilusão de um deus imutável é colocar uma barreira entre a mente e o coração dos fiéis modernos. Muito já foi dito sobre os mandamentos de Deus em todas as religiões, e não o suficiente foi ensinado sobre como fazermos com que nossa relação com o Divino seja de generosidade e alegria. A possibilidade de novas perspectivas sempre coincidiu com a ameaça do exílio. A tragédia aqui é que sempre acreditamos que seria verdade.

Existem o medo e a culpa implícitos de que se mudássemos nossas percepções religiosas estaríamos de alguma forma cometendo traição contra nosso deus e nossa futura inclusão no céu. O poder do céu e do inferno em nossa vida é quase imensurável. É a derradeira praga da condenação – "Vá para o Inferno!", significa que "o destino é pior do que a morte", e vem sendo ensinado a cada criança de todas as religiões, desde os primeiros momentos de seu imaginário cognitivo. O inferno é muito forte em nossa escala de fuga, e não arriscaríamos sua eternidade de deplorável repetição pelo propósito de uma nova e incerta interpretação de verdades religiosas. Ainda assim, acho que devemos!

Mudar Deus é uma idéia inconcebível para a maioria das pessoas. Sentimo-nos da mesma forma quando tratamos de nossos relacionamentos. Preferimos continuar na situação atual do que encarar qualquer mudança que poderia colocar nossos hábitos e padrões seguros em risco. O poder da conformidade e institucionalização religiosa é gigantesco! Na verdade, não nos damos conta de que temos o poder para reinventarmos nós mesmos ou qualquer outra pessoa. O mundo é cheio de relacionamentos que existem ligados no piloto automático. Cada parceiro fica esperando que o outro faça algo que traga vida à rotina. Parece inimaginável contemplarmos a possibilidade de que poderíamos mudar Deus, mesmo que o relacionamento nunca tenha, até agora, alcançado seu potencial total. E não poderá, até que o livremos da prisão constritiva da mente humana.

Mesmo viajando pelo mundo e presenciando muitas formas distintas de expressão espiritual, se considerarmos trocar nossa religião, ou mesmo em algumas áreas, nossa igreja, poderíamos ser pressionados por meio de duros elos de desaprovação familiar e social que nos ameaçariam com sutil ostracismo. A força de nossas convicções religiosas está ancorada nos lugares em que cultuamos e as pessoas que vão até lá conosco. A familiaridade, compactada com todas as sensações de visão, audição e olfato que impregnam a memória, amarra-nos a um Deus moldado de forma especial. Mesmo as grandes massas de pessoas que não mais praticam a crença em alguma religião se encontram em uma espécie de espiritualidade interrompida quando entram em contato com a parafernália religiosa de seu passado. Conforme evoluímos Deus, as estruturas, ícones e todas as outras representações simbólicas terão de ser mudadas. Imagine igrejas cristãs sem crucifixos!

Não é o suficiente nos estagnarmos no passado porque a história proporciona sua versão limitada da verdade, ou porque nossos pregadores e pais dizem que devemos. Possuímos novas faculdades da mente e espírito. Podemos agora reexaminar nossa história espiritual e vermos claramente as influências da consciência coletiva que moldou nosso mundo religioso.

Elementos de medo e ódio têm sido ensinados nessa história por causa da escuridão da mente possuída pelos nossos primitivos ancestrais. Eles só viram o preto e o branco da realidade – vida e morte. Pintaram ação e reação cármicas nos extremos do céu e do inferno. Não compreenderam totalmente o holograma de universos intermináveis pelos quais o passado e o futuro convergem; e a vida, a morte e o renascimento buscam uns aos outros em ondas concêntricas de expansão evolucionária.

A evolução religiosa incorporou-se ao pano tecido de maneira frouxa da vida tribal que se transformou em sociedades e reinos culturais envolvidos em torno da expressão comum, devoção, e finalmente as políticas de longo alcance – de Deus.

Podemos ver as leis do carma no trabalho, quando vemos as sequências de ação e reação de empenhos espirituais conforme eles evoluíram, tornando-se religiões com fórmulas, rituais e dogmas específicos que descreveram seus sistemas de crenças. A rígida espinha dorsal de crenças religiosas forneceu o pretexto para as guerras que fizeram de um dos grupos as vítimas, e que gradativamente tornou-se o grupo a fazer as vítimas. Territórios foram conquistados e depois abolidos enquanto os aliados, de maneira eficaz, mudaram sua lealdade – para a frente e para trás no presente.

Mesmo o conceito de carma precisa de um ajuste evolucionário nos dias atuais. Nas línguas orientais, o carma sempre carrega uma perspectiva mais negativa e fatalística pela qual somos punidos pelos nossos pecados de outras vidas. Se desviarmos nossos caminhos da bondade e de Deus, pagaremos por meio das leis do carma – agora ou mais tarde. Essa perspectiva é apenas uma visão superficial da lei do carma, que se refere a todas as energias – o pensamento e a ação, o positivo e o negativo. O carma pode ser uma maravilhosa convergência magnética de eventos milagrosos por meio da linhagem de boas ações. "Semelhante atrai semelhante" é uma das maneiras de descrevê-lo ou "você colhe o que você planta" é outra expressão sempre presente em muitos ensinamentos religiosos. Essa última expressão é usada usualmente no contexto de punição por algo ter sido feito errado, em vez de ser usada no sentido de ser uma poderosa inspiração de que todas as boas ações praticadas retornam "dez vezes mais".

Nossos antepassados puderam entender a força da origem

ditando sua vida no que diz respeito aos limites de escolha e possibilidade, porém não puderam compreender totalmente como as experiências e conceitos prévios de seus familiares intrinsecamente moldaram seu destino. Eles não sabiam que a experiência tem vida; que ela se torna um projeto que não é revelado e que passa de um para o outro pela psicogenética do sangue, cultura e espírito. Isso é algo ainda no horizonte da nossa consciência; uma semente que estou compelida a plantar, com a esperança de contribuir com um salto catapúltico no potencial humano.

O DNA espiritual é um conjunto ilusório de insinuações pairando sobre o DNA físico e emocional mais palpável. Juntos, eles são entrelaçados em um todo coeso que sussurra em ambas as direções contra o véu do absoluto e completa a composição de quem somos nós. Como veremos mais adiante, nosso DNA espiritual não é trancado dentro da matriz de um único corpo, uma única vida, ou mesmo em nossa forma humana. Da nossa constelação familiar herdamos um paladar quase infinito de cores e texturas que pintam o nosso mundo religioso. Herdamos também níveis de conhecimento e graça espirituais que parecem ainda estar escondidos, e estão começando a despertar universalmente, em todos os humanos.

Apesar de as experiências religiosas e espirituais de nossos antepassados estarem permanentemente marcadas dentre os confins psicogenéticos de nosso DNA, podemos nos tornar cientes daqueles profundos entalhes históricos para percebermos como temos repetido suas ações! Esse não é um pensamento positivo, mas se formos corajosos o bastante para espreitarmos pelo buraco negro do passado, seremos poupados de qualquer tentação de descermos na sua escuridão ou voltar lá novamente. Quando reabrimos as páginas do passado da religião histórica, podemos ver a fraude – e sabemos que estamos além disso hoje. Por meio do poder da consciência evoluída, podemos praticamente reparar e substituir os filamentos mais fracos dos nossos conceitos religiosos. A evolução nos levará adiante para um encontro mais gentil e amigável com o Divino.

Conforme seguimos por este caminho tortuoso da Força

Divina em nossa história, podemos ver que seus tentáculos religiosos, na verdade, enroscaram-se em volta e através de todos os aspectos de nossa vida. Esses tentáculos foram carregados com o desagradável pretexto de o que Deus queria – naquela época, assim como agora. Deus foi o pretexto para guerra, roubo, tortura e sede de poder. Foram as vozes inalcançáveis dos líderes religiosos que exigiram tais guerras, que jogaram com vidas e reinos como se fossem um jogo de xadrez. Todos os muitos resíduos de intriga e traição ainda estão conosco. Agora é hora de desatarmos Deus de todos os nossos pretextos.

Apesar das reivindicações feitas de maneira cruel dos púlpitos ao redor do mundo, Deus não "quer" nada, não "precisa" de nada dos humanos. Pregar o contrário é um logro de manipulação. Estamos aqui na Terra para evoluirmos espiritualmente. Esse é o nosso mandamento – tornarmo-nos seres evoluídos e conscientes. É o dom que retribuímos ao nosso criador, o único que realmente importa. Não é que alguma força pessoal de Deus exija isso de nós, e sim uma força natural de evolução que nos traz isso – mesmo quando não procuramos conscientemente.

Nossa evolução espiritual não deve estar restrita somente a uma linhagem histórica. Nós a registramos no que diz respeito ao tempo e aos eventos que a tornam real para nós, mas essa não é a história completa. Não somos as vítimas de nossa história religiosa, somos os sobreviventes que devem agora limpar os escombros e começar novamente. Foi nos dado o dom do "livre-arbítrio", que nos confere o poder da escolha por nós mesmos; essa liberdade espiritual é intrínseca com a evolução da consciência. Quanto mais elevada a consciência, mais o arco energético que retorna à Fonte Divina afeta nossa própria evolução. Uma consciência negativa de medo e destruição não atingiria a frequência da Fonte Divina, só iria repercutir entre as oitavas mais baixas.

Tão estranho quanto possa parecer, quando novas realidades começam a despontar, há um despertar de todas as energias negativas e do passado que devem ser descartadas para que haja espaço para novas. É um duelo até a morte entre aqueles que foram e aqueles que serão. É exatamente por esse motivo que olhamos para o mundo hoje em dia e avistamos tanta violência e conflito. Nosso mundo é como uma esponja que absorveu toda a história humana colocada sobre ela. Tribo contra tribo, os campos de batalha, o ódio e o medo estão todos gotejando para serem liberados.

Essas erupções não significam o fim do mundo, como os que promovem o medo nos fariam acreditar; elas são o mecanismo de liberação que precedem todos os ciclos. Na verdade, não podemos alcançar um novo ciclo sem elas, pois elas são como bloqueios que sabotam o nosso ímpeto de evolução. Veja os lugares mais entrincheirados neste cataclismo – a África e o Oriente Médio. Eles são os pontos de foco para essas liberações devido às infiltrações de experiência humana que passou por eles. Suas terras e seus povos estão carregados com as vidas e experiências de milhares de anos. Não podemos ir por esse caminho novamente, e ainda não podemos continuar até que essas energias tenham se transmutado. Cada um de nós carrega cristalizações desses lugares e energias – através do sangue, marcas psicogenéticas ou encarnações da Alma.

Devemos liberar todos os lugares deste mundo que carregam esses resíduos para que eles não se repitam. Caso contrário, seria como o tigre caçando seu próprio rabo – girando e girando em um ciclo exaustivo de repetição. Podemos fazer isso – possuímos a tecnologia da consciência para avançarmos, e podemos fazer isso juntos. É exatamente o que estou compartilhando com você neste livro. Por esse motivo, um novo ciclo vai se iniciar – e vai se iniciar conosco. (Consulte o capítulo 11, Seguindo seu próprio repertório espiritual e o capítulo 12, A tecnologia da consciência: exercícios).

Vamos examinar com atenção sua religiosidade por um momento para que você possa iniciar este processo de percepção consciente. Talvez você, de maneira natural e secreta, não goste de pessoas pertencentes a outras religiões sem realmente saber por quê. Provavelmente, você esconde seus sentimentos porque é algo "não evoluído" admitir tal preconceito, mas no entanto eles acabam ficando ocultos sob a superfície. Se isso acontecer, pode ter certeza de que você está carregando consigo uma semente de ódio, plantada por seus parentes por meio de suas experiências, que acabaram passando para você – mesmo que tudo isso tenha se passado há centenas de milhares de anos. Esse é um incrível esclarecimento.

Nascemos com as preferências de nossos ancestrais!

Você pode ter herdado certa preferência de caráter de um de seus parentes distantes que mantinha rígidas crenças sobre Deus. Não apenas você pode ter tendências de manifestar esses atributos de caráter de rigidez e intolerância, mas também você pode se vir olhando para as outras pessoas de diferentes formações religiosas com desdém e crítica – sem mesmo se dar conta de que está agindo dessa forma. Uma vez que tememos a Deus, tememos quaisquer outros aderentes religiosos que praticam suas religiões de forma diferente da nossa. Sistemas de crenças profundos são tão intrínsecos a nós que acabamos por não reconhecer suas ilusões. Qualificamos essas crenças inconscientemente como verdades absolutas, e elas raramente alcançam a mente interrogativa.

Nem toda a sua formação espiritual é negativa. Você pode ter certeza de que em algum lugar na sua constelação familiar você possui parentes que tiveram profundas e alegres experiências espirituais. Eles provavelmente sentiram o mistério da presença Divina em sua vida. Imagine as possibilidades de adicionar esses fundamentos arrebatadores às conexões jubilosas e receptivas de sua própria vida! Mesmo que essa história não tenha sido transmitida na sua família, mesmo que essa pessoa nunca tenha compartilhado o acontecido com mais ninguém, você pode acessá-la por meio de seu código psicogenético.

É possível que você tenha um forte sentimento por certa religião, sua cornucópia de imagens, cheiros e sons que lhe fascinam ou lhe revelam algum lugar profundo de reconhecimento. Eles devem todos ser sínteses de experiências que passaram por você por meio de caminhos genéticos. Seu senso de perspicácia o conecta a lembranças e emoções que engrandecem sua antena energética.

Permita sua expansão até os reinos da reencarnação. Seu infinito repertório de corpos, culturas e experiências espirituais estão ainda alimentando a essência do seu ser. Lembranças são marcadas muito profundamente na memória da célula e são carregadas indefinidamente dentro de nós, criando pontos de associação e referência que desencadeiam *flashes* de emoções inexplicáveis. Em poucas palavras, você possivelmente herdou de você mesmo uma poderosa preferência de sensibilidades religiosas que ainda se movem em suas células neste exato momento!

O tempo não tem absolutamente nenhum poder sobre os resíduos astrais marcados psicogeneticamente dentro de nós. Muito frequentemente, não entendemos de verdade nossa abominação e ódio sentidos por outros que praticam formas de adoração diferentes das nossas. Raramente são contadas histórias da constelação familiar que veio antes de nós, em lugares e tempos diferentes, que poderiam esclarecer nossas experiências religiosas, ainda que essas experiências pudessem estar moldando nossa vida! Seriam elas causadoras de danos àqueles de outras religiões? Sofreriam elas discriminação silenciosa e tímida pelas pessoas que as veem apenas por meio de suas afiliações religiosas? As respostas para essas questões estão enterradas com os nossos antepassados e com o nosso próprio DNA espiritual. Podemos encontrá-las pela exploração consciente dentro dos conceitos ilusórios de herança espiritual.

Misture tudo isso às inúmeras opiniões que você tem sobre o mundo e então passará a ver que alguns de seus conceitos prévios não são realmente seus, e não vieram de suas próprias experiências. Isso não significa que seus ancestrais sejam os culpados por sua desconfiança ou preconceito com as outras pessoas, significa simplesmente que você carrega marcas psicogenéticas que influenciam suas conclusões subjetivas sobre o mundo ao seu redor. Em última análise, você não poderá alcançar sua própria verdade até separar o que é seu e o que não é.

Sem o microscópio da introspecção espiritual não podemos descobrir nosso próprio passado nessas realidades externas. Quando tivermos delineado nossa herança espiritual, teremos mais ferramentas para ajudar a nos desfazermos dos fardos religiosos que nossos antepassados colocaram sobre nós – construindo um novo caminho para um novo conceito espiritual que poderemos trilhar alegremente rumo ao futuro.

Evolução

1. Para criar um equilíbrio cármico do nosso repertório espiritual, seria necessário que todas as religiões abraçassem umas às outras, a fim de que os pecados cometidos no passado de umas contra as outras fossem dissolvidos do DNA espiritual de toda a raça humana.

Parte Um

Conhecimento Primordial

As forças da natureza se tornam
a materialização de Deus

Capítulo Um

CRIANDO DEUS: MEDO, SACRIFÍCIO, CENSURA, CULPA

PRECISAMOS FALAR SOBRE DEUS! Precisamos analisar minuciosamente os conceitos prévios, que nos aprisionam dentro de pensamentos confinados, que nos foram passados por meio de muitas eras e que não se sustentam verdadeiramente na nossa presente existência. Essa conversa sobre Deus precisa ser um novo tipo de conversa, não aquela abordagem vazia sobre de que lado "Ele" está, como Ele vai nos punir ou a maneira como devemos viver ou adorar, mas algo mais profundo – como Deus evolui e o que significaria para nós vermos nossa Fonte Divina da perspectiva de sua própria evolução. Novamente, não estou falando daquele tipo de evolução que acontece na natureza, em oposição ao conceito da intenção Divina – estou falando sobre o fato de que o conjunto de universos inimagináveis flui ao longo das galáxias em infinita variação e combinação para fazer com que o tempo indefeso disputa com seu declínio e fluxo de criação. Sendo assim, o resultado é que a Fonte Divina também evolui e se transforma para permitir ao coro do infinito cantar novos mundos – e nova vida.

As leis da energia não descrevem uma força que viaja em isolamento sem interação com outras energias. Einstein nos ensinou a lei da relatividade pela qual podemos entender que toda a matéria e não-matéria estão conectadas. Imagine a probabilidade de que o próprio criador é tocado pela sua criação, conforme a energia flui e retorna impregnada pela expressão e experiência por meio do tecido de interconexidade, que então altera o potencial de ambas. Nossa relação com Deus não é direcional, é a dança da vida.

Primeiramente vimos Deus como uma força da natureza, depois uma complexidade com muitas faces, e então vimos Deus como um criador representado e expresso pela forma humana do masculino. Agora é hora de revisarmos Deus exponencialmente em uma consciência que pode nos ajudar a tocá-la, mesmo sem forma; saber que somos nós mesmos os escultores da forma e voz de Deus de acordo com o que podemos observar. O próprio Deus não se importa com a forma que escolhemos, mas habita em toda a matéria e não-matéria da mesma forma. Assim como a chuva adora chover e o vento adora ventar, Deus é Deus entre todos os reinos energéticos e materiais.

Nossa percepção está explodindo em um horizonte de cores brilhantes e almeja uma nova visão de Deus – sem a insignificância da manipulação e projeção humanas – uma visão que tem integrada os maravilhosos ensinamentos nascidos da humanidade por meio de todos os profetas, videntes e santos que vivenciaram ou foram providos de iluminação pelo foco Divino.

Viemos para um mundo de constante e impulsora mudança. A era da informação nos abre a novos dilemas sobre quem somos e o que devemos pensar e sentir quanto ao nosso mundo. Muitas de nossas crenças antigas simplesmente não se apoiam no escrutínio científico ou na realidade lógica. Por um lado, a ciência por si só é constrangida por sua própria flutuação das teorias "comprovadas" de ontem e as verdades revistas de hoje, enquanto por outro lado, nossas religiões mais solenes exigem que façamos de conta que as mensagens passadas nos mundos antigos são tão verdadeiras para nós hoje quanto foram há milhares de anos. Esta estagnação se tornou letal para nossa disposição de convidarmos as religiões para a nossa realidade diária. Sem dúvida, há uma desunião fatal entre nossa relação com Deus e o que fazemos e sentimos em nossa vida.

Toda nova era deve desenvolver novas formas de comunicação com a Fonte Divina para que a iluminação favoreça o avanço de nossa espécie. Em algum ponto de nossa própria evolução como humanos, nossa relação com a Fonte Divina precisa ir além de mandamentos sobre o que não devemos fazer em nossa vida, mas sim como acelerar nossas frequências para que possamos colocar em ação os poderes que transcendem a densidade da nossa desprezível história. Estamos neste exato momento nesse processo, e estamos achando muito difícil passar sem vivenciarmos um sentimento de traição.

Pegos em resíduos de sistemas de crenças e padrões culturais antigos, sentimo-nos culpados por escolhermos sermos verdadeiros com nossas religiões, e ainda por vivermos em uma espécie diferente de realidade que está constantemente em oposição direta aos ensinamentos com os quais nascemos e somos rodeados pela nossa família e cultura. Talvez, atualmente, nós tenhamos mais fé em nossa religião do que acreditamos nela. A fé nos permite sentir algo quando entramos em uma igreja ou celebramos um feriado, e encontrarmos esses sentimentos com respeito, admiração e mistério sem os questionarmos. A crença nos pede para dobrarmos o intelecto, e assim fazermos de conta que algo é verdadeiro, quando podemos ver claramente que não é bem assim.

"Você acredita em Deus?", eles perguntam.

"Sim", você murmura. *"Mas é claro!"*

Sabemos que Deus existe, mas essa crença vem da nossa fé imperceptível.

De fato, compartimentamos Deus nas áreas invisíveis de nossa vida, uma vez que na maioria das situações não é socialmente permissível mencionar Deus ou religião em nenhuma via pública. Intimamente, somos confusos e desconfortáveis, exceto nos padrões institucionalizados nos quais participamos realizando ações sancionadas de reverência, ou seja, automaticamente. Há poucos públicos extasiados nas igrejas ultimamente. Olhe ao seu redor e você vai detectar o esforço da paciência durante os sermões, o medo da culpa e a cabeça curvada, mas não o fervor de alegria por estar sob o foco da Fonte Divina.

Nós fomos até distâncias extremas para negarmos nossa conexão com a própria Fonte Divina. Usamos frequentemente o nome de Deus como uma expressão de frustração e para exercermos o poder do maldizer – "Deus o castigue!". Em momentos de desamparo e fúria, usamos a palavra Deus como palavra de praguejamento. "Deus, odeio aquilo" ou "Meu Deus!". Como Deus se tornou a conexão verbal para tudo que está fora de sincronia em nossa vida?

Temos sido ensinados por nossa religião que o pior dos pecados é pensar que somos sagrados ou tocados por Deus. Por quê? O resíduo psicogenético das Cruzadas cristãs, a caça às bruxas, as limpezas genéticas e as guerras santas muçulmanas cicatrizaram nosso modelo espiritual. Pareceria mais natural admitirmos que todos pudéssemos ter experiências espirituais espontâneas que permitiriam nosso senso de conveniência se relacionar com Deus. Em vez disso, temos dificuldade em impor força de vontade, adotamos a punição corporal ou negação e rituais intermináveis de declamações para convencermos a nós mesmos, e também aos outros, de que somos dignos de uma relação Divina – uma que já é inextricável entre nós e nosso Criador – sejamos criminosos ou santos.

A maioria de nós guarda a experiência de Deus a uma distância segura para que não precisemos confrontar nosso senso de culpa de que não somos quem afirmamos ser. De onde veio essa culpa? Por que ela está tão afogada no sangue de maneira tão profunda em nossa vida e cultura? Certamente nossa religião é permeada com a força da culpa. Todas as autoridades religiosas perpetraram a culpa porque é algo muito efetivo para controlar as massas. É hora de tirarmos essa negatividade da nossa realidade espiritual e carnal, assim como dos pregadores que a empunham como uma arma contra nós.

Na verdade, Deus começou como um conceito de poder violento que nos assola quando não o satisfazemos. Essas marcas primitivas ainda estão dentro de nós, trancadas no código psicogenético dos nossos eus inconscientes. O medo de Deus tem um peso tão grande sobre nós que ainda não tentamos realmente explorar a verdade mais profunda – a de que somos cada um e todos uma parte da centelha Divina. Assim como nossos filhos carregam nossos atributos, nós carregamos os de Deus. Ainda não compreendemos totalmente as qualidades do amor e da compaixão que podemos vivenciar por meio do modelo Divino, e dessa forma nosso mundo parece estar desprovido da bondade que nos foi concedida por meio do nosso DNA espiritual.

Na arena da tecnologia rápida, podemos clonar e cultivar vida, mas não podemos iniciar a vida. Existe algo extremamente abrangente e infinito que nos concede a vida. Não podemos criar essa centelha por nós mesmos, mas podemos usá-la. Chegamos a um ponto essencial no qual podemos usar a vida de maneira completamente nova. É exatamente por essa razão que existimos. Na realidade, devemos nos tornar os seres mais poderosos e amorosos do nosso conceito humano Divino ou destruiremos uns aos outros.

O que significa ser criado pela centelha Divina? Significa que estamos aqui, em corpo, para sermos o veículo de expressão de uma Alma universal. Significa que somos perfeitos e imbuídos com toda a beleza, o poder e as energias Divinas que são a essência do que chamamos de Deus. Como seria viver de uma forma que todos os nossos pensamentos e ações fossem permeados com o senso do propósito Divino? Seria fácil amar, ter compaixão, descobrir o poder do livre-arbítrio, e, acima de tudo, vivenciar a felicidade da integração. É essa sede de integração que nos ata de forma tão persistente às nossas expressões religiosas-culturais, que parecem ter tão pouco significado para muitas pessoas fora da ligação a um lugar em nós que possui o conforto da integração.

Além dessa conexão mundana, somos integrados a uma energia universal que permeia universos, além de universos. Em nossa vida, testemunharemos essa abertura dentro de uma arena cósmica, que vai mudar nosso conceito de Deus e nos ensinar novas verdades sobre a vida – não estamos sozinhos no oceano infinito de correntes cósmicas. Humanos são grupos de animais. Somos ensinados e procuramos nosso lugar dentro do nosso mundo comum. Nossa visão míope de Deus nos causa a insistência de que Deus se parece e age como nós. Como é incrivelmente ilusória e destrutiva essa visão da Fonte Divina infinita.

Em nosso desespero pela integração, criamos uma força de integração compelida contra o muro assustador da não-integração. Dessa forma, olhamos de forma maliciosa àqueles que não pertencem à/ao "nossa(o)" religião/deus. Rotulamos esses indivíduos e os enfrentamos, não muito por causa *deles,* mas porque eles ameaçam o nosso senso de lugar. Quem está integrado? Teria Deus um lugar para os outros? Teria realmente o Criador de todos os humanos escolhido um grupo em vez do outro? Cada grupo, religião ou cultura se agarra de forma tão desesperada à ilusão de que nenhum outro grupo tem Deus a seu favor, que todos os outros já descontentaram Deus e merecem ser expulsos.

O medo e ódio criados entre nossas religiões e nossos deuses vêm da nossa profunda confusão com relação a quem somos nós. É nosso hábito histórico empunhar Deus como uma arma em nossa batalha com os outros como se nossa relação com Deus fosse ser ameaçada pela possibilidade de que Deus os amaria também. Se quisermos nos sentir amados por Deus, tudo o que devemos fazer é darmos amor à nossa Fonte Divina, vendo-a e vivenciando-a em tudo e todos no nosso mundo tridimensional. Não é tão difícil quanto parece, e praticar o amor é a forma mais rápida de nos livrarmos de nossos vícios de relacionamento de ciúme e posse, que habilmente transferimos de Deus para as outras pessoas.

Talvez esse estatuto de inveja seja a fonte de toda a rivalidade vivenciada atualmente. Deus tem sido pintado como o Pai, cuja preferência devemos conquistar – não importa o quê. Da mesma forma que nos identificamos por meio de nossos pais, identificamo-nos pela nossa relação com nosso deus impregnado em nós pela nossa educação religiosa – mesmo quando adotamos não ter nenhuma. O resultado para este padrão psicogenético é a revolta – que é exatamente o estado das coisas no mundo atual da religião.

Não queremos mais um deus/pai furioso. Na realidade, nós deixamos crescer demais esta forma de sistema hierárquico insana de nos relacionarmos. Não queremos pular por meio dos aros de fogo para que sejamos dignos do céu. Não queremos ser indignos – e ponto!

A melhor forma de fazermos isso é peneirarmos e descartarmos os conceitos negativos que temos sobre nós mesmos e nosso deus. Conforme o obstáculo é retirado haverá uma evolução natural da consciência pela qual poderemos entender a Fonte Divina na luz da verdade expandida. Talvez, se retornarmos à nossa percepção inicial da consciência de Deus, poderemos ver de maneira mais clara como essas percepções primitivas nos prepararam para a maneira irracional e destrutiva que nossos conceitos religiosos negativos nos forjou como amedrontados, culpados, vergonhosos e um conjunto de características sombrias que vemos hoje.

A natureza não facilitou a vida dos primeiros humanos. Vulcões expeliram lava e rochas em um mundo virgem e marcaram nos antigos humanos sua insignificância inconsequente. Pegos naquele cenário de perigo constante, os sobreviventes necessitavam de um ajuste no alerta das faculdades instintivas para os sons e movimentos periféricos que poderiam causar a morte a qualquer momento.

A própria natureza estava cheia de energias intensas e assustadoras que produziam respeito e medo. Do céu vinham pancadas de chuva, neve, ventos e ciclos de calor e frio que gravavam o cenário com inúmeros desafios para os humanos dos primórdios. Conforme nossos ancestrais interagiam com seu mundo, eles começaram a reconhecer a força da criação que parecia arremessar seu poder diretamente a eles. Quando havia uma tempestade ou erupção, um tremor, ou uma grande ventania, eles interpretavam isso como um ato pessoal focado neles.

Pense por um momento nas imagens devastadoras dos recentes tsunamis, o furacão Katrina, a visão de vilarejos inteiros sendo devastados, e então você poderá entrar no mundo de nossos ancestrais, de horror abjeto. Imagine a força da natureza o atacando. Não há nada impessoal ou acidental nisso! Há apenas você e esse imenso poder fixado no encontro da morte, e instintivamente você grita por piedade.

Todo o medo e confusão que nossos antepassados vivenciaram na piedade da natureza estão armazenados na nossa própria memória celular. Por meio dos caminhos da marcação psicogenética, suas realidades vivem em nós codificadas em nosso DNA espiritual, emocional e físico. Talvez essa seja a explicação por temermos tanto o escuro, os incêndios, as águas do nosso mundo e por sermos pegos fascinados por eles; e ao mesmo tempo, desejando tão veementemente neutralizarmos essas forças da natureza.

No instante em que nossos ancestrais imploraram por sua vida, eles iniciaram um salto evolucionário de consciência. Era um novo conhecimento do eu e do outro, e isso trouxe as possibilidades de relações inatas à espécie humana atual. Subitamente, existiam todas as questões e percepções sobre outros seres que avançaram a realidade coletiva. Como suas próprias explosões de medo e fúria, eles projetaram essas energias da natureza sobre esse poder colossal que continha sua existência em seu domínio, e eles deram o nome de DEUS.

Uma vez tendo batizado essa força, tudo pareceu e foi sentido de maneira diferente para eles. Em um *flash* de compreensão, eles viram que poderiam participar ou ao menos influenciar o tipo de energia que Deus estava estendendo. Encorajados por essa possibilidade, eles começaram a negociar sua sobrevivência e desenvolver maneiras de satisfazer a onipotência que os cercava. A extensão de suas capacidades de se relacionarem uns com os outros, e subsequentemente com seu Deus, era muito rudimentar e bruta.

Fascinados com esse novo incidente de relação, eles começaram a interpretar a totalidade dos atributos da natureza como entidades separadas. Eles adotaram um deus da chuva, um deus da caça, um deus da fertilidade. Cada deus tinha certo tipo de poder que tinha de ser levado em consideração. Essa avaliação tomou a forma da tentativa de se certificar quanto ao que os deuses queriam em troca da chuva, alimento ou proteção pelos quais imploravam. Nossos antepassados supuseram que os deuses precisavam ser acalmados para que não virassem suas forças contra eles ou os destruíssem, mas para que os ajudassem a sobreviver. Eles temiam os deuses – cuja fúria tornou-se a causa para todos os perigos.

Inicialmente, os antigos não reconheceram esses deuses como sua Fonte ou seus criadores. Eles não se sentiam relacionados a eles, nem poderiam sequer sonhar que haviam sido criados por eles, mas em vez disso sentiam-nos como forças externas a eles. Uma vez que nossos ancestrais não tinham consciência das funções biológicas, eles não sabiam de onde vinha a vida. Eles achavam que os deuses concediam e controlavam a vida, mas eles não pensavam em si próprios como "filhos de Deus". Eles possivelmente imaginavam Deus como um raio de luz, um vulcão ou mesmo um dragão, mas não um deus com a forma humana; essa projeção veio muito mais tarde, quando começamos a tentar neutralizar a natureza.

É interessante notar que na maioria dos mitos da criação nós atribuímos aos deuses características emocionais bastante humanas, tais como a raiva, o ciúme, o egoísmo, a vingança, a capacidade de julgamento e o desejo. Durante toda a epopeia humana neste planeta, personalizamos o mundo ao nosso redor de maneira que tudo pareça estar relacionado a nós, e projetamos nossa própria realidade sobre esse mundo. Uma vez que a verdade é vista apenas por nossos olhos, ela parece direcional. O que quer que sejamos, é também nossa visão de todo o resto. Isso nos deixa uma relação com nossa Força de Deus incompleta, não-pacífica – mas lavrada com expectativas e desapontamentos.

Desde o absoluto começo, a súplica e satisfação dos deuses se tornaram parte crucial da vida, e em algum ponto desse processo, alguém do grupo passou a assumir um papel de intermediário dos deuses. Talvez esse homem possa ter sentido Deus falando com ele. Pode ter tido uma visão correta de um evento futuro, ou no meio de um cataclismo natural teve uma visão que o colocou em uma posição de líder. Uma vez que nada era mais crucial do que a harmonia com os deuses, esse homem se tornou a pessoa mais importante da tribo. Ele mesmo se deu um título que descrevia seu *status* especial na tribo. Possivelmente foi chamado de manda-chuva, xamã, sacerdote – mas, o que quer que fosse, recebeu o poder de escolha pela tribo, e então foi dado a ele muitos poderes e privilégios.

Nesse amplo papel de indivíduo que satisfaz a Deus, ele tinha de encontrar formas de fazer com que os deuses ficassem felizes com ele. Ele aprendeu a não apenas dar oferendas aos deuses, mas garantir que elas fossem aceitas, assim passou a sacrificar vidas para eles, igualmente. Animais, e finalmente humanos, tornaram-se as vítimas do sacrifício. Ele não via que estava matando a própria criação de Deus.

Esse é um ponto extremamente importante! Nossos ancestrais concluíram que Deus queria e exigia uma recompensa pela vida – que Deus dominava o sacerdote em um ciclo interminável de demonstrações sacrificatórias de fidelidade e submissão. Quais são as conclusões psicogenéticas desse ato repercutindo em nós neste momento?

- Que devemos barganhar por nossa vida.
- Que o sacrifício vai nos salvar.
- Que Deus deve ser tranquilizado.
- Que não somos merecedores.
- Que o sacrifício é o caminho para Deus.

As ramificações dessa relação por meio do sacrifício ainda estão se agitando ao redor do mundo atual – os homens-bomba, os penitentes, o cordeiro de Ramadã, as cerimônias de seitas sombrias, os sanguinários...

Todo o tempo, se pudéssemos olhar para trás e ver que tudo começou na mente do HOMEM – não na de Deus – poderíamos usar nossa consciência superior para mudarmos algo que não é verdade.

Deus nunca pediu sacrifícios!

Apenas as armações do homem dos primórdios poderiam ver esse mandamento sacrificatório como verdadeiro. Muitas religiões antigas sustentaram a existência de um deus de destruição. Esse conceito nasceu da mentalidade de um raro grupo consciente de humanos no surgimento do tempo. Essa era da existência humana foi preenchida com a escuridão da sobrevivência e os perigos da percepção primitiva.

O Antigo Testamento conta a história de Abraão, na qual Deus pede a ele para destruir seu filho como um teste de lealdade e obediência a ele. Um Deus todo-poderoso não teria a necessidade de testar Abraão. Essa é uma história de um ser inferior e mais inseguro. A situação, exigindo uma personificação de uma personalidade profana, demandando violência e morte em nome de Deus poderia vir somente da mente de um homem. Por que Deus iria exigir a destruição de sua própria criação?

Ninguém nunca saberá como essa história de Abraão realmente aconteceu. Teria sido imaginação de um homem velho e confuso, achando que Deus conversava com ele? Mesmo o que sabemos sobre ele vem de fontes secundárias. Sua história foi certamente de acordo com o seu tempo – não com o nosso.

Algumas versões dessa história relatam que Deus queria que Abraão provasse seu "amor" por ele. O teste era que Abraão devia mostrar que amava a Deus mais do que a seu filho, matando o objeto conflitante da afeição de Abraão. Se foi obediência, amor, lealdade ou alguma outra coisa, acabou alimentando o demônio da negatividade que continua a nos espreitar ainda hoje. Mesmo entre nós, usamos essa arma da "prova" em nossos relacionamentos. "Se você me ama, você vai..."

Toda a nossa raça humana está poluída com o veneno psicogenético do amor quantitativo e "comparativo". Ninguém poderia amar a duas pessoas exatamente da mesma forma, devido ao repertório da Alma infinita que assombra nossos relacionamentos com projeções e associações únicas entre duas pessoas.

Quantas crianças já sofreram sob essa tentativa cruel de extração de amor igual? Nós constantemente as expomos a esses conceitos desde o exato começo, presumindo que cada criança adicional vai "extrair" amor dos outros. A maioria das crianças se sente secretamente menos amada por seus pais, projetando isso mais tarde sobre seus cônjuges e filhos, e dessa forma perpetuam a síndrome do amor comparativo no futuro sombrio.

Em cada vida, amamos algumas poucas pessoas – cada uma delas de uma maneira diferente. Existem qualidades mescladas de amor tais como amor paterno e materno, amor fraterno, amor sexual e amor sagrado, que colore e propicia textura única aos nossos relacionamentos amorosos. Cada um deles é uma mistura mágica de alquimia e não pode ser duplicado ou dividido de um para o outro.

Muitas dessas histórias bíblicas poderiam ser interpretadas não como deveríamos ter agido no que já foi supostamente feito milhares de anos atrás, mas como pontos de referência esclarecedores na psique dos nossos ancestrais humanos; e como as leis do comportamento e estruturas da sociedade foram formadas dentro de incrementos coesivos de realidade por meio de histórias instrutivas passadas verbalmente e filtradas pelo grau de esclarecimento daqueles que as contam. Se elas não tivessem sido apertadas pelas deficiências emocionais, mentais e espirituais de seus perpetradores, não estaríamos tão sobrecarregados com essas escolhas negativas e constritivas atualmente. Cabe a nós descobrirmos que existem outras soluções para os nossos dilemas – outras percepções que nos oferecem clareza e conhecimentos mais holográficos. Esperançosamente, criamos além do problema, capacidades de solução de nossos antepassados.

Atualmente, os hospitais psiquiátricos estão repletos de pessoas que insistem em dizer que Deus fala com elas. Se você pensasse que Deus está lhe pedindo para sacrificar o seu filho como prova de lealdade, eu posso lhe assegurar que você seria diagnosticado como doente mental e perigoso. Como determinaríamos a validade de Deus falando com alguém nos dias atuais? Por que acreditamos que apenas em tempos antigos Deus falava conosco?

É como se toda a autenticidade estivesse congelada em uma cápsula temporal de milhares de anos. Talvez porque muito pouco tenha sido registrado e a cada "testamento" foi dado um voto de verdade simplesmente porque ele iludiu os véus do tempo. Minha resposta à questão da autenticidade da voz de Deus seria que se você sentisse grandes energias de compaixão e unicidade durante a transmissão de uma mensagem, ouvisse palavras de amor e inspiração, você possivelmente estaria se conectando com a universalidade da Fonte de Deus.

Deus nunca deu um privilégio para poucos selecionados. Você tem o direito inato de experiência direta!

Nossa percepção de nossa liberdade para nos conectarmos diretamente com a Fonte Divina ainda não veio à tona devido à remota usurpação desse poder pelos manda-chuvas e sacerdotes. Imagine a responsabilidade de zelar pela sobrevivência de toda uma tribo! O xamã tinha de encontrar maneiras de interceder em nosso favor; perguntar o que precisávamos e barganhar com os deuses quanto a nosso lugar no plano natural das coisas. Se alguma catástrofe ocorresse, a tribo possivelmente perderia a fé em seus poderes e talvez até mesmo o punisse ou o expulsasse. Nenhum sacerdote poderia correr esse risco, então tinha de inventar possíveis e assustadores resultados caso o seu povo não obedecesse a ele. Nosso medo da fúria de Deus nos dias atuais foi marcado na nossa psique desde o exato começo sombrio. Debaixo das eras do tempo vêm os resíduos desses antigos "corretores de Deus" que escolhem fazer por eles mesmos.

Como o xamã/sacerdote convencia seu povo a deixar alguém morrer por Deus? Primeiramente, ele usava o poder do medo para provar a necessidade do sacrifício, ou seja, Deus iria ficar furioso e direcionaria as forças da natureza contra todos eles. Depois, ele os convenceria de que apenas os melhores poderiam ser sacrificados, apenas os sagrados poderiam ser escolhidos, apenas as vítimas poderiam receber privilégios especiais – antes e depois da morte. Esses atos nasceram de táticas desesperadas e sob a pretensão dos todo-poderosos líderes espirituais, para garantir as vidas de sua tribo e a sua própria.

Nesse instante da história humana, a força da censura se

consolidou como um atributo de responsabilidade, e com ela veio a precaução de ser acusado. Como o xamã se protegeu de tal vulnerabilidade? Ele criou modelos de comportamento, regras a serem seguidas que eram designadas para satisfazerem os deuses. Se algo desse errado, ele poderia colocar a culpa em seu povo por não ter feito exatamente o que havia sido pedido, ou por serem impuros ou indignos de natureza para Deus. A partir desse momento surgiu um sistema arbitrário para julgar quem era "bom" e quem "não era bom" aos olhos de Deus e do xamã. Praticamente, todas as religiões principais ainda usam parte dessa censura para culpar e fazer um repertório de forma indigna.

Não são essas as mesmas táticas utilizadas atualmente para motivar homens-bomba, penitentes e cordeiros de Deus moralmente corretos para engajarem atos desumanos perante um Deus furioso? Essas armas de persuasão são os mandamentos forjados pelos antigos sacerdotes que nos marcaram com tão profundo desmerecimento e que dificilmente ousaríamos até mesmo sonhar como seria se nós fôssemos os sacerdotes.

A externalização do poder nos deixou com a fraca conclusão de que não somos fortes o bastante para administrarmos nossa vida sozinhos e que apenas algo ou alguém de fora pode garantir nossa segurança, nossa sobrevivência e até mesmo nossa escolha de usarmos nossas habilidades humanas. Nesse momento decisivo de nossa evolução psicogenética, criamos mundos internos e externos. Formamos a ilusão de forças separadas e começamos a ver a realidade de uma perspectiva vertical, um sistema hierárquico do mais alto ao mais baixo, e com base nessas colocações de valor, inserimo-nos dentro de estruturas de poder – bem abaixo daqueles que podem sussurrar para Deus.

A palavra "poder" evoca reações emocionais fervorosas em todos nós. Em um momento poderia carregar a energia do orgulho. Em outro, da vingança, do controle ou do medo. Quando chegam a Deus, certamente medo e fúria são as associações mais prevalecentes que congelam nossa liberdade para mudar e evoluir.

O medo é a ferramenta mais poderosa da conformidade – mesmo atualmente. O conceito de que Deus deve ser temido se tornou uma forma de falar sobre alguém como uma pessoa boa de verdade. Em muitas igrejas é dito que "Ele é temente a Deus", significando que ele é uma pessoa confiável e digna. Nossa hipótese é a de que se você teme a Deus, você não vai fazer nada ilegal – temendo a Deus você satisfaz a Deus. Infelizmente, sem o desenvolvimento, o questionamento e as experiências, nunca poderemos chegar a conhecer Deus de outras maneiras; maneiras que nos dariam a cura, o ensinamento e a força para evoluirmos cada vez mais próximos de Deus.

Estou certa de que um Deus "todo-poderoso" não necessitaria restaurar a confiança de seu poder por meio das respostas de medo de meros humanos. Nossos medos eternos de Deus foram desovados nos lagos da manipulação primordial. Era em causa própria naquele tempo, e ainda é atualmente.

Não é Deus quem precisa da nossa obediência e submissão; e sim as nossas religiões, para nos atar a uma matriz de servidão especial.

À espada do medo podemos adicionar o ferimento da raiva. A igreja nos ameaça com o medo e então enterra a espada tão profundamente na psique humana que somos quase que mortalmente feridos pelo corte da raiva e fúria de Deus. A maioria das religiões utiliza essa arma da raiva para manter seus seguidores sob controle.

A fúria é uma energia *yang* (externa). Ela sempre cobre o medo, uma contração imobilizadora *yin* (interna). Isso significa que quanto mais altos e raivosos os gritos, mais os encolhimentos de medo os beneficiam. O Deus de Abraão e Isaías é sempre retratado como um Deus raivoso. Sua imagem emergiu de um pântano escuro do medo que não poderia expressar uma ideia de paz verdadeira.

Quem nos contou essas histórias? O homem. Quem infundiu a mitologia de um Deus raivoso? O homem. Nosso repertório de estremecimento das experiências de Deus tem sido sobre a penitência *versus* a alegria resplandecente – morte no inferno, em vez de vida Divina. É hora de acordarmos desse pesadelo e recriarmos nosso Deus – e nós mesmos.

Agora que sabemos como viemos a temer a Deus, podemos soltar as cargas do sacrifício, desmerecimento e culpa carregadas por tanto tempo e nos purificarmos dessas velhas percepções de Deus, para assim podermos continuar nossa própria evolução rumo às oitavas superiores da realidade.

"Deus é amor", fui ensinada. Isso nunca incluiu medo ou punição. O fato é que ninguém realmente ama o que teme. O amor de Deus é sem censura ou submissão. Permita você mesmo recebê-lo e toda a raça humana vai se prolongar ainda mais!

Evolução

1. Liberte sua imagem de Deus. Deixe ir embora aquela forma que lhe ensinaram ser a que representa Deus.

2. Imagine mil anos no futuro. Qual é a sua primeira percepção da forma de Deus? Se for inspiradora, permita que você possa captar essa imagem para dentro do seu corpo.

3. Contemple quais as conclusões que você herdou sobre satisfazer a Deus. Liberte-as. (Consulte o capítulo 12, A tecnologia da consciência: exercícios.)

4. Dissolva o seu medo de Deus. (Consulte o capítulo 12, A tecnologia da consciência: exercícios.)

5. Abra a sua consciência para experimentar uma comunhão com Deus.

Capítulo Dois

EVOLUINDO PARA RELIGIÕES

DEVEMOS ENFATIZAR UM POUCO MAIS os nossos inícios religiosos, pois é vital para compreendermos como a dor e o sofrimento humano se tornaram uma parte da nossa realidade espiritual e diária. Por meio das lentes do passado, podemos ver como isso tem sido um ponto de repetição que nos seguiu até os dias atuais. "A história se repete", os historiadores nos dizem, e sempre vai se repetir, até que nos tornemos conscientes de sua presença em nossa essência genética mais profunda.

Conforme o padrão sacrificatório se enraizou na vida de nossos ancestrais, a consciência coletiva o adotou como parte integral de existência. Os primeiros humanos mudaram para as cerimônias sacrificatórias de conciliação e súplica a seus deuses, realizando esses atos como rituais de repetição prescritos. Esses "escolhidos" a serem oferecidos para sacrifício não foram simplesmente atirados dentro do vulcão ou dos cenotes, mas sim "preparados" para encontrar a Força de Deus pelos seus sacerdotes. Há evidência de que em alguns rituais religiosos sacrificatórios, as vítimas eram drogadas ou entorpecidas; um entorpecimento que se parece com os nossos padrões de pensamento religioso atuais. (Não procuramos conhecer Deus de novas maneiras, em vez disso, seguimos por meio de movimentos automáticos.)

Não parecemos questionar a mais profunda premissa de nossa religião – que a Força de Deus, na verdade, conversou realmente com alguns poucos homens milhares de anos atrás, e depois se calou. O que foi dito a eles foi muito pouco sobre Deus, mas bastante sobre como viver como humanos.

Não podemos supor o que era dito aos humanos escolhidos como oferendas sacrificatórias. Os sacerdotes sussurravam a eles que todos os outros estariam a salvo por causa deles? Pensavam eles que seu Deus furioso se tornaria afável com eles por eles serem sacrificados? Seriam eles instruídos que havia uma vida após a morte em algum tipo de lugar especial? Era dito a eles que havia consciência após deixarem seu corpo? Talvez muitas de nossas próprias mitologias a respeito do céu e do inferno estejam enraizadas nesses inícios primordiais.

O conceito de morrer por Deus nunca teria sido bem-sucedido sem a habilidosa manipulação dos primeiros sacerdotes. Eles tinham de criar alguma forma de tentação ou mesmo medo em suas oferendas escolhidas para realizarem o sacrifício. Certamente, para aqueles cujas vidas já eram oprimidas pela miséria e falta de esperança, o gancho era mais palpável.

Não apenas o sacrifício era incluído em suas vidas, mas, mais tarde, veio a comandar certas reverências para aqueles que escolhiam por executarem tais gestos por si mesmos. O autossacrifício nasceu como parte dos antigos rituais, e continuou a encontrar expressão criativa por meio da autoflagelação e outras formas de punição física. Todas essas autotorturas foram baseadas em diversas interpretações da aprovação de Deus por meio da dor e do sofrimento. É inconcebível a mim que ainda pensemos da mesma forma nos dias atuais – que a dor e o sofrimento são caminhos válidos para nos tornarmos próximos de Deus, que está sempre observando nossas ações individuais.

De algum lugar no diálogo entre o homem e Deus veio um cruzamento de identidade, no qual Deus se tornou a energia e imagem de uma figura paterna. Foi o começo da personificação da Força de Deus em uma relação direta e verdadeira. Ela se aglutinou em uma vibração masculina e nós nos dirigimos a ela como "Ele". A força e domínio físicos dos homens tornaram-se lógicos para vermos Deus da mesma forma. É muito mais fácil nos relacionarmos com Deus em uma arena que reconhecermos, e "Deus, o Pai" nos ajudou a acreditar que nossos emissários poderiam realmente falar com ele.

Quando o Cristianismo entrou em cena, tivemos um perfeito modelo para o autossacrifício em Jesus. Cristalizamos nossa perspectiva dele como o que foi derrotado e o que carregou a pesada cruz que se tornou o veículo de sua morte. Que *frenesi* de abuso corporal se sucedeu da marca psicogenética daquela cruz!

A prática de sacrifícios criou inúmeras rendições sombrias de seu Eu mórbido. A princípio, ela deu a vida ao martírio, que nos prende em seu encanto traiçoeiro ainda nos dias atuais. Devido àqueles que sofreram a morte pelas mãos de sua fé o fazerem de uma posição que parecia pureza e até mesmo zelo, nós temos sido inspirados pelos seus destinos. Imagino que eles mesmos teriam nos dito isso. Infelizmente, o martírio exigiu seu lugar de validação em todas as culturas humanas do presente. É tão insidioso que o tenhamos entrelaçado no tecido da subjetividade emocional sem ao menos estarmos conscientes disso.

Ser o "mártir" é ser vítima da vida, circunstância, ou até mesmo de Deus. A vitimização é um nicho muito seguro, no qual podemos nos sentir seguros do perigo da responsabilidade – não é nossa culpa, nós não causamos isso. Unidos com a culpa e a justificativa, podemos fingir que somos pequenos e inocentes contra o furioso ataque do nosso mundo. Por causa de alguns poucos de nós termos sido ensinados sobre o carma (causa e efeito), sincronismo e leis espirituais, não vemos nossa parte em toda a experiência. Meu Eu Superior diz que "a vítima e aquele que faz a vítima são o mesmo". Isso significa que existe uma conexão espiritual entre todos os seres e eventos. Não podemos ver essa correlação de um ponto de vista mental ou emocional. Só podemos reconhecê-la quando expandirmos nossa consciência em reinos mais esclarecidos. Por que um é a vítima e o outro não? Seria um acidente, uma coincidência, uma ideia fixa do destino? Não. Existe um significado. Quando aprendemos a procurar pelo propósito, tornamo-nos livres da vitimização e encontramos uma força infinita. No Instituto da Luz de Galisteo, questionamos: "O que é o dom?". Procure pelo ensinamento em todas as situações e você descobrirá seu verdadeiro Eu.

Em troca do sofrimento, uma compaixão quase universal nos é dada frequentemente, e está relacionada com o fato de sermos vítimas. Associamos a compaixão com o amor e o conforto – energias que buscamos desesperadamente em nossa vida. Quase todas as religiões ensinam a virtude da compaixão, enquanto na verdade, a compaixão é uma oferenda enfraquecedora que detém a vítima em um local de desamparo e justificativa de sua impotência. A empatia, por outro lado, permite a compreensão e o cuidado pelo outro, enquanto ao mesmo tempo é consciente de que seu fracasso pode ser superado. De fato, ninguém é "algo pobre", mas sim uma Alma poderosa que tem a coragem de aprender a lição, equilibrar um carma ou passar por uma iniciação que libertará a eles e aos outros de um bloqueio espiritual e energético. Eles são vítimas apenas porque não estão conscientes do que está acontecendo na verdade, e qual a sua parte nisso.

Não devemos tomar sempre o martírio ao extremo da vida ou morte, mas aprendemos a utilizar as artimanhas da ilusão do grande sacrifício de nós mesmos pelos outros. Dessa forma, temos os pretextos que precisamos para evitarmos a vergonha de não nos tornarmos bem-sucedidos e poderosos conforme achamos ser esperado de nós. Quase todos os papéis podem ser desempenhados como um em que devemos abrir mão de algo desejado a um alto preço – uma mãe pelo seu filho, um homem pela sua família...

Sentir-se como mártir é, na verdade, bastante satisfatório para muitas pessoas. Por que nos colocamos na posição de mártires? É uma semente intrinsecamente cultivada pela ilusão de que o sofrimento nos torna sagrados. Nossas marcas coletivas de pecado e culpa nos causam o sentimento de que devemos permitir retribuição. O martírio é uma causalidade de falta de informação sobre a nossa relação conosco, bem como com Deus. Necessitamos não ambicionar uma vida de justificativa – uma vida na qual punimos a nós mesmos por meio dos outros que nos causam sofrimento por decidirem o que "merecemos".

Conforme as tribos cresceram, tornando-se maiores reuniões de pessoas, e se estabeleceram em culturas cristalizadas com suas próprias religiões, rituais, e decidiram o caminho da vida, elas começaram a sentir a ânsia de dobrar outras pessoas para suas realidades. Era muito mais seguro que não houvesse vozes divergentes que poderiam ameaçar as estruturas criadas por elas ou talvez enfurecer seus deuses. Se isso estava conquistando terras ou colocando deuses uns contra os outros, as guerras religiosas começaram quase que tão cedo quanto as próprias religiões. Grandes durações de tempo foram engolidas nesses episódios de conquista e conversão.

Os seguidores religiosos foram frequentemente martirizados por sua fé – sendo eles cristãos, judeus, muçulmanos ou outros. A chegada de um novo sistema de crença em Deus sempre trazia a possibilidade da morte. Eles morriam porque encontravam algo maior do que eles mesmos que concedia a eles um senso de bondade, religiosidade e verdade – algo que deu à existência um significado. Ainda buscamos esse significado – e todo o sofrimento e martírio não nos trouxe esse significado.

Se um novo faraó, rei ou governante escolhia uma crença em particular, era esperado de todos sob seu comando que imediatamente seguisse o seu líder. De fato, a maioria desses seguidores tinha pouco mais do que Deus. Não havia lugar para se esconder nem escapatória da poderosa rixa da dominação religiosa.

Imagine ser um mero camponês naquela época. Não havia praticamente nenhum sentido do eu, certamente nenhuma expressão de poder pessoal, e absolutamente nenhuma educação sobre o que era cada coisa. Se você não ficasse sabendo da mudança de fidelidade religiosa e rapidamente encontrasse uma maneira de demonstrar sua lealdade, você iria se tornar uma vítima de uma violenta tomada de poder. Havia uma grande chance de você e sua família serem destruídos de alguma maneira apenas por estarem ali. As desorganizações dos protocolos religiosos eram muito confusas na época, assim como ainda o são atualmente.

A muitos dos que são questionados ou forçados a desistirem de sua vida por pretexto religioso é dada alguma forma de compensação, assim como antigamente, quando a graça de Deus era prometida a eles. Aos homens-bomba, é quase sempre prometida uma grande recompensa a suas famílias. Novamente, vemos o limbo entre o que é supostamente ser para Deus e o que é, na verdade, uma questão cultural ou política. Onde existe a necessidade de um suborno, não importa o quão nobremente seja apresentado, existe uma mentira que precisa ser coberta e dessa forma a sedução é açucarada por algo que não seja o ato propriamente dito.

A vida era cruel naqueles tempos. Tenho dúvidas se suportaríamos aquele nível de sofrimento. A dor física era uma parte aceitável da vida, mas ainda assim era sentida com o mesmo choque e dor sentidos atualmente. É quase impressionante contemplarmos as experiências coletivas e individuais de tamanha magnitude.

Imagine o sofrimento de ser sacrificado – o momento de ter seu coração arrancado, o empurrão para dentro de um vulcão. Imagine o conflito entre o corpo e a mente na ação de autotortura como parte de reparação ou purificação – para Deus. Essas experiências estão se escondendo dentro de nossa memória celular e impulsionando associações negativas, mesmo nos dias atuais.

As muitas inquisições que cobriram as Cruzadas e construíram pontes para as caças às bruxas duraram quase 500 anos! Já em 1184, no Concílio de Verona, procedimentos para desmascarar os “hereges” foram estabelecidos. Encontrá-los, dominar suas terras e pertences foi um caminho bem-sucedido para se livrar das pessoas e assustar comunidades inteiras dentro da submissão que por cinquenta anos a “igreja” institucionalizou como processo, estabelecendo “A Sacra Congregação da Inquisição Universal”. Fazendo isso, oficialmente foi concedido poder a certos indivíduos para desmascarar suspeitos que possivelmente seriam uma ameaça à igreja devido às suas atividades pagãs, ou conhecimentos da natureza, ou até mesmo algo estúpido como um olhar em suas faces. O poder de dominar as propriedades provou ser um gigantesco motivo para a acusação de heresia.

Na Espanha, a calúnia de um herege poderia ser cobrada por tais ofensas como sorrir à menção da Virgem Maria ou comer carne em um dia de abstinência. Os acusados eram encorajados a denunciar outros, e fazendo isso causavam grandes reações em cadeia, nas quais a maioria dos aldeões poderia passar por exames detalhados. Na verdade, era extremamente terrível o medo dos inquisidores, cidades inteiras denunciavam a si mesmas e aos outros, na esperança de serem poupadas da tortura e da morte.

Muito provavelmente, a maioria das vítimas dos inquisidores foram mulheres que usavam ervas para a cura ou ajudavam umas às outras durante partos. Apesar de ser permitido também aos monges que tivessem esses conhecimentos, as mulheres eram consideradas perigosas por serem conhecedoras das essências básicas das plantas para cura. Existem documentos descrevendo a queima simultânea de centenas de hereges de uma só vez. Uma das fontes declara que um inquisidor francês queimou 800 mulheres em um dia! Outras contas afirmam ainda mais. Aparentemente, isso acontecia com frequência. Punições públicas de hereges eram feitas em dias santos ou celebrações sagradas para causarem um maior drama, com a presença de reis e bispos. Imagine o espaço e materiais necessários para se queimar 1.000 pessoas de uma só vez. Parecia que um vale inteiro pegava fogo.

O cheiro e os sons de humanos sendo queimados na fogueira deve ter causado um caos absoluto. Mesmo os Cavaleiros Templários, que serviram o Papa nas Cruzadas, foram mais tarde queimados vivos como traidores quando o manto do poder mudou de mãos. Ninguém estava a salvo. Conforme a igreja adquiria poder dos monarcas, até mesmo a hierarquia, incluindo homens da igreja, era morta pelos inquisidores. Mais de 5 milhões de pessoas foram queimadas na fogueira, torturadas ou simplesmente assassinadas em nome de Deus durante esses tempos de escuridão.

Pare! Não leia isso. Se você se focasse nisso, você poderia provavelmente ainda sentir o medo implacável de ser acusado por um inquisidor por alguma injustiça indeterminada.

Você consegue perceber a diferença entre simplesmente sangrar e o sangue se derramar de ferimentos impostos pela personificação da Força de Deus? Existe uma diferença. O corpo entende o sangramento, mas se o sangue é produzido pelo medo fenomenal e por emoções energéticas de sacrifício ou punição, existe uma sensibilidade aumentada, em que seus sentidos de percepção vão reagir como se você estivessem sendo torturados em cada aspecto de seu ser, não apenas no físico!

Somos todos psicogeneticamente portadores dessas marcas inapagáveis implantadas coletivamente por meio das experiências de nossos ancestrais e nossas próprias encarnações. Nosso *pool* genético é tão pequeno que ninguém no planeta está mais longe de você do que seu quadragésimo quarto primo. Isso significa que apesar de você se ver como certa raça e certa cultura, até mesmo aqueles opostos a você lhe marcaram geneticamente! Você é o negro, o vermelho, o amarelo, o judeu, o muçulmano, o hindu. O que quer que tenha acontecido ou esteja acontecendo com eles, também está acontecendo com você. Se você pudesse vivenciar a verdade disso conscientemente, nosso mundo iria mudar abruptamente. Se aquele que faz as vítimas pudesse sentir a aflição da vítima, a vitimização iria cessar.

Você pode achar que as guerras santas foram removidas para longe de você, mas elas estão apenas a um piscar de olhos de serem repetidas na vida dos filhos dos seus filhos. As equações vão mudar e os oprimidos vão se tornar os perpetradores de amanhã. A violência justificada em nome de Deus é um vício profundamente entrincheirado na psique humana. As religiões ainda assumem a propriedade da vida de seus seguidores, sendo na forma de lealdade social, comprometimento financeiro – ou até mesmo o sacrifício da morte.

Talvez seja por tudo isso que Deus e a violência aparentemente estejam conectados tão perto e também por essa razão somos tão cativados por filmes e livros violentos atualmente. A vida, especialmente a morte, leva-nos a essa antiga conversa sobre Deus. Nosso corpo primordial anseia por deixar o entorpecimento de nossa vida e retornar à excitação do perigo constante, onde possivelmente de novo, "encontrará seu Criador" – apenas porque ele se lembra – e não fomos apresentados a essas vibrações de êxtase, entusiasmo e felicidade que poderiam nos elevar.

Atualmente, o antigo fervor religioso criou o dragão do sentimento de superioridade moral que tanto arruína nossas religiões. O sentimento de superioridade e a complacência presunçosa, que vêm de atos e afiliações religiosas, tornou-se o repertório negativo mais comum entre os grupos religiosos de nosso tempo. Naquelas eras antigas, ele era a justificativa para a erradicação de inimigos, enquanto no presente está profundamente ligado à ética judaico-cristã de julgamento pela qual tudo e todos são classificados por qualidades imperfeitas. Cada igreja compete com a vingança contra todas as outras para ser exclusivamente correta em todas as conversas conectadas com Deus. O sentimento de superioridade moral é, na realidade, um mecanismo de defesa para proteger a si próprio do julgamento, fazendo os outros serem menos do que o Eu. Assim como no martírio, extraímos a essência do sentimento de superioridade moral e a injetamos na nossa vida diária como um suavizador para os nossos sentimentos de desmerecimento.

Existe uma riqueza de nobres conceitos para o martírio que nos aquieta no clube dos "mocinhos". Pense em João Batista, Jesus Cristo, Joana D'Arc, em todos os santos ou em mil monges tibetanos. Mártires político-sociais também são abundantes – Gandhi, Lincoln, Martin Luther King, os Kennedy, Che Guevara e em um infinito número de mulheres e crianças de todo o mundo. Precisamos de uma nova safra de heróis humanos que não tiveram de trancar sua vida no calabouço da morte para serem lembrados ou estimados.

Todos esses épicos da evolução religiosa são uma mancha de tempo e lugar, mas giraram e se fundiram em um vazio de um passado esquecido. É difícil nos relacionar com eles, assim como não podemos nos relacionar com o ofuscamento dos homens das cavernas; mas eles são parte de quem somos – os conquistadores e os conquistados, os sagrados e os infiéis, os mártires e os sacerdotes.

No fim, podemos entender como viemos a enxergar a Deus da maneira como fazemos, mas se isso virar pretexto para as nossas ações atuais, então o pretexto se torna uma desculpa. E desculpas sempre nos levam para longe da verdade e para lugares sombrios em que encontramos justificativas para continuarmos com as mesmas ações e crenças que precisam ser mudadas. Vidas vividas sob pretextos são vidas não-realizadas de confusão, atadas pela mente e capturadas pelas ilusões da ancestralidade.

Evolução

1. Separemos os sacrifícios das oferendas; oferendas do nosso amor, nossa devoção, nossa alegria.

2. Limpemos os resíduos psicogenéticos de espionagem, suspeita, acusação dos outros para nosso próprio benefício.

Capítulo Três

AS CRUZADAS: A RELIGIÃO EM MOVIMENTO

As Cruzadas e todas as "guerras santas", são um disfarce contra a humanidade e a santidade da vida!

ENQUANTO MEU CORAÇÃO QUER SE PRECIPITAR às possibilidades inspiracionais e cheias de esperança da evolução de Deus, minha mente me prende e insiste: "Acabe com isso". Ela está me punindo, indo profundamente nessas páginas sombrias de nossa história, na qual vivemos literalmente pela espada de Deus. Isso não é verdadeiro apenas nos últimos dois mil anos de religião, mas a guerra santa era predominante muito antes da época de Cristo, e a espada glorificada de Deus foi usada durante as antigas epopeias da África, Egito, Índia e toda a Ásia.

Eu me lembro das canções que ouvi quando era criança, cantadas com tamanha convicção: "*...Avante, soldados cristãos, a marchar como se fossem para a guerra!*". Quão inteligentes eram os filamentos da justiça de Deus implantados no tecido da crença religiosa. Devemos marchar adiante e trucidar qualquer coisa ou pessoas estranhas ao nosso Deus. Aquela música, de alguma forma, entrelaça as façanhas das Cruzadas em um tecido de aprovação e mesmo justificativa religiosas. Deus queria que sobrepuséssemos os caminhos de nossa religião sobre a vida de todas as outras pessoas – ao perigo de morte.

As Cruzadas se tornaram uma mancha que não pode ser apagada na capa do esforço espiritual. Mesmo os reis, ligados pelo espantoso poder dos representantes de Deus, viram a sabedoria de dobrar os não-fiéis à vontade de seu Deus e enalteceram não apenas sua fidelidade, mas sua riqueza, terras e identidade – pelo caminho.

É claro que as Cruzadas iniciais encontraram justificativa na campanha emocionante para recuperar a cidade sagrada de Jerusalém, considerada santa pela tríade de religiões – judeus, cristãos e muçulmanos. Imagine o poder do Papa Urbano II ao incitar o mundo cristão com suas palavras, "Cristo o comanda!". Um disfarce até mesmo para implicar que o grande modelo de nobreza, amor e paz iria comandar uma guerra como método de propagar seus ensinamentos. Não, essa Cruzada não foi uma ordem do Além, mas sim um esforço equivocado de alguém para reconquistar um local de reverência religiosa que, na verdade, poderia ter sido dividido com os muçulmanos e judeus, que também o consideravam sagrado. Em vez disso, os judeus foram brutalizados por ter matado Cristo e as ruas de Jerusalém ficaram empoçadas com o sangue de todos.

Será que os esforços do Papa tinham sido focados no poder do amor e da paz que não podem (nunca) ser substituídos ou eliminados pela propriedade ilusória de terra? Talvez ter um "lugar" sagrado essencial para o culto a Deus, em vez de uma experiência de sua presença, tenha começado a partir daí!

Os políticos e Deus sempre estiveram mesclados na visão de poucos e na submissão de muitos! As Cruzadas em nome de Deus, por mais que fossem sinceras pelos cavaleiros que carregavam suas proezas, eram inevitavelmente uma perfeita oportunidade para "os poderes de ser" livrá-los de inimigos, oponentes e obstáculos do seu caminho. Propriedades eram roubadas, vidas eram tiradas e poderes usurpados. Quando uma batalha era vencida, os derrotados eram assassinados sem nenhuma piedade em batalhas sangrentas, que ainda assombram o coração da humanidade.

As Cruzadas eram uma iniciativa de mídia medieval. Exibindo religiosamente o poderoso símbolo da cruz e sua história da crucificação, elas eram capazes de ter uma autojustificativa para o massacre, a queima das bruxas e a tortura impostas por elas sobre os inocentes, que não tinham escolha, a não ser a estrutura frenética da fé cristã – ou morrer de maneira terrível. Provavelmente, nunca será reconhecido que incontáveis pessoas indefesas tombaram por essa força inflexível, meramente como peões no espetáculo do poder. Suas vidas não tinham outro valor senão causar a impressão nas massas da vantagem da sobrevivência por meio da submissão. Nas lutas das últimas Cruzadas, até mesmo os cavaleiros eram queimados na fogueira dos hereges.

Não vamos nos iludir achando que a nobreza tenha se juntado às Cruzadas – não importa o que esteja nos livros de história. As Cruzadas não eram a ordem da Força de Deus, elas foram planejadas e levadas adiante pela mão do homem – mão essa que se estendeu para tomar terras e fortunas de guerra tão fervorosamente quando defendeu a fé. A igreja – na verdade, todas as igrejas – devem de uma vez por todas assumir a responsabilidade pela caluniadora e manipulativa apresentação da "vontade de Deus!". E qual é o sexto mandamento apresentado por Moisés no século 13 A.E.C.? "Não matarás!" Teria o Deus desses tortuosos tempos se esquecido de anexar uma ressalva – apenas em seu nome? Não, até mesmo os deuses podem ser vítimas da vontade do homem!

Nós humanos ainda qualificamos esses mandamentos para se adaptarem à nossa realidade; e Deus sempre foi um grande pretexto de justificativa para a maioria dos gestos dolorosos. Não abaixamos a muleta das "mortes justificáveis". A guerra parece tão inevitável e lucrativa hoje quanto naquela época – ainda não passamos pela iniciação de paz.

O sentimento de superioridade moral do espírito, que levou os cavaleiros a cometerem assassinatos em nome de Deus, tornou-se um modelo para a vitória religiosa por meio de "Deus através da força". Os desprezíveis feitos das Cruzadas foram ainda outra onda daquela perspectiva *yang* agressiva, na qual o homem acha que está certo forçar a sua vontade aos outros. As Cruzadas, e todas as "guerras santas", são um disfarce contra a humanidade e a santidade da vida!

Da mesma forma traiçoeira que são as Cruzadas, são

as diversas guerras santas promovidas pelo islamismo, uma religião que sustenta a paz e continua a oferecer a guerra ao mundo. Assim como os cristãos, os muçulmanos lutaram entre si pelo poder desde o instante inicial de sua religião. O sangue derramado nesses eventos repetitivos ainda endurecem os corações de várias seitas que mantêm as batalhas de seus ancestrais de maneira insípida em suas veias. Cristãos ortodoxos e não-ortodoxos, muçulmanos xiitas e sunitas da mesma forma revezaram-se com mútuos ataques por razões que devem ter sido válidas para eles, mas que são injustificáveis pela ótica dos mandamentos trazidos por Moisés que todos exigem que respeitemos; isso para não citar nosso senso de humanidade atual.

É verdade, era um tempo de violência cruel compatível com aquelas realidades, e devemos vê-la como uma parte da evolução espiralada da qual gostaríamos de nos declarar imunes. Todavia, como podemos? Ainda estamos seduzidos em nossas versões modernas das Cruzadas. O elo entre Deus e a luta justa está tão fortificado em nossa psique que é difícil imaginar que podemos ver acima de bandeiras supérfluas de sua pretensão nos espaços escurecidos de sua intenção secreta.

Estou certa de que nossa página na história também vai relatar nossos atos de interferência e controle globais como algo menos do que humanitarismo mais eficiente. O massacre dos Primeiros Americanos por sacerdotes e soldados da cruz, a indução silenciosa dos havaianos na fé protestante, as batalhas de Israel pela Terra Prometida com a Palestina, os ataques violentos do Jihad são todas as faces morais de políticas religiosas no seu mais traiçoeiro extremo.

Atualmente, apesar de possivelmente não tolerarmos a caça às bruxas fisicamente, ou tão precariamente usar de maneira imprópria a religião para despertarmos nossos objetivos, ainda a manejamos na cabeça de todos os outros considerados por nós uma ameaça aos nossos postos de favoritos de Deus. Esse *status* ilusório é nossa justificativa para a construção de trincheiras nas quais nos engajamos politicamente e em outros contextos. "Deus está ao nosso lado", é o que se repete em todos os confrontos – e ironicamente, é entoado em ambos os lados do campo de batalha.

Tanto o Papa quanto Maomé encorajaram seus homens para a batalha por esses sentimentos, e quando eles venciam, explicavam como Deus recompensava a fé. Quando perdiam, essa tática não funcionava – os soldados eram imediatamente castigados por suas impurezas, falta de fé ou paixão para morrer por Deus. Por que os peões não se reconheciam? Porque está na natureza deles submeterem forças mais poderosas sem nunca questionarem se existe algo além da servidão.

Juntamente com a crença de favoritismo veio a ameaça da vingança de Deus sobre aqueles que não satisfaziam ou obedeciam. Assim como nos tempos mais antigos, a falta de sorte foi interpretada como a mão de Deus. Praticamente, toda religião principal tem algum conceito sobre como Deus irá puni-lo – ou punir aos outros – por não cumprir suas ordens. A vingança sempre foi a ação mais honrada e condenada pelos fundamentalistas religiosos que a projetam sobre seu Deus.

O que é esse desespero em ser o "primeiro" aos olhos de Deus? Acho que se trata do resíduo primordial do favoritismo que uma vez garantiu sobrevivência. Se você não estiver entre a comunidade, você está em perigo de uma espécie de expulsão que era duvidosa com a morte, senão a própria morte. Parece não haver um escudo do tempo para nos proteger desses boatos, não apenas criados em tempos distantes, mas utilizados de forma destrutiva também atualmente.

Fanáticos religiosos em todos os lados ainda estão executando novamente aqueles padrões minuciosos e envenenando nosso futuro. Como poderiam os católicos e protestantes irlandeses fingir que matar uns aos outros em nome de Deus tem alguma justificativa? Possivelmente seria sobre religião, domínio social ou posicionamento cultural, mas NÃO sobre Deus! Marcar na psique dos fiéis e alimentá-los como uma dieta de ódio é muito conveniente e se torna um vício incomensurável, herdado por futuras gerações!

O domínio religioso deve se tornar algo do passado se

formos alcançar o próximo degrau da escada e evoluir como uma espécie. Nos Estados Unidos, a *Founding Fathers* tentou separar a igreja do Estado para evitar armadilhas que resultavam de sua união nos países em que os imigrantes tinham escapado. Testemunharam o ressurgimento do poder religioso que entrou novamente na arena política atualmente. Seus intermediários eternamente gritam sobre o que as pessoas tementes a Deus devem fazer para estarem na congregação.

É perigoso permitirmos que tais desgraças fanáticas intimidem as massas em escolhas que elas possivelmente não fizeram, exceto pelo medo da fúria de Deus perpetuamente instalado em nossa cabeça. É hora de, coletivamente, crescermos! Não somos mais as crianças temerosas que éramos milhares de anos atrás. Podemos usar a clareza de nossa consciência para vermos por nós mesmos o que é verdade e o que é meramente uma máscara de persuasão.

Os fanáticos de todas as religiões continuarão desesperadamente agarrando-se aos seus lugares na escada, devido ao fanatismo baseado em uma rigidez abrangente que não aceita a variação ou realidade separada. Não existem escolhas, conciliação, apenas a batalha desesperada para estar certo. No mundo fechado como uma cápsula de fanáticos, é a palavra "presumida" de Deus que conforta e enterra o ferimento de ser banido por assegurar que eles são os justos, os "escolhidos".

De fato, cada grupo religioso se sente como o escolhido, e por meio dessa ligação traiçoeira com a individualidade, eles adquirem a liberdade para a opressão da submissão e a oferenda de sacrifício para uma força de Deus que indubitavelmente nunca pediu por isso.

Ainda que as "guerras santas" islâmicas do presente sejam de certa forma um mecanismo de defesa subversivo para um povo que sofreu a indignação do desrespeito e a incompreensão, elas ainda são armas mortais empunhadas contra o mundo sob a não-impenetrável aparência da honradez religiosa. As Cruzadas sangrentas contra os muçulmanos não foram arrancadas do seu repertório psicogenético, e para um segmento assustadoramente em crescimento de fanáticos islâmicos, isso não será mudado até que os muçulmanos estejam satisfeitos com sua própria forma de vingança – dessa forma perpetuando a batalha interminável. Agora são os cristãos, judeus e todos os outros que se tornaram os infiéis, os pagãos, os indignos – as mesmas palavras lançadas contra os muçulmanos durante as Cruzadas. Os muçulmanos devem, entretanto, assumir a responsabilidade pelo fato de eles, também, terem empunhado suas espadas contra outros que não adotam suas verdades religiosas – incluindo outras seitas do islamismo!

Não há vítimas aqui entre esses massacres religiosos, pois nenhuma delas está livre da peste das guerras religiosas que eles mesmos instigaram. Aqueles que fazem as vítimas atacam os que eles podem neutralizar, os que esperam seu momento para revidar a injustiça com uma vingança ainda maior. O ciclo de domínio e destruição passou de uma para outra, e outra, até o presente momento, sem nenhuma trégua apreciável nas campanhas pelo poder.

É muito mais fácil alistar guerreiros em uma batalha se você disser a eles a seguinte afirmação: "Deus quer assim!". Todas as religiões têm sua própria versão para esse tipo de manipulação. Ela pode ser usada para incitar o hesitante – para a guerra, a submissão, a justificativa. Novamente, é um grupo de poucos selecionados que comanda as vidas de milhões – pintando a tela de sua realidade com ódio e medo. A ligação do insulto ao nosso Deus como motivo para a guerra é um fácil negócio para aqueles que precisam de algo maior para se integrarem ou lutarem. Deus tem sido historicamente o pretexto de justificativa para a matança, e pode continuar a ser, a menos que evoluamos o conceito de – "O meu Deus contra o seu Deus."

No caso do judaísmo, cristianismo e islamismo, o absurdo é que, essencialmente, eles dividem o mesmo Deus, as mesmas mensagens fundamentais e até o mesmo solo sagrado. Apenas suas diferentes culturas esculpem Deus em uma imagem que cada um deles pode chamar de sua. Todas as três religiões estão fundamentadas em supostas diretrizes de Deus como, por exemplo, de que modo viver a vida. O quão infelizes somos por não termos ainda aprendido a viver esses decretos, mas perpetuamente os deturparmos em discursos argumentáveis de interpretação e execução.

Todas as descrições de Deus, até o momento, contêm a mancha da projeção humana. Determinamos nossos próprios motivos, características e proclamações duvidosas sobre o nosso Deus. Existe dúvida de que nos negamos a aceitar mudanças em nossa criação? O tempo, da forma como o conhecemos, muda sim a verdade! Ele está inextricavelmente entrelaçado com a sabedoria do conhecimento. A vida revela e clareia a verdade. Ainda assim, recusamo-nos com teimosia a permitir que nós mesmos vejamos o Divino de novas maneiras. As consequências dessa negação têm sido profundamente prejudiciais à nossa evolução.

Por que perdemos tempo com o Deus das Cruzadas, o Deus dos Israelitas, Alá ou quaisquer um desses deuses violentos, que aparentemente exigem guerra e morte contra os não-fiéis? Nenhum Deus verdadeiro, que tem o poder para criar Universos, iria pedir algo desse tipo. Não vemos que esse belicismo é só a mente pervertida do HOMEM? Ele não é feito para "a glória de Deus", é uma competição camuflada pelo poder supremo. Que nevoeiro letal é esse para achar que Deus seria glorificado pela destruição da criação Divina? Nós só estamos sendo expostos a uma forma sombria do Divino – um filtro entupido pela densidade do pensamento e da façanha do ser humano.

Estamos tão entrincheirados nessas marcas religiosas que será extremamente difícil nos livrarmos delas, pois nossas próprias culturas estão embutidas nelas. As lembranças sangrentas de nossos antepassados tornaram-se os traiçoeiros esporos de molde que se espreitam dentro do nosso sangue. Estamos repetindo as Cruzadas, o Jihad, as guerras santas, sob diferentes pretextos, mas a energia e, na verdade, os objetivos, são os mesmos.

Nações ao redor do mundo enviam suas tropas ao Oriente Médio para lutarem... Pelo quê? Por juramentos esquecidos de vingança e domínio? Por medo de vantagem nuclear? Por petróleo e fortunas secretas? As justificativas são infinitas e os pretextos completos, mas o resultado será o mesmo – o trabalho monótono de conflitos invencíveis e um transitável fosso de morte.

Sei que parece não ter havido outra opção nessas eras de escuridão a não ser eles fazerem o que sabiam. Matar ou ser morto era uma constante de guerra – mas o massacre de inocentes era, e continua sendo, uma terrível pústula a qual precisamos curar – de dentro. O mandamento "não matarás" foi colocado ao alcance da consciência humana milênios antes de poder ser reconhecido como um pré-requisito para uma oitava de vida superior. Atualmente, usamos essa citação para as leis domésticas, mas ela está perdida na fortaleza coletiva de guerra, que dá santuário às matanças em massa de seres humanos.

Não estou interessada em culpa ou justificativa, ou argumentos teológicos, estou apenas interessada em mudarmos para um mundo melhor no qual possamos viver sem medo do nosso Deus ou do Deus de outro. Esperançosamente, estou lançando a luz em uma passagem para a nossa relação homem/Deus que precisa chegar a um fim – por meio de nossa consciência esclarecida – e não nossa posição defensiva sobre quem culpar, ou se era justificável.

Uma coisa é verdade: todas as religiões tentaram aumentar sua circunferência por meio da sedução na gama de táticas persuasivas de ameaça e morte, para seduzir por meio do espólio e da graça de Deus. Você consegue imaginar um Papa vendendo benefícios no céu em troca da ida a uma Cruzada? O Papa Urbano II fez isso. Ele prometeu perdão para todos os pecados cometidos na Cruzada, mais espólio, mais passagem para o céu, para seduzir os homens para a campanha. Não se trata de algo infalível, trata-se de abuso grosseiro do poder em nome de Deus!

Após todos esses milhares de anos, ainda estamos lutando e matando. O que será necessário para nos desligarmos do encanto do poder, dos espólios de guerra, do domínio da força física, da opressão de autoridade? Não precisamos lutar sobre Deus – veja o que isso nos trouxe! A história se repete. Se não encontrarmos uma nova maneira de nos relacionarmos com a Fonte Divina, iremos prolongar essa passagem – ao infinito.

Lutamos por causa de Deus por não sentirmos que podemos tocar o Divino, exceto por intermédio de livros, rituais ou estrutura. Ainda assim, todos nós sofremos, pois essa energia Divina está enterrada em nosso próprio DNA espiritual. Temos um senso incompreensível e misterioso desse DNA, mas não podemos encontrar uma maneira de o acessarmos. Devemos nos dar permissão para materializarmos a energia Divina. Para isso, devemos fortalecer nosso senso interno do Divino e encontrar nossa própria conexão direta com Deus por meio de uma nova espécie de unificação. Não estamos programados para autonomia espiritual e nenhuma instituição religiosa organizada vai permitir isso – teremos de escolher por nós mesmos. Não estou dizendo que devemos negar nossas igrejas; estou dizendo que podemos reconstruí-las e criar outras. O ponto crucial do problema é que ainda não sabemos que queremos esse tipo de poder e de liberdade.

Você tem a impressão de que não há uma saída para esse dilema por ele estar tão entrelaçado com a mesclada natureza dos humanos? Existe uma saída. De fato, existem várias delas, mas nenhuma vai ocorrer até que tenhamos a coragem para colocá-las à frente. Devemos dissolver nosso medo de desacordo e santimônias das igrejas, e então descartarmos todos os vestígios do nosso desonesto passado religioso.

Existem muitos resíduos religiosos do tempo das Cruzadas sufocando a garganta da evolução espiritual. Conforme os eliminamos do nosso repertório psicogenético, a beleza ofegante da paz vai aparecer como a luz de um farol no horizonte, e todos nós vamos ouvir seu chamado.

Contemplei inúmeros conceitos prévios das Cruzadas que acredito serem indispensáveis nos livrarmos para que não sejamos mais pegos nos pontos cegos de nossas conclusões.

O que você acrescentaria a esta lista?

- As Cruzadas e guerras santas foram necessárias e nobres.
- A guerra religiosa é para a glória de Deus.
- Devemos lutar – "meu Deus contra seu Deus".
- Deus está ao nosso lado.
- Deus vai recompensar a luta em seu nome.

(Consulte o capítulo 12, A tecnologia da consciência: exercícios.)

Na verdade, não vejo outra saída das batalhas territoriais das religiões sem um novo elemento da perspectiva Divina – A Evolução de Deus.

Evolução

1. Vamos encontrar a alegria que nós humanos dividimos da consciência da divindade.

2. Limpe todos os resíduos das Cruzadas e quaisquer associações referentes à sua nobreza do seu corpo. (Consulte o capítulo 12, A tecnologia da consciência: exercícios.)

3. Limpe quaisquer resíduos psicogenéticos da luta por Deus do seu corpo. (Consulte o capítulo 12, A tecnologia da consciência: exercícios.)

Capítulo Quatro

A CRUZ

A VIDA É UMA BUSCA PARA IDENTIFICAR A VERDADE e o Eu. Utilizamos todas as formas de marcas para mostrar ao mundo quem somos, principalmente para convencermos a nós mesmos que existimos e fazemos parte do mundo, porque esse senso de identidade é o que faz com que nos sintamos seguros. Em tempos de realidade amedrontada, viramo-nos a tudo que nos dá uma fácil prescrição para seguirmos a vida, e nos cercamos em todos os seus ornamentos. Leia as mensagens nas camisetas, nos logotipos dos bolsos de camisas e jaquetas, nas imagens escolhidas para tatuagens e você poderá ver as marcas de um eu ambicioso. Nossas joias e roupas em geral transmitem as mensagens que queremos apresentar ao mundo.

As religiões, da mesma forma, utilizam ícones e símbolos para imprimirem uma imagem permanente de suas crenças e pontos de identificação. A cruz é um exemplo excelente disso. Sua história como símbolo esotérico e religioso antecede muito ao cristianismo, e sua forma original sofreu diversas variações – algumas enfeitadas, outras de absoluta simplicidade. A cruz aparece em tapetes e roupas, altares e arte do milênio anterior ao choque do cristianismo. Ela existia na cultura egípcia e em outras culturas clássicas antigas como um objeto de poder e autoridade. Sacerdotes e reis egípcios carregaram a forma da cruz egípcia Ankh como um símbolo da vida e da autoridade relacionada ao Deus do sol. Os americanos nativos usavam uma cruz igual para significar os cruzamentos, a intersecção de energias como um ponto de poder.

A forma da cruz suástica foi usada pelos mesopotâmicos, taoístas, tibetanos, maias, navajos e outros desde o ano 1000 A.E.C. Adolph Hitler destruiu para sempre seu símbolo benigno de sorte e santidade, e sem dúvida essa associação com o poder de destruição nunca mais será reduzida.

A cruz cristã é possivelmente o mais poderoso dos ícones religiosos e seu ponto de referência de sofrimento se tornou uma espécie de pré-requisito para Deus. Ela carrega consigo uma grande quantidade de mensagens sobre o conceito de sofrimento, pecado original, e Cristo como o salvador da humanidade. O tema "Jesus na cruz" da Cristandade é usado para lembrar aos cristãos que Cristo morreu pelos nossos pecados, e se nos lembrássemos disso, poderíamos ser melhores cristãos. Posso entender por que o pensamento de Jesus na cruz poderia ajudar os primeiros cristãos a suportar sua própria agonia pela fé. O símbolo da cruz pode tê-los ajudado a sentirem-se corajosos – para sofrerem. Se Jesus podia, então eles também poderiam. O crucifixo não era exatamente usado como padrão da igreja até por volta do século 6 E.C., e a imagem de sofrimento na cruz, não aparecia como tal até o século 10. Talvez tenha sido porque a tradição judaica não tenha permitido nenhuma representação visual de Deus na forma física, e embora Jesus fosse uma manifestação contestada da profecia, não seria ideal repetir a cena.

O primeiro ícone cristão foi o peixe, uma mensagem de vida, e não de morte. No entanto, por volta do ano 160 E.C., as pessoas começaram a fazer o sinal da cruz para significar "o sinal do senhor". Mais tarde, nos tempos de perseguição, o rápido esboço da cruz no corpo era um código para a identificação secreta cristã. Atualmente, representa mais a mensagem da Santíssima Trindade – Pai, Filho e Espírito Santo – e é comumente usado como um gesto de autoproteção.

O verdadeiro dilema do crucifixo se volta à crença no pecado original. Está implícito na mensagem da cruz que estamos implicados na morte e sofrimento de Jesus simplesmente por existirmos, porque herdamos os "pecados" de Adão e Eva. Como isso seria possível? Não estávamos lá, não fizemos isso. O conceito de termos nascido pecadores devido a algum elo ancestral simplesmente não satisfaz a verdade racional. A igreja católica ainda discute se bebês recém-nascidos que não foram batizados serão abandonados no inferno por toda a eternidade ou não! Essas táticas de intimidação não têm justificativa e não são dignas dos seguidores cristãos.

Qualquer culpa por tais atos atrozes como a crucificação pertence aos nossos antepassados e sua própria justificativa é odiável para a injustiça política e religiosa. Por que seríamos culpados pelas escolhas de dois mil anos atrás? Esse conceito é uma soma de culturas antigas que nos pedem um preço pelas ações de nossos anciãos. O período de tempo então não se correlacionou a milhares de anos; representou as realidades referentes às gerações. Já está na hora de eliminarmos essa culpa.

A história de que Deus enviou "seu único filho gerado para morrer por nossos pecados" parece mais com as táticas manipuladoras negativas e rígidas dos tempos antigos. A maior parte da religião começou com essa impulsão pela qual o Deus furioso precisava ser acalmado por meio de nossa penitência, no lugar de uma perspectiva mais evoluída de que tivemos exemplos Divinos de como expressar a vida em termos de nossa profunda e amorosa relação com Deus. Essa possibilidade inspiradora teria tido um resultado completamente diferente de despertar espiritual, e poderia ter guiado toda a humanidade por meio de uma passagem surpreendente para um mundo evoluído. Infelizmente, nossos ancestrais não tiveram tal repertório entre a realidade de sua vida, e assim o filtro dos humanos não poderia permitir que essas energias fossem plantadas em nosso DNA espiritual.

No entanto, a crucificação não encerrou os ensinamentos de Jesus. A tentativa de se livrar de um causador de problemas políticos falhou. Chega a ser plausível concluirmos que o maior dos curandeiros, Jesus Cristo, na verdade não pereceu na cruz. Não houve morte conclusiva na cruz, não houve corpo – apenas um túmulo vazio. Como a pedra foi atirada, e quem a atirou, é a história mítica em si.

O início de uma inclinação de controvérsia quanto ao resultado final da crucificação de Jesus está começando a alastrar-se pelo mundo, conforme um número crescente de pesquisadores e investigadores estão explorando uma possibilidade viável de que Jesus tenha continuado vivo. Isso não elimina sua ressurreição ou ascensão, porque elas são inerentes em transcender de um nível físico para um nível mais alto de existência em "corpo de luz". Também não descarta a possibilidade de que ele se moveu do estado físico para o etéreo após a sua crucificação. Esses são os mistérios que deram a Jesus o direito do exemplo Divino e a autoridade dos ensinamentos espirituais. São eles que fazem a vida dele importante para nós, não a história mundana do seu sofrimento. Essa patética ostentação de fama é inteiramente indigna do mestre que ele foi, e a ênfase da igreja na crucificação em vez da ressurreição se tornou uma grande injustiça para a evolução humana.

Está registrado que muitos mestres possuíam o poder da bilocação, projeção astral, além de aparecer e desaparecer de acordo com sua vontade. Durante os anos em que Jesus foi ocultado da história, pode ser que ele, como alguns pesquisadores alegam, tenha se isolado no aprendizado de tais seres avançados. Uma vez que ele tenha aparentemente aprendido as leis da reversão da morte, ele pôde assumir também conhecer essas outras formas de domínio da energia. Ele as mostrou a seus seguidores como um modelo de vida Divina, mas as leis superiores eram muito avançadas para suas consciências limitadas da mesma forma que ainda fazemos de conta que elas não estão relacionadas às nossas próprias habilidades.

Se nós somos uma espécie em evolução de origem Divina, então não precisamos carregar conosco os conceitos e conclusões limitados do passado constritivo. O que precisamos alcançar é o poder do amor, o dom da cura e o mistério da vida eterna. Tudo isso foi demonstrado por Jesus e outros durante o escopo de sua vida. Não é por tudo isso que seus nomes e histórias vêm sendo transmitidos pelos tempos?

A teoria da cruz é que Cristo sofreu e morreu para nos salvar. Como a salvação poderia ser o objetivo de nossa vida? Isso implicaria uma ilusão do objetivo Divino de ter criado vida imperfeita que fugiu do controle. A própria evolução é uma diretriz para o aperfeiçoamento, e não a punição. A salvação é uma criação de conceito de medo misturado com dor. A civilização que usa a cola do sofrimento e da morte para unir isso só pode mesmo criar esse tipo de mundo.

Por que seríamos colocados dentro do corpo apenas para sermos salvos? Não, estamos aqui para um destino muito mais iluminado. Viemos para evoluir e devolvermos à nossa Fonte Divina o fruto de nossa busca para que toda vida evidente possa ser elevada por nosso potencial infinito. Atualmente, deveríamos estar nos livrando das algemas do martírio e incorporando os ensinamentos da vida e milagres que Cristo nos deu.

Vamos saltar esse degrau da escada em que a verdade espiritual está obscurecida pela conveniência da política e do poder – como ainda é verdade! Passamos quase 2000 anos focados na cruz da Cristandade, e seu poder como um ícone apenas destruiu os ensinamentos de Jesus Cristo. O próprio fato de que as igrejas cristãs colocaram a crucificação em primeiro lugar na consciência de seus seguidores revela a questão de um profundo desequilíbrio – se não encobre a manipulação.

Nossos religiosos acham mesmo que a visão de Jesus na cruz é a revelação mais importante do cristianismo? Dezenas de milhares de pessoas foram crucificadas na época de Cristo. A crucificação de Jesus não é tão considerável assim. Muito mais inimaginável é seu próprio motivo. Por que ele fez isso? Não poderia ser por traição ou vitimização. Foi uma escolha feita por ele, cujo significado não podemos conjecturar da consciência terrena. O Evangelho de Judas afirma que Jesus pediu a ele para traçar o plano – por quê? Não era só pela razão da morte. Ele pretendia algo além disso. Talvez estejamos só agora perto de compreendermos sua verdadeira intenção. Certamente, ele esperava mais de nós; tinha uma visão nossa mais avançada do que éramos – ou até mesmo do que somos agora!

Nunca fez sentido para mim que um ser notável, que podia se levantar da morte e curar os doentes, simplesmente sofresse e morresse na cruz. É inconcebível que um mestre da lei física poderia ter sido uma vítima, ou ter escolhido para exemplificar a contradição do desamparo. Qual teria sido o propósito? Nunca nos permitimos realmente penetrar o véu do martírio para fazermos tal pergunta. Estou certa de que está relacionado com a abertura do véu sobre um horizonte expandido de verdade cósmica.

Cristo nos deu um ligeiro vislumbre humano da existência de outra oitava mais magnífica, onde toda a tristeza e perda poderiam ser erradicadas e a vida recuperada. Ele estava fazendo algo que nossos antepassados simplesmente não consideravam. Ele nos mostrou a verdade do corpo, a transcendência, e o fez de forma tão intrincada que perdemos a mensagem. Marcamos o sofrimento e a morte, em vez da transmutação e da consciência superior!

O que é digno de inspiração é que ele pode ter transmutado a crucificação como um ensinamento sobre o corpo – ressurreição, transcendência e ascensão. Por que é tão pouco o mérito dado a sua ressurreição? É sabido, mas nada nos é ensinado de forma mais aprofundada sobre o maior dos milagres. Talvez seja por que os próprios discípulos de Jesus (com a exceção de

Maria Madalena) não podiam compreender ou fixar isso nos princípios da teologia cristã.

As belas e enfeitadas cruzes da Igreja Ortodoxa Grega não utilizavam a figura do Cristo sofrendo nelas. Os ortodoxos escolheram ver a pureza da missão de Cristo para ensinar a ressurreição e a transcendência. Eles viram a cruz como veículo usado por Jesus para demonstrar que ele podia derrotar a morte. Sua abordagem parece ser muito mais de acordo com a intenção de Cristo.

Jesus nos pediu para reproduzirmos seus milagres, e, apesar disso, as massas que chegaram a fazer essas pequenas reflexões como a cura, encontraram a punição ou morte nas mãos de sua própria igreja, pela suposta transgressão de fingir igualdade com ele.

A doutrina cristã ainda não nos deu superioridade para encontrarmos uma alegre e essencial verdade espiritual. Em vez disso, ela se estabeleceu na morte sangrenta de uma figura sagrada, ofuscando uma vida exemplar de dignidade e amor humanos, com dor e tristeza. Amarramo-nos a uma versão negativa de ambição em sermos divinos e posicionamos o disfarce da culpa em volta de nossos ombros sobrecarregados.

Certa vez no Vaticano, em Roma, ouvi uma conversa entre uma mãe e seu jovem filho. Eles permaneciam respeitosamente diante de uma grande estátua de Jesus na cruz. O ferimento provocado pela lança, os pregos nas mãos, o sangue escorrendo da coroa de espinhos e a lágrima mais triste do olho de Jesus revelavam incisivamente todos os detalhes trágicos. Assisti ao pequeno garoto captando cada um deles com uma mistura de assombro e horror. Sua mãe lhe sussurrou:

– Veja, meu querido, aqui está Jesus na cruz.

O menino olhou chocado para a mãe e disse:

– Mas por que ele está na cruz, mamãe?.

– Porque ele morreu pelos seus pecados.

– Quais pecados, mamãe?
– O de ter nascido.
– Ah – ele suspirou com desânimo e abaixou a cabeça.

É horrível observarmos que o pequeno garoto vai carregar essa nuança negativa e de culpa por toda a vida, e que essa marca em seu âmago não será apagada, mesmo se um dia ele perceber que não é responsável pelo que aconteceu a Jesus. Isso estará escondido debaixo da superfície de sua consciência instigando um vago senso de culpa sem nome. Seu Eu verdadeiro vai afundar nessa corrente subterrânea de influência oculta, e então ele dificilmente vai se tornar um cristão, pois ele nunca saberá que é digno disso.

Assistir ao fato foi tudo o que eu pude fazer para não me precipitar e tentar neutralizar esse veneno terrível lançado contra ele, mas é claro que eu não tinha o direito de interferir. Espero que todas as mães do mundo ouçam essa história e livrem seus filhos desse terrível domínio! As histórias dos milagres de Cristo estão perdidas nas imagens do crucifixo e na mensagem avassaladora de que mesmo os salvadores são vítimas!

O que você sente quando vê um crucifixo? Estou certa de que você não sorri nem se sente empolgado. Seria um sacrilégio não oferecer ao menos um sentimento de dor e culpa diante dessa mensagem potente – que Jesus morreu pelos nossos pecados. Mas foi assim mesmo? É possível que todo esse episódio tenha outro significado. Eu não sinto que alguém espiritualmente fora do Eu (a Alma de cada um) possa eliminar o fato inevitável das ações/pecados de outro. Se isso fosse possível, então o grande ser Jesus Cristo, que ressuscitou os mortos, não teria a necessidade de destruir sua própria vida sagrada para salvar as nossas! Ele poderia ter dissolvido nosso carma da mesma forma que curou doenças.

Não vamos seguir completamente a partir dessa epopeia hedionda do desenvolvimento humano até que tenhamos concordado com o conceito básico de que a humanidade é tão má que não pode ser digna de reinos superiores. Se levarmos a crucificação fora da equação entre Cristo e nós mesmos, possivelmente começaremos a reivindicar verdadeiramente nossa herança como herdeiros de dons místicos exemplificados, oferecidos e passados a nós pelo próprio Cristo! Jesus nos deu não apenas permissão, mas também uma ordem. A religião organizada pode nunca arriscar tamanho gesto para encorajar esse tipo de autonomia que vamos ter de reivindicar por nós mesmos!

Uma forma de começarmos essa herança de vida milagrosa é revermos todas as representações da fé religiosa e removermos aquelas, tais como a crucificação, que nos prendem à expressão amedrontada e não-evoluída. Podemos criar belos ícones que nos ergam até novas alturas de inspiração espiritual. O Cristo na montanha que observa a cidade do Rio de Janeiro é um dos meus exemplos favoritos. É uma estátua de Jesus com seus braços abertos como se estivesse abraçando tudo e todos.

As religiões amplificaram a perspectiva do bem e do mal – de polaridade e separação. Se nossa visão e compreensão estivessem suficientemente expandidas, poderíamos ver que as polaridades sempre se atraem e se afastam, se atraem e se afastam, como a dupla espiral da evolução. Talvez se completássemos os braços abertos de Cristo na montanha, voltaríamos ao ciclo, que é um símbolo eterno usado desde o despertar dos tempos para falar a linguagem da unificação.

As igrejas cristãs devem tirar de suas paredes a imagem de Jesus na cruz, se quiserem continuar no futuro como pontos de foco do ensinamento de Cristo. O sofrimento não é Divino! Os atos desumanos vistos em nosso mundo de hoje têm origem nas terríveis marcas arcaicas perpetradas pela má compreensão religiosa. Eles não pertencem ao repertório humano. É verdadeiramente indigno da mensagem de Jesus e de sua vida. Ele ensinou amor, não violência. Ele ensinou o poder dos milagres, não a submissão do corpo. Se o foco da doutrina cristã não tivesse sido na crucificação, possivelmente já estaríamos realizando a transmutação da morte! Se formos evoluir nossas faculdades espirituais, devemos trocar a simbologia visual e emocional unida ao nosso senso de verdade religiosa para que possamos evoluir novas realidades espirituais e nos tornarmos, nós mesmos, cristificados.

Se removermos a crucificação como parte central do cristianismo, poderíamos fazer da Páscoa uma celebração sagrada da vida, como deveria ser. O verdadeiro significado da Páscoa começou nos tempos pagãos, quando um novo ciclo de vida era celebrado a cada primavera. O que aconteceria se a Páscoa não fosse sobre a morte na cruz, mas sim sobre o milagre da vida e a transcendência dos reinos de consciência mais baixos aos superiores! Continuar com nossa visão mórbida de que não podemos alcançar o objetivo sem sofrer o suficiente faz com que a realização espetacular de transfiguração seja simplesmente obstruída. Os cristãos sentem profundamente o pensamento desse homem sofrendo na cruz, mas de fato, se não pudermos ampliar essa tristeza para todas as dezenas de milhares de pessoas que morreram na cruz da desumanidade, ou para os filhos morrendo hoje nas guerras de ilusões política e religiosa, então haverá uma inverdade no gesto de nossa dor íntegra.

O único futuro viável para as igrejas cristãs é o descobrimento do domínio espiritual e físico de Jesus e como realizarmos milagres por nós mesmos. A transmutação do corpo e das leis de ascensão são os legados verdadeiros oferecidos a toda a humanidade por meio da crucificação de Jesus Cristo. Sacerdotes e ministros cristãos não os ofereceram a nós porque eles mesmos não aprenderam. Por quê? Talvez porque eles tenham dado atenção demasiada às faculdades mentais em vez de aos ensinamentos energéticos passados por Cristo. Eles poderiam aprendê-los, assim como nós, se conseguíssemos permitir a nós mesmos nos erguer até as frequências que Jesus usava para realizar seus milagres. Um mundo sem doenças, medo da morte ou miséria seria um mundo digno do nosso verdadeiro destino.

Além da condenação na cruz, poderíamos começar a apagar o julgamento e acusação que têm sido colocados sobre Jesus desde que os cruzados se massacraram, explorando a justificativa de que era por causa deles que Jesus tinha sido crucificado. Quão rápido eles mancharam o fato de que esse era seu próprio povo. A paz e compaixão entre a fé cristã e a fé judaica é superior a um novo mundo e a remoção do tema da crucificação vai nos ajudar a focar novamente nossa atenção sobre um belíssimo exemplo deixado por ele a todos nós.

Evolução

1. Remova todas as imagens de Cristo na cruz das igrejas, joias e outras parafernálias para que o poder supremo dele não seja reduzido ao papel de vítima.

2. O cristianismo sem a cruz será revolucionado. Vamos abrir nossa consciência a novos ícones que descrevam melhor Cristo.

3. Vamos reconfigurar a Páscoa como uma celebração de milagres e ascensão.

4. Medite sobre a ressurreição do seu corpo e a ascensão como um estado de consciência que você pode alcançar.

Parte Dois

Atualmente

Capítulo Cinco

CONCEITOS RELIGIOSOS

APESAR DOS ENSINAMENTOS DE COMO VIVER a vida passados nos textos sagrados da doutrina religiosa, os conceitos religiosos atuais são feitos reféns pela insistência da não-mutabilidade das perspectivas estabelecidas por aqueles ensinamentos em um mundo completamente diferente do atual. Até mesmo para as pessoas que acreditam que as mensagens passadas diretamente de Deus não são um disfarce se vistas como um dom do tempo e espaço para os que necessitavam delas na época. Questionar tudo da vida é nosso direito Divino. Em tempos antigos, apenas alguns poucos podiam desenvolver sua consciência além da luta diária para buscarem algo profundo e relacionado a eles espiritualmente. No entanto, as fronteiras de suas escolhas e consciência eram extremamente limitadas e incompletas para guiar-nos agora. Devemos abrir nossa consciência e coração para possibilitar novas experiências Divinas.

Precisamos continuar apenas com o elenco de personagens que tínhamos há milhares de anos? Existem ainda os Judas, os juízes, os mártires e os profetas? É dito para considerarmos que em alguns níveis ainda estamos muito presos ao seu repertório de temas, mesmo hoje: traição, ciúme, ilusão e fome pelo poder. Não é de infalibilidade ou justiça de Deus que precisamos, não são palavras de vingança, guerra santa ou punição. Não é o julgamento para sabermos quem é o digno, ou o valioso, ou o escolhido – todas essas marcas destrutivas e cheias de medo nos deixaram em um poço escuro sem uma escada de ascensão para nos levar a um lugar sem perigo, culpa ou sofrimento.

Certamente, as verdades espirituais mais profundas de compaixão, amor e conexão com o Divino são tesouros atemporais que para sempre serão parte do modelo humano, mas é hora de permitir a nós mesmos vê-los da perspectiva de nossas realidades – sem o rótulo da blasfêmia! Não precisamos encontrá-los com o sofrimento e o martírio; nossos ancestrais já fizeram isso. Podemos entender melhor suas oferendas por meio da sua prática em todos os momentos de nossa vida.

Atualmente, este é o mandamento de todo o nosso grupo de Alma presente neste planeta para despertar, evoluir e praticar o significado do "livre-arbítrio", que nos foi dado pela Fonte Divina. O livre-arbítrio é o dom da escolha por meio do qual esculpimos a experiência para se tornar destino. Este é nosso mandamento espiritual para tomar a responsabilidade por aquelas escolhas que nos guiam. Temos o poder para criarmos nossa própria realidade, crescermos e evoluirmos pelas nossas experiências e percepção conscientes. Não é que não podemos fazer tudo da maneira que quisermos, mas sim que temos a liberdade para usarmos toda a experiência com uma diretriz de propósito para nos mostrar causa e efeito, e, dessa forma, como escolhermos a vida. Só podemos fazer isso se abrirmos para energias espirituais superiores e as integrarmos em nossa vida. É a consciência de nosso potencial evolucionário e sua amplificação que espera nosso fluxo criativo que não está preparado.

Nossos conceitos religiosos ainda são extremamente limitados para cobrirem as questões de realidades de nossa vida sem alguma revisão e expansão. Vamos ser corajosos o bastante para realizarmos as mudanças necessárias dentro da aventura de novas descobertas. Em um futuro próximo, nossos filhos viajarão até a lua, ao fundo dos mares, por toda a galáxia, e trarão para casa novos conceitos sobre Deus que vão abalar o centro de nossas verdades presentes. Vamos impedi-los de fazer isso? Tradicionalistas e defensores da interpretação religiosa literal não poderão censurar suas descobertas, e ficarão naufragados em uma praia de irrelevância, em uma maré vazante. As gerações futuras de exploradores vão acrescentar novas peças ao quebra-cabeças de Deus, que podem nos mostrar como poderemos fazer parte de algo muito maior do que já imaginamos!

Como podemos nos erguer dos padrões restritos de nossos ancestrais e criarmos um novo tipo de espiritualidade que avança nossa relação com o Divino? Como seria isso? Acima de tudo, seríamos livres do medo e da culpa. Iríamos permitir a nós mesmos nos comunicarmos intimamente nas oitavas superiores do amor, sem julgarmos nossos erros. Nossos temas não seriam sobre sermos dignos ou não, e sim sobre o êxtase, o entusiasmo e a glória.

Daremos um salto de um Deus homogêneo para uma Fonte Divina universal sem perdermos nosso sentido do eu? E se a forma humana de Deus não for nada menos do que nosso próprio e único ponto de referência? Os outros seres sensíveis veem Deus apenas em sua própria semelhança? Estamos excessivamente limitados pela nossa dependência na forma reconhecível para fazermos algo real para nós, ainda que na verdade não tenhamos visto um deus autodeclarado em forma humana. Vimos a reflexão de princípios Divinos em um Buda, um Cristo, homens e mulheres sagrados e outros – mas não o próprio Deus. Falamos do senhor dos céus, mas não temos sequer um vislumbre do que isso realmente significa.

O conceito de que os humanos foram criados à imagem de Deus é um dos contextos desejados sem nenhuma outra confirmação a não ser aquela que as primeiras religiões afirmavam. Ninguém viu Deus. Eles viram anjos e aqueles como Jesus, que eram ditos como sendo Ele. Vejo isso como parte da própria ilusão humana de que tudo no Universo deve ser sobre nós ou como nós. É claro, é muito mais fácil para os humanos se relacionarem com Deus com uma imagem na forma humana. Seria mais difícil seguirmos as ordens da regra diária de um Deus com forma nebulosa. Esperançosamente, conforme evoluirmos, não precisaremos mais dessas ordens.

Na história bíblica da criação, Deus disse, "Façamos o homem à nossa imagem" (Gênesis 1:26). Isso nos revela outra questão aparentemente sem resposta – "Quem é esse *nós*?".

Falar no plural implica que houve mais do que um criador ou uma forma de consciência coletiva que participou na nossa gênese. Se soubéssemos a resposta para esse enigma, possivelmente seríamos capazes de revisar toda a base de nossa relação com Deus!

Neste ponto, parecemos certos de que Deus deve estar na forma masculina porque essa tem sido a força dominante durante as epopeias religiosas dos humanos. No entanto, se acreditarmos que "ele" criou nossa espécie na sua forma, então ele/ela deve ser do sexo feminino, uma vez que somos geneticamente metade do sexo feminino. Se voltarmos nosso pensamento aos tempos primordiais quando "o poder de fazer o certo" era totalmente efetivo e a força física era o atributo essencial, podemos entender por que eram os homens os escolhidos para negociar com o Deus poderoso e violento que víamos nas forças naturais.

Você acha que se os primeiros xamãs e sacerdotes fossem do sexo feminino teríamos concebido o sacrifício humano? Não, uma mulher nunca iria jogar fora a sua criação, a qual ela, com muito custo, colocou no mundo. Dessa forma, devemos reconhecer que não era Deus quem exigia a destruição da vida, mas sim o homem – que não podia sentir o poder do nascimento, que concebia o sacrifício. Novamente, por que um Deus ficaria satisfeito em matar sua própria criação?

Registramos "visões de Deus" na forma de uma sarça ardente (Referência à aparição de Deus a Moisés no Monte Horebe), bem como a voz de Deus por meio de um anjo, e aceitamos isso como verdade. O som e a luz são energias dignas e sagradas e talvez seja a hora de nos abrirmos para outros comunicados Divinos que engrandecem nosso repertório com relação à forma de Deus. As religiões confiam nas próprias representações focadas da forma de Deus para agregar autoridade à sua doutrina. É muito mais fácil aceitarmos as ordens de um Deus que possivelmente falaria conosco como um pai, do que um poder desconhecido e invisível. Mas a essência Divina, na verdade, permeia todas as escolhas conscientes para tocar a Deus, além dos suportes de nosso senso ou o formato do plano religioso.

Nosso DNA espiritual nos confere o conhecimento da essência de Deus como ponto central do nosso próprio ser, e está, portanto, sempre entre o nosso poder para o acessarmos. Se somos criados por Deus, então devemos possuir alguma parte da força dele dentro de nós. Não podemos ser desarticulados de Deus por nenhum julgamento externo ou pecado, pois o Divino é a essência da existência e não o gesto.

A maioria das religiões ainda hoje utiliza um labirinto de doutrina, regras e rituais prescritos para guiar seus seguidores por meio dos caminhos tortuosos para o céu, o nirvana ou a consciência evoluída. Elas têm regras que devem ser seguidas para conseguirem a aprovação de Deus. O que vestir, comer, fazer – quando rezar, como agradar a Deus por meio do sacrifício, da abstenção ou alguma outra forma de negação – todas elas são orquestradas por filtros e presunções humanos baseados em uma versão extremamente humanizada e até mesmo cultural da Força de Deus.

As formas como integramos Deus em nossa vida poderiam ser consideradas como nossos tesouros culturais, mas elas não são mais ou menos verdadeiras de uma perspectiva espiritual; elas são simplesmente a forma que se enquadra em nossa maneira de viver. O simbolismo usado por nós, e mesmo nossa consciência conceitual, são gerados por eras da consciência humana e deveriam ser revisados conforme evoluímos nossas verdades. Deus não disse que você não deve expor o seu corpo ou que você deve cobrir a sua cabeça. Cobrir a cabeça é o que sobrou de milhares de anos de tradição. É apenas um gesto, um conceito prévio sobre o que é respeitoso, puro ou sagrado; capturado em uma cápsula temporal.

Esses padrões tradicionais devem ser honrados porque são valores culturais, mas são apenas verdades virtuais e não devem ser confundidos com as leis espirituais mais profundas. É um terrível disfarce eles imporem tanto sofrimento – especialmente às mulheres. Talvez, conforme evoluamos, iremos "escolher" nossas expressões culturais em vez de sermos punidos pela não-obediência a elas.

Continuamos com nossas religiões, não tanto porque não

vemos as ilusões, desarmonias e decepções, mas porque precisamos do senso de integração, do conforto do hábito, e da continuidade de nossas culturas. Seria suficiente? Para um número cada vez maior de pessoas, a resposta é não. Certamente é possível que parte da nossa lealdade religiosa seja mais relacionada às raízes culturais do que a Deus. São os feriados que celebramos, os rituais que traduziram Deus para nossa vida que são cruciais a nós, e, portanto, precisamos distinguir as realidades cultural e espiritual.

Muitas pessoas já expressaram que seu medo não está relacionado com o que poderia acontecer com sua religião, mas sim com o que poderia acontecer com sua paz na sociedade caso mudassem a forma como expressam sua fé religiosa. A religião, por si só, pode continuar no futuro não tanto por acreditarmos nos dogmas específicos da igreja, mas porque não poderíamos continuar sem passagens marcantes como o casamento, o batismo, a crisma e os funerais, tão firmados em nossas funções sociais coletivas. Nesses momentos, sentimos a necessidade de termos alguma autoridade superior nos unindo à Força de Deus e uns aos outros. Precisamos de uma espécie de formalidade para oficializar esses encontros e levará algum tempo para vermos como podemos criar novas cerimônias de passagem sob nossa própria vontade. Ainda buscamos líderes que "estudaram" Deus; e por meio de seu domínio de insinuações intelectuais e sinalizações históricas, são, portanto, capazes de interpretar o místico para nossa mente ansiosa.

Temos ainda que compreender que o Divino não é um depósito do racional, mas sim a chave energética para a nossa existência. O salto da autonomia espiritual, ainda que esteja no horizonte, está muito longe da nossa realidade presente. Teríamos de nos expandir até uma nova oitava de consciência para nos tornarmos alguém com a Fonte Divina sem um intérprete.

Esse nível iria necessitar de uma fusão entre mente e coração, na qual a consciência poderia incluir a entrada de emoções e sentimentos superiores. Nossa dor espiritual nasceu diretamente nos ombros do nosso corpo emocional e mental. Estou certa de que nosso emocional coletivo não alcançou um Deus que não inspira medo, pois o medo é extremamente traiçoeiro para nossa constituição espiritual. Escolhemos perpetuamente temer a Deus, por esse ser sempre o padrão de relação com o "todo-poderoso".

A batalha, a guerra interior e exterior, consome nosso senso do verdadeiro Eu. As espadas da religião são as adagas de palavras e conceitos que impõem o medo emocional e a honradez intelectual, punindo severamente o nascimento agitado de nosso conhecimento espiritual. Como seria sentirmos um Deus beneficente e pacífico dentro do nosso corpo? Poderíamos conceber essa ideia, e de uma ótica do que sabemos, a escolhermos agora?

Devemos procurar na nossa mente as perspectivas evolucionárias dos muitos conceitos religiosos que ainda estão nos prendendo. Fiz uma lista experimental de algo que possivelmente mudaríamos ou descartaríamos, tendo em vista as nossas realidades presentes e o entendimento espiritual. Faço isso como um caminho para a busca da evolução, e não como um ponto de argumento destruindo os habitantes religiosos dos outros ou atacando a fé alheia. Pelo contrário, gostaria que houvesse um nível mais harmonioso, no qual pudéssemos celebrar nossa consciência coletiva de um Deus, sem a ênfase nas nossas diferenças. O que "acreditamos" sobre Deus não é tão importante quanto aceitarmos o fato de que todos nos importamos e reconhecemos uma Fonte Divina, da forma que entendamos.

Aqui, então, estão alguns conceitos não conducentes à nossa evolução espiritual. Fico imaginando quais outros você poderia agregar.

O Conceito do Pecado Original

A mitologia da criação é uma parte tão rica da consciência coletiva quanto qualquer outro aspecto de herança tribal, e o conto da criação de Adão e Eva é simplesmente uma das mais antigas explicações para a existência humana. É mantida sagrada porque todas as palavras escolhidas para serem incluídas na Bíblia eram "consideradas" como a palavra de Deus, e, portanto, a verdade, em vez de serem simbólicas. Sua verdade é impossível dentro da perspectiva científica de entendimento corporal, e seu imaginário simbólico é tudo, menos encorajador. A história de Adão e Eva como a fonte de todas as nossas dores do parto é verdadeiramente uma das mais extraordinárias distorções da mente humana. Praticamente, toda cultura tem sua história sobre como os humanos vieram a existir, e dos cantos mais distantes do mundo ouvimos histórias de como os primeiros humanos eram imperfeitos ou descontentaram os deuses que os criaram. Existem sempre diversas tentativas de criar humanos dignos antes de um nível de adequação ser alcançado.

Tipicamente, essa imperfeição está relacionada ao comportamento humano e à certa forma de punição ou exílio que segue as ações inapropriadas. Mais uma vez, as nuanças nos são colocadas de maneira cuidadosa e introduzem, graduadamente, o medo em nossa psique, garantindo submissão a algum poder devastador. Qualquer que seja a história, ela inclui os sussurros negativos de nosso destino cruel no caso de alguma ação independente de nossa parte.

Lembro-me de meu avô contando a história do bicho-papão que vinha comer as criancinhas que não se comportavam e não faziam o que era mandado. Sempre podia contar que meu "amigo" estava tentando se certificar de que fazíamos as coisas que devíamos fazer. A independência é um elemento instável em qualquer instituição e é monitorada com cuidado pelas "autoridades constituintes". Mesmo muito nova, eu sabia que essa tática era sobre uma batalha de poder, e minha resistência só me trazia um senso de ser banida e incompreendida. Nunca acreditei nele quanto ao bicho-papão, mas frequentemente sentia um enjoo no estômago quando ele acabava de me ameaçar. Eu percebia que ele sabia que eu não acreditava nele, porque, caso contrário, eu teria feito algum comentário rebelde, o que me parecia iria incomodá-lo bastante.

A maioria das crianças ama esse tipo de história assombrada porque sentir-se assustada é um tipo de diversão e aventura. Adicione-as por toda a infância no entanto, e você terá um adulto viciado na rapidez adrenalínica, que não consegue se sentir seguro ou em paz em sua vida, e, na verdade, não quer isso. Esse tipo de marca é um ciclo completo de treinamento paterno, por meio da programação religiosa e social. Controlar os outros pela contenção do poder do medo sempre foi a arma mais efetiva.

Existe um pequeno e evidente defeito na história de Adão e Eva que me perturba. Estou me referindo à maçã de conhecimento do bem e do mal, a qual Eva se atreveu a apanhar, iniciando assim o "pecado original". Isso predispõe a ideia de que o mal já existia dentro da maçã criada por Deus e que a serpente sedutora e má ajudou Eva a desobedecer a Deus. Uma vez que Ele colocou todos os animais no Jardim, Ele pretendia que a serpente tentasse Eva? Se isso aconteceu, então Deus preparou uma Eva insuspeita como sua própria cúmplice. Com qual propósito teria feito isso? Não posso acreditar que Deus tenha preparado o terreno para que Eva fosse seduzida a desobedecê-lo e, desta forma, ela e Adão fossem expulsos.

Talvez tenha sido realmente sobre testar a violação humana do livre-arbítrio. Se foi isso, Deus pode ter acendido as chamas do mito, segundo o qual todas as mulheres estão esperando para levar os homens ao mau caminho, e, assim, não podem ser confiadas ou estimadas.

Deus teria realmente criado seres malignos tais como a serpente antes de Eva? Por que Deus criaria o mal? Se esse Deus de alguma forma criou as forças não-evolucionárias, então Ele não é a suprema Fonte Divina, mas algum formato desequilibrado poluído por influências galácticas. Talvez essa seja raiz das marcas mais profundas de que os humanos e o mundo não são bons, e, portanto, devem tentar controlar a maldade inata – ou aguardar a morte. Algumas pessoas possivelmente dizem que o mal é uma ferramenta grandiosa para o crescimento.

Acho que se trata da velha retórica, e agora é hora de

jogarmos fora essas formas de aprendizado arcaicas e incômodas. Não devemos encontrar a verdade pelo sofrimento, nem precisamos ser punidos para aprendermos como ser bons. As leis do carma estão sempre em jogo – o aprendizado é resultado do que ocorre no interior da nossa consciência conforme vivenciamos a causa e o efeito – e não no exterior. Se continuarmos com a externalização das leis cármicas, as regras e constrições perpetuadas por nós vão neutralizar e dissolver finalmente nosso livre-arbítrio – sem o qual não podemos evoluir verdadeiramente. A evolução necessita de avanços de conhecimento. Ou será que Deus não desejaria que sua criação aprendesse e se tornasse impregnada de sabedoria?

A história de Adão e Eva liga a maçã ao "conhecimento carnal", isso significa que de alguma forma a sexualidade era parte desse mal. É uma implicação rude de que os humanos não deveriam explorar seus corpos – o prazer e a procriação que foram infundidos no DNA biológico e emocional humano. Por que os homens e mulheres teriam corpos diferentes com órgãos genitais diferentes se a reprodução não fosse fazer parte dessa forma através deles? Como isso poderia acontecer sem nenhum prazer natural para garantir o ato da procriação? Não poderia – e isso é um fato. Nessa situação pouco provável, concluo que uma energia contaminante vem da mente do homem – e não de Deus.

Quem escreveu o livro do Gênesis? Os antigos que o compilaram certamente acreditavam que a sexualidade era uma força perigosa e indomável. Novamente, percebo um medo do poder sexual emanando de um nível mais baixo de consciência sem nenhuma clareza ou compreensão – não uma ordem de Deus que não o teria criado, em primeiro lugar, se não fosse de um uso Divino. Que tipo de trapaça é essa? Só pode ser algo que foi inventado pela consciência humana não iluminada. A Bíblia continua dizendo que Adão e Eva sentiram vergonha da sua nudez e Deus então deu a eles folhas para cobrirem a si mesmos e suas vergonhas.

Não é fascinante vermos que nosso padrão é esconder ou

cobrir nossa vergonha, nossa culpa – em vez de superá-las ou eliminá-las? Essa reação com a sexualidade deles e a cumplicidade de Deus, simplesmente não computam. A vergonha deles não teria vindo da maçã do conhecimento, mas somente da mesma conclusão de que seus corpos estariam descontentando Deus. A história de Adão e Eva na Bíblia é um conglomerado de trechos emocionalmente carregados que não seriam submetidos a análises a não ser pelo fato de que ninguém até hoje questionou sua autenticidade desde o começo. A culpa e a vergonha deles são tão inatas aos nossos próprios sentimentos que facilmente acreditamos e nos identificamos com elas.

Adão e Eva são acusados do "pecado original" porque supostamente desobedeceram a Deus. E por conta desse ato estamos todos condenados ao inferno sem nenhuma permanência misericordiosa de execução, a menos que imploremos para sermos salvos por nossa religião. Embora a lei do carma demonstre que as escolhas de nossos ancestrais ainda nos afetam de maneira a tornarem-se nossos desafios, elas não são nossa "culpa". Prendernos a isso pode ser chamado de manipulação. Parece muito mais sadio vermos Adão e Eva como um mito da criação e não perpetuarmos o confinamento do espírito humano de forma negativa.

O Conceito de Obediência

Esse tema de obediência a Deus aparenta vir do HOMEM. Aqui vemos uma projeção sobre o Divino que presume uma relação extremamente pessoal e subjetiva. A maioria das religiões ainda hesita sob essa crença de que Deus está observando e marcando as ações dos humanos para puni-los por seus pecados, como se investisse em suas fraquezas inerentes. Infundir em nós o medo da não obediência é uma ótima forma de controlar as provisões da crença, porém ela não é digna ou relacionada à Fonte Divina universal. Ela foi indubitavelmente criada por religiões com o propósito de controlar as massas.

Se, de fato, o livre-arbítrio fosse dado a toda a criação, então não haveria a necessidade de haver uma reação pessoal e punitiva de Deus sobre as escolhas dos humanos. No fim das contas somos livres, e cada escolha que fazemos nos ensina e facilita nossa evolução. Precisamos não ter Deus como impedimento ameaçador para nossos pecados.

Como uma espécie emergente, ainda não enxergamos acima do sistema hierárquico, um estilo vertical de relacionamento no qual só existe quem está acima e quem está abaixo. O repertório de nossos pais/filhos não abriu o horizonte de uma conexão circular que permite a cada ser relacionar-se sem o fator submissivo de obediência a alguém superior ou mais poderoso. Quando vamos dominar a arte da cooperação e da sabedoria coletiva?

A tradição islâmica adota a lei da subordinação a Alá. Se a subordinação pudesse abranger a consolidação sem a resistência do Divino interiormente, seria um princípio verdadeiramente magnífico. No seu estágio presente, refere-se à absoluta obediência com o sistema de crenças de quem e do que é Alá. Conforme Alá é visto por meio da interpretação escrita, em vez do conhecimento direto, a subordinação é diminuída de uma verdade universal para uma rendição cultural e encapsulada de Deus.

A autoridade sempre foi um tema de domínio masculino, enquanto o feminino espera entre a invisibilidade do potencial, o qual, assim espera-se, vai tomar seu lugar. Conforme amadurecemos, o conhecimento interno vai nos libertar das garras da conjetura em termos de satisfação ou obediência ao Divino. Imagine um tempo em que todas as nossas ações e escolhas virão de nós mesmos – sem a *Homeland Security*, sem a força policial, sem cadeias, sem crimes, pois teremos ativado um sistema interno de certo e errado, o qual está adormecido no tecido do nosso DNA espiritual.

O próprio conceito de livre-arbítrio vai refutar a Força de Deus espreitadora e punitiva esperando para prenunciar um julgamento sobre as descontentes e desobedientes massas. Apenas um Deus de poder limitado precisaria da obediência de sua criação, e, portanto, conceber tamanha sombra infernal da verdade Divina. Um dia veremos que nosso Deus não é apenas o senhor dos céus, mas uma fonte cósmica mais universal. O Infinito não precisa de nada de nós, apenas dos resultados de nossa personificação como recurso para a evolução da Alma.

O Conceito de Inferno

Essa é uma das marcas mais negativas que as religiões empunharam contra a humanidade. Ela promove a percepção antiga de um Deus raivoso que criou um lugar terrível de dor e escuridão eternas para punir os humanos pela má conduta. Parece possível, se não provável, que o inferno tenha sido introduzido em tempos antigos como uma arma contra a desobediência à autoridade religiosa da mesma forma que a brutalidade carnal foi usada para apavorar e controlar as massas. A ideia de que Deus vai nos banir caso não sejamos bons é contra qualquer consciência racional. O que fazemos na vida consiste em como aprendemos as leis do carma – causa e efeito, ação e reação, e então crescimento e evolução. Quem somos nós é sobre a Fonte Divina e sua criação.

Vivemos em uma realidade de movimento dentro da terceira dimensão e nos esquecemos dos aspectos profundos da verdade cósmica que parece iludir nossa consciência. Somos Divinos em essência e isso não pode ser mudado. A punição não é um conceito avançado; é uma tentativa patética de impedir ou controlar outro ser. Mesmo sendo entendido como necessário para o bem, ela não inspira ou ensina bondade, e sim propaga o ressentimento e má vontade. Deus não precisa disso. O inferno não poderia ter sido transmitido por Deus; ele foi antevisto pela própria mente do homem, e pela sua imaginação incisiva, ele o tornou real!

Pense na ordem "queime no inferno!". Ela carrega uma condenação violenta. Não oferece nenhum conforto, retração ou possível aliança. A benevolência infinita da Fonte Criativa não estabeleceu o inferno dentro de seu processo de criação. As pessoas temem o fogo do inferno sem nenhuma aparente consciência da fonte de seu medo, porque está extremamente impregnado no tecido psicogenético do nosso DNA espiritual.

Muitos de nossos ancestrais morreram no inferno, sobrecarregando sua realidade celular, assim, acabamos herdando seus medos intactos.

Podemos criar o inferno em muitos aspectos de nossa existência diária simplesmente porque não vemos uma maneira de nos libertarmos da armadilha de nossos pesadelos mais sombrios. Dessa forma, transformamos um conceito de um lugar em que vamos após a morte, em um estado de ser em que viveremos todos os dias de nossa vida. Podemos mudar essa morbidez libertando o inferno do nosso código genético. (Consulte o capítulo 12, A tecnologia da consciência: exercícios.)

O Conceito de Salvação

A ideia de que precisamos da salvação do nosso mal herdado é tão antiga quanto a própria religião. Parece ser um acessório profundamente impregnado ao medo que não podemos agradar a Deus, e, portanto, devemos ser indignos e "salvos" da nossa própria escuridão. Temos sido ensinados que Deus vai nos conceder a salvação do pecado original, mas essa salvação carrega consigo uma porção de regras sobre como vivermos de maneira a sermos dignos da salvação de acordo com os sistemas de crença religiosos específicos.

É interessante que inúmeras religiões diferentes tenham esse conceito de salvação como o resultado de nosso âmago pecaminoso, perpetrado pelos ancestrais e herdado psicogeneticamente por nós. Apesar de podermos ter algumas de suas características negativas integradas em nós, não somos simples réplicas deles. Suas escolhas não precisam ser as nossas e não precisamos nos tornar as vítimas de seus feitos nem sofrermos pela sua falta de humanidade.

Deus não nos criou para depois nos salvar. A Fonte Divina nos criou para expandirmos o potencial da vida sagrada. Vamos, em vez disso, salvar a nós mesmos da nossa própria destruição, porque somos capazes de fazê-lo e porque estamos evoluindo em uma espécie que não pode apenas retificar desequilíbrios, mas melhorar quem somos em todos os níveis. É quase depreciador Jesus Cristo se rotular "o Salvador". Ele não buscava nos salvar do mal; ele passou toda a sua vida na Terra nos ensinando o poder do amor e a graça dos milagres. Ele nos pediu que fizéssemos o mesmo, e, em vez disso, temos passado esses dois mil anos nos lastimando sobre sermos fracos e indignos, implorando para sermos salvos.

O conceito de salvação é imperfeito porque é um ultimato, uma ameaça de punição em uma situação futura caso não encontremos ou peçamos a redenção. A salvação está amarrada ao conceito do Dia do Juízo Final/Céu ou Inferno. Ela presume que sem ameaça ou força não seríamos bons! Apesar de ser confortante pensarmos que a religião pode nos salvar e apagar os nossos pecados para que no fim possamos ser salvos, isso não nos ajuda a evoluir espiritualmente; apenas alimenta nosso astuto senso de conveniência.

Não seria melhor escolhermos caminhos mais evoluídos para vivermos agora, em vez de permutarmos um futuro, o qual esperamos pelo destino cruel de nossa existência? Onde a salvação se conecta com o perdão e a liberdade da culpa se torna um senso alegre de novos começos. Talvez seja hora de revertermos esse conceito. E se considerássemos "salvar" Deus da prisão de nossa mente envenenada, da nossa cegueira quanto à possibilidade Divina?

Deus, o Pai

Deus é visto em quase todas as religiões como uma figura de pai. Quando formos encarar a morte ou o Universo, podemos apenas imaginar a força para seguirmos adiante se sentirmos que uma energia poderosa, a qual identificamos com qualidades paternas, poderia nos guiar ou nos proteger. A extensão de um pai terrestre a um pai celestial proporciona uma sensação de segurança e conforto.

Fomos criados com a necessidade de agradarmos e obedecermos nosso pai terrestre, assim, o conceito de fazer o mesmo por nosso "Pai Celestial" é parte de como esperamos relacioná-lo e o porquê de tão prontamente aceitarmos as ordens de nossas igrejas. Nosso velho conceito do Deus raivoso e vingativo também é representado neste retrato de Deus, o Pai, que causa em nós o medo. Essa ansiedade em agradá-lo, aumenta o papel de líderes religiosos do sexo masculino como intermediários entre os humanos e sua Fonte Divina.

Ainda queremos alguém para nos "governar", dizer-nos o que fazer, salvar-nos da nossa fraqueza, em suma, tomar a responsabilidade por nossa vida. Sempre pedimos e esperamos que indivíduos do sexo masculino fizessem isso, mas nunca permitimos que suas energias pacíficas e espirituais verdadeiras fossem vivenciadas como fortes. Se por meio dos milênios essas qualidades mais profundas tivessem se desenvolvido, talvez a fúria religiosa não teria tomado a frente. Por termos agora alcançado uma oitava onde podemos não apenas destruir vidas humanas, mas também nosso próprio planeta, devemos encarar a realização de que estamos aqui para usarmos o livre-arbítrio como parte e parcela de nosso destino, e devemos agora reequilibrar nossa expressão espiritual de forma a catalisar a evolução de nossa Alma. Não é algo assim tão terrível livrarmos Deus do papel de Pai e assumirmos o bastão da autoridade de nós mesmos!

Monoteísmo

Atualmente, o conceito religioso dominante é o de monoteísmo; apesar disso, muitas culturas como os egípcios, maias, hindus, gregos, pagãos e outras se relacionam a muitos deuses. Vejo isso como a individualização da presença Divina em temas de sobrevivência personalizadas por uma forma, representando aspectos e necessidades específicos. É bem parecido com a forma como médicos e outros profissionais se especializam em seus campos atuais. Os deuses da chuva, da fertilidade, prosperidade etc., cristalizam as faces de suas necessidades sem o foco em uma totalidade integrada. O aspecto mais difícil dessa ideia é que cada Deus exige conciliação, sacrifício e certa forma de adulação.

Se todos esses deuses "inferiores" estivessem sob um Deus maior, possivelmente iriam nos ajudar a fechar a lacuna da separação. Infelizmente, o elemento de ciúme e propriedade introduzido no Antigo Testamento nos causou a perspectiva de que todos os deuses teriam ciúme uns dos outros da mesma forma que nós mesmos vivenciamos esse tipo de inveja. Dessa forma, investimos em um deus único. Se pensarmos num deus único, não como a *única* energia Divina, e sim que todos os seres da estatura celestial são expressões dessa unidade, então será mais fácil sentirmos nossa relação na natureza com todos os seres como espiritual – incluindo os humanos. É o que os hindus chamam de Brâman.

Nossas batalhas pelo mérito de qual deles é o deus único criaram tantos derramamentos de sangue e mortes que acabaram ofuscando o verdadeiro significado do Divino. Devemos começar a reconhecer que ao menos uma parte de nosso fervor é mais sobre nossa supremacia sobre os outros do que sobre Deus. Vemos Deus como uma extensão de nós mesmos e apenas dentro de nossa realidade cultural, em vez de vermos nós mesmos como uma expressão Divina que vai além de nosso próprio repertório.

É possível que o deus único, adorado por nós, seja a representação superior, a qual possamos conceber agora – pode haver infinitas formas superiores do que essa única! Que sabedoria nossos filhos vão nos trazer dos alcances mais longínquos do Universo? É infinitamente mais magnífico imaginarmos um Deus que engloba tudo isso em vez de imaginarmos um Deus limitado, cujo único domínio seja nosso mundo presente. Conforme evoluímos, também vai evoluir nossa relação com a Fonte Divina – tudo o que é preciso é a nossa escolha de expandirmos nossa consciência.

No fim das contas, a questão não é a existência de um Deus que parece relevante, e sim como nos relacionamos com o Divino. O senso entusiasmado de lealdade rogado pelo monoteísmo muito frequentemente exclui as faces e formas infinitas do Divino. Se pudéssemos nos relacionar com todos como parte dessa essência, Deus seria um ponto de foco de paz e unidade espiritual.

Deus e Abundância

O dinheiro e a fé são forças formidáveis. O poder do dinheiro para dominar a realidade está presente desde a gênese da religião, e a subsequente riqueza das igrejas permitiu a elas curvarem e moldarem reinos inteiros. Deus como um negócio é um empreendimento lucrativo, que tem sido empunhado com grande sucesso em praticamente todas as sociedades do nosso planeta.

A mistura de dinheiro e religião ocorre em todos os lugares, e embora as sociedades ocidentais sejam criticadas por seu materialismo primitivo, todas as religiões se empenham com o espírito de "compra e venda". Lembro-me que na Índia, a joia da espiritualidade, a perspectiva não-material oriental, cada gesto espiritualista, necessitava de alguma recompensa. Ou era um ponto vermelho na testa ou uma entrada em um templo; em tudo era exigida uma troca – para o rico e para o pobre, igualmente. Por que não? Não devemos oferecer algo àqueles que têm o espaço para que nossos empreendimentos religiosos sejam apoiados? Com certeza!

Muitas igrejas exigem a lei do dízimo ou de promessa de determinada quantia de dinheiro à igreja, um conceito de divisão ou de repartição da vida por meio de limites claros – uma parte para si e uma parte para a igreja. A incongruência está mais presente em nossa pretensão de que a espiritualidade não está relacionada com a abundância e a desfavorece, embora usemos essa mesma energia para influenciar nossa relação com Deus por meio de nossas oferendas à igreja.

Existe uma linha estreita entre o investimento e apoio à igreja de alguém e a compra de favores para a conciliação com Deus, alívio da culpa, anulação de casamentos, recebimento de indulgências, extinção de pecados, entrada no céu, e outras negociações através da mediação de oficiais da igreja que, na verdade, são manipulações grosseiras de diretrizes religiosas. Quando isso começou? Isso foi traiçoeiro desde o exato instante do primeiro suspiro da religião organizada. Quando isso terá fim? O tempo agora nos faz ver claramente o que é verdadeiro com relação ao dinheiro e como ele se relaciona com o Universo não-revelado, bem como o nosso mundo, no qual historicamente o dinheiro influenciou o poder da autoridade religiosa, não apenas dos seus seguidores, mas também de todos os palácios de órgãos governamentais.

O entrelaçamento entre a igreja e o Estado pode ser bastante traiçoeiro. Na Alemanha, cristãos devem pagar ao governo impostos religiosos especiais, os quais o governo então encaminha às igrejas. Considere os gastos desse acordo intrincado e o desperdício de dinheiro com administração que não beneficia a ninguém. Há rumores de que em breve poderá ser impossível fazer com que as igrejas "desistam" de evitar esses impostos. O conceito de cobrar impostos das pessoas em nome de sua religião parece arcaico, mas na verdade continua em prática desde o início dos tempos.

No entanto, conforme reconhecemos que existe "o empreendimento de Deus", devemos assegurar que isso não continue a ser algo hipócrita ou de abuso da parte daqueles que promovem as virtudes da pobreza enquanto limpam os danos da culpa. O problema é que as igrejas pregam a pobreza como um caminho até Deus, enquanto se tornam ricas com a pregação. A ideia de que Deus ama uma pessoa pobre como uma compensação por ela não ter o básico que um indivíduo precisa é um pretexto para encobrir as desigualdades que todas as igrejas institucionalizadas precisam discursar.

O conceito de pobreza como um caminho para a santidade começou no mundo ocidental com São Francisco de Assis e a citação da bula pontifícia de 1206, na qual ele falou sobre imitar a pobreza de Cristo e "ir humildemente em busca dos hereges e guiá-los para fora do erro". É claro, fazendo isso, uma grande riqueza foi tirada das pessoas e transferida à igreja enquanto a ofensa aos rivais foi convenientemente eliminada pelas inquisições etc. A alegria de São Francisco foi renunciar ao mundo externo do materialismo, no qual se encontrava seu pai comerciante, e outros pertences – para uma vida de doação e compartilhamento. Foi para ele uma experiência extremamente catártica reparar a dor do massacre depois de voltar das Cruzadas decretando sua natureza verdadeira e pacífica.

Esses sentimentos de viver como Cristo são inspiradores até os dias atuais, mas acabaram criando uma falsa equação na qual o dinheiro é ruim e a riqueza suspeita de cumplicidade com a trapaça. Não há espaço para a potencial bondade que a abundância poderia trazer caso fosse usada como um dom para todos. Quando aprendermos essa lição de compartilhamento, vamos "comungar", e os humanos estarão prontos para alcançar uma nova oitava de manifestação de abundância.

De acordo com o Antigo Testamento, o senhor literalmente exigiu "resgate" pela Alma do homem em troca de proteção. "Quando tomares a soma dos filhos de Israel, conforme a sua conta, cada um deles dará ao Senhor o resgate da sua alma, quando os contares; para que não haja entre eles praga alguma, quando os contares" (Êxodo 30:11-12). Que o resgate fosse de substância material parece completamente incongruente com o espírito de troca Divina e a sedução de proteção, irresistível. Quando uma praga ou outro disfarce os atingiu, estou certa de que os líderes religiosos encontraram uma forma de fazer as pessoas acreditarem que Deus os estava punindo pelos seus caminhos pecaminosos e não que o Senhor não manteve a sua palavra até o fim.

Que conceito envenenado – de que o homem deve pagar pela redenção de sua Alma! Uma Alma Divina não pode ser corrompida mesmo que um corpo possa se envolver em todo o domínio de pecados. Esse senhor de outrora estava infundindo a marca de "comprar e vender" no próprio centro da religião! De fato, essa é uma mensagem implicando que nossa Alma é algo que podemos permutar! Pior ainda é que a permutamos com Deus, que poderia de alguma forma tirá-las de nós. Atualmente falamos "Ele vendeu sua Alma", o que significa que a pessoa fará qualquer coisa para conseguir o que deseja ou pensa que precisa. Não! Foi dada uma centelha Divina aos humanos – Alma da Alma Única, e ela não pode ser revogada por ninguém – nem mesmo pelo Criador. Intrínseco nesse propósito estava o livre-arbítrio, o poder do conhecimento por meio da escolha!

Amei a história da Bíblia que narra Jesus indo até o templo e expulsando os agiotas, as forças corruptas e insidiosas que haviam se apoderado do local sagrado de devoção. É chegada a hora! Devemos rever a relação entre Deus e nossas finanças, nossos sistemas políticos e nossa percepção da verdade em que o dinheiro se tornou a fonte de milagres, a câmara da fortuna, a ilusão do céu na Terra. Jesus não viveu pobre como uma demonstração de virtude às massas, ele tinha a missão de acelerar o DNA humano e avançar nossa espécie trazendo ensinamentos sobre o poder do amor – para todos. Ele não condenou a riqueza, ele ensinou os princípios do compartilhamento. Ele repartiu o pão, multiplicou o peixe, transformou água em vinho para demonstrar que também poderíamos fazer essas coisas e dessa forma nossa consciência poderia estar livre para expandir e explorar os mundos invisíveis e as leis cósmicas de energia – sem contrapor as necessidades do corpo.

Buda trouxe os ensinamentos do nirvana, o estado de evolução além da união com as coisas terrenas. Ele renunciou sua primogenitura de riqueza porque viu que nada material poderia curar o sofrimento humano, e então ele saiu em busca de uma verdade superior. Tanto Buda quanto Cristo vieram para nos levar além da limitação da lei física. Nenhum dos dois necessitava de riqueza material, pois ambos carregaram o brilho infinito do Universo e ensinaram sobre esse potencial como uma parte do nosso mundo. Pensarmos que não podemos ser ricos tanto física quanto espiritualmente é um julgamento de limitação sobre todos nós, originado dentre nossas próprias fragilidades mentais e emocionais. Apesar de sermos seduzidos pelo ofuscante mundo material, os sussurros de nossa Alma estão sempre nos guiando de volta à nossa fonte espiritual – o bem mais rico de todos!

O conceito de que o dinheiro não é espiritual se tornou um ponto de grande confusão em todas as culturas. Para alguns, o dinheiro poderia ser um carma os convidando para reequilibrar temas sobre a compaixão ou o compartilhamento; para outros, o dinheiro pode ser o ensinamento sobre poder ou acolhimento. De fato, não há tema em nossa vida que não mencione nossa evolução cármica e espiritual. Nunca é a "coisa" em si, mas sim como exercemos todo o potencial apresentado a nós. Mudanças inimagináveis estão chegando!

Que o dinheiro ou a riqueza vai nos afastar de Deus ou nos distrair, a ponto de nos esquecermos da Fonte Divina, origina-se da ilusão de que podemos prestar atenção apenas em uma coisa de cada vez. Isso não é mais verdade. Apesar de ter parecido verdade no passado, isso ocorria devido ao fato de que os humanos eram engolidos pela cobiça e não eram conectados ao tipo de cosmos expansivo que toca nossa consciência agora. Estamos aprendendo a ser "multitarefas" e isso está relacionado a todos os níveis de nossa consciência.

Começamos a expandir nossa mente o bastante para seguirmos o caminho circular da lei da manifestação. "Tudo que vai, volta." Essa frase tem sido dita a nós por milênios, mas ainda não chegamos a compreendê-la o suficiente para praticá-la, certamente não sem um pouco de esperança, restituição ou reconhecimento. Principalmente, até agora ainda não descobrimos o poder da doação. Quando estendemos nossa riqueza para auxiliar as outras pessoas, exercitamos nosso potencial para mudar a realidade para melhor.

Na verdade, poucos de nós acreditamos na estima suficiente para imaginar que poderíamos ser os doadores – que poderíamos deixar passar tudo ou que já possuímos o bastante para dividirmos sem pensar em levar algum tipo de vantagem, ou de alguma forma perdermos nosso lugar na hierarquia do poder. Felizmente, uma nova geração de doadores está abrindo nossa consciência a esse poder. Vejam Bill e Melinda Gates, que usam sua riqueza para balancear e melhorar a qualidade de vida das pessoas em todos os lugares. Parece que quanto mais eles dão, mais eles têm. Isso sempre fez parte da lei da abundância; quanto mais você dá, mais recebe – em muitos níveis. Precisamos apenas chegar à conclusão de que a abundância é uma forma de graça para ser dividida e utilizada para todos, e que há alegria abundante conectada à doação.

A Vida é Sofrimento

Esse é o pronunciamento de Buda, que procurava livrar os humanos dos sofrimentos da existência dolorosa em níveis físicos e emocionais. Ele ensinou que poderíamos alcançar um estado elevado de desapego chamado nirvana.

A consciência de que este mundo não é único ou mesmo a mais verdadeira realidade, pode nos encorajar a nos desligarmos, mas isso não nos ajuda a alcançarmos as experiências da vida a ponto de alterar a evolução. Estamos aqui e isso não é uma punição, é uma oportunidade. Apesar de podermos estar em um ciclo perpétuo de reencarnação, o conceito de retornar à roda do carma ser negativo não inclui o propósito Divino. Não retornamos apenas para reequilibrar nossa existência defeituosa, retornamos para amplificar a evolução de nós mesmos e da Fonte Divina.

A vida não é sofrimento. Embora possa não ser a inércia cósmica da não-personificação, é a oportunidade de evolução por meio da vivência e experiência que expande todas as possibilidades – por todos os Universos. Essa é a nossa chance de nos tornarmos totalmente evoluídos, seres sensíveis vivendo em corpo e por meio das experiências, favorecendo nosso *pool* infinito do código psicogenético. Conforme despertamos para uma consciência expandida que inclui toda herança através dos ancestrais, bem como múltiplas encarnações, veremos as possibilidades magníficas diante de nós. Sofremos porque não sabemos!

Conforme nos tornamos conscientes, veremos que o sofrimento não é subordinado da vida, é a ilusão de que não temos livre-arbítrio, e, portanto, não podemos escolher alcançar toda experiência de um ponto de graça e o poder do doador. Viemos – não apenas para reequilibrarmos os pecados, mas porque temos algo a oferecer à vida da nossa mais pura e Divina Alma!

Os conceitos religiosos têm sido transmitidos pelas gerações de líderes religiosos sem a possibilidade de alteração, porque a natureza intrínseca da conexão com a Fonte de Deus tem sido de forma conceitual o caminho prevalecente. Existe um terrível bloqueio nesse sistema que força a estrutura cristalizada de Deus para a fundação religiosa, e dessa forma não pode encontrar um caminho por meio dessa densidade para uma experiência espiritual mais amorosa e adequada, e que necessitamos desesperadamente. Se pudermos chegar a um formato de experiência mais elevado e tivermos de verdade a coragem de olharmos para esses conceitos que nos apoiam hoje – e para aqueles que não nos apoiam – seremos capazes de levar a religião conosco até uma nova era de realidade expandida.

Evolução

1. Reveja e contemple seus próprios conceitos religiosos e observe profundamente como eles têm afetado sua vida. (Consulte o capítulo 11, Seguindo seu próprio repertório espiritual.)

2. Escolha guardar em seu coração que todos os humanos são Divinos e bons em sua essência, e não pecadores ou desprezados pelo Divino.

3. Liberte-se do medo do inferno. (Consulte o capítulo 12, A tecnologia da consciência: exercícios.)

4. Reflita sobre a presença e a energia da Fonte Divina – além da forma humana.

5. Abra-se para toda a riqueza do Universo e confie que você tem o poder para ser o doador.

6. Liberte-se da dependência do sofrimento e torne-se consciente de seu dom para com a vida e com esse mundo.

Capítulo Seis

MOLDANDO AS MASSAS

DA MESMA FORMA QUE OS PAIS MOLDAM seus filhos com ameaças de punição por comportamentos impróprios, as religiões moldam seus seguidores com o estabelecimento de regras para se viver de acordo, e dessa forma os ameaçam caso essas regras não sejam seguidas. Ser rotulado como "mau" é prejudicial a nós em qualquer idade. As crianças são certamente intimidadas pela possibilidade de punição corporal ou restrição da liberdade, mas talvez não menos pela possibilidade de serem castigadas por Deus ou por medo da condenação ao inferno. É contada essa história de punição/retribuição à maioria das crianças, desde pequenas. A mente é tão vívida e fértil que o pensamento do mau, o fogo do inverno, o Dia do Juízo Final ou ajuste de contas por nossos pecados são suficientes para moderar nossas ações.

Apesar disso, tornamo-nos entorpecidos em nossa consciência diária de condicionamento e desenvolvemos o hábito de, por meio de movimentos repetitivos, atribuirmo-nos um grau de culpa e continuar com o que quer que estejamos fazendo. Vamos à igreja, mas não estamos realmente presentes, porque aprendemos a excluir condenações ameaçadoras. No entanto, nosso medo da retribuição de Deus se move como uma praga em nosso núcleo central e é transmitido psicogeneticamente aos nossos filhos, como se fosse um parasita corroendo nosso DNA espiritual.

A palavra "arrepender" carrega uma pesada conotação que é igualmente repulsiva para a maioria de nós. Não que não devêssemos pedir desculpas ou não nos sentir arrependidos por nossas faltas; é que o arrependimento está amarrado a um verdadeiro peso geral de culpa indefinida que nos faz nos sentirmos esmagados pelo seu peso. Está subentendido, nessa palavra, a ameaça de todos os resultados tortuosos, os quais a religião pode nos atirar caso não nos arrependamos. É essencial para nós que assumamos a responsabilidade por nossos atos do conhecimento mais profundo, da nossa consciência, de que tudo é direito e verdadeiro, mas não pela coerção.

Arrependimento é um grito que ecoa dos púlpitos da maioria das denominações ao redor do mundo. Imagine o poder dessa energia sendo bombardeada em centenas, milhares e mesmo milhões de pessoas pela televisão. As massas frequentadoras de renovações e enormes encontros da igreja não são bombardeadas com as palavras acusadoras dos oficiais, mas pela energia negativa exalada das multidões, como se libertassem pensamentos e sentimentos de culpa e vergonha. Elas podem se sentir aliviadas por seu arrependimento, mas a energia de sua fonte foi infiltrada profundamente na sua composição psicogenética.

É muito mais fácil gritar sobre a necessidade de se arrepender do que falar calmamente sobre nossa bondade. Lembro-me de como eu adorava bater no peito na missa católica e repetir em latim, "*mea* culpa, *mea* culpa". Parecia claro e poderoso. Mas quando contemplei seu significado, "minha culpa, minha culpa", isso teve um som diferente. Parecia conter a implicação de que tudo era por minha causa. Eu poderia assumir a responsabilidade por minhas ações, mas não poderia sentir que todos os "pecados" do mundo – passados ou presentes – eram meus. Não é questão de inocência ou culpa; é sobre senso de equilíbrio e verdade.

Os ecos de pecado e julgamento que se instalaram fortemente em nossa mente e em nosso coração nos ligam a um falso entendimento de nosso criador. O Dia do Juízo Final é empunhado por judeus, cristãos e muçulmanos como o ímpeto de sermos bons na vida para evitarmos a punição que será certamente distribuída por Deus nesse dia aterrorizante do ajuste de contas. Certa vez, tive uma experiência vívida dessa possibilidade quando estive no *Peace Corps*, com vinte e dois anos de idade. Disseram-me que era praticamente certo que eu iria morrer antes do amanhecer quando o cirurgião poderia chegar ao hospital no qual estava. Considerando aquela probabilidade como real, comecei a ter *flashbacks* espontâneos de cada pensamento, palavra ou ato negativo ou de culpa do que já havia cometido, começando por quando ainda tinha menos de dois anos de idade! Cada uma dessas vinhetas estava arquivada na memória das células e me lembrei delas da perspectiva de meu corpo no momento em que cada uma ocorreu. Eu não precisaria de nenhuma força externa para me condenar, pois eu já havia feito isso, e estava impressionada com a quantidade de autojulgamentos existentes em meu corpo.

Refleti durante um bom tempo sobre como eu havia me contaminado com a ameaça do julgamento e da condenação. Minhas memórias remotas da escola dominical traziam lindos desenhos de lápis de cor de cordeiros e luzes nas nuvens, além dos dizeres que memorizávamos, como "Deus é amor". No entanto, lembro-me de que conforme fiquei mais velha e fui a diversas igrejas – cristãs e não-cristãs – eu ouvia repetidamente os avisos sobre as terríveis coisas destinadas a "nós, pecadores". Senti que essa era a tática usual dos adultos para controlar e manipular, e ainda me surpreendo que mesmo com a minha mente consciente reconhecendo essas falácias, ela não tinha poder aparente para erradicar as marcas delicadas do subconsciente.

Não tenho dúvida de que nossa mente culpada e temerosa cria coletivamente as dolorosas sombras do purgatório e as trevas eternas do inferno: mas sempre soube instintivamente que isso existia somente em nossa própria concepção – não na de Deus. Na verdade, eu tive uma experiência real de purgatório que me ajudou a ver como a mente cria a realidade. Eu vi as energias sombrias do inferno aparecendo das zonas escuras do purgatório e do inferno, e também ouvi descrições de centenas de outras pessoas contando suas próprias histórias.

Nesta vida, tive seis experiências de quase-morte, e em uma delas vivenciei o que os católicos chamam de purgatório. Foi um acidente de carro. Conforme meu corpo caiu ferido no chão, meu espírito foi levado para baixo, em direção a um lugar muito escuro. Uma escuridão profunda e assustadora se arrastou em minha direção e então ouvi sons bizarros e aparentemente raivosos chegando cada vez mais perto. Uma grande quantidade de figuras sombrias me empurrou com uma energia poderosa e falou em coro,

– *"Você não pode vir aqui!"*
– *"Você não pode vir aqui!"*

Incrédula, avistei uma pessoa conhecida que havia morrido em um acidente de carro no ano anterior. Estou certa de que a ligação cármica com ela, que forneceu um elo magnético até aquele lugar sombrio, era o medo dos acidentes de carro originado pela sua morte. Tive a horrível sensação de que todos eles iriam continuar lá para todo o sempre, e dessa forma reivindicaram aquele lugar como seu território. Pela densidade da energia, sei que nenhum Deus os colocou ali, mas eles mesmos se enviaram para aquele estado de purgatório, porque era isso o que eles esperavam que acontecesse a eles.

A mulher que eu conhecia se aproximou e me empurrou para trás com seu braço. Não consigo descrever aquele empurrão. Não era como um toque, tinha uma força energética e um efeito separador do qual nunca me esquecerei.

Lembro-me da sensação de movimento para cima e de repente estava dentro de uma espécie de bolha de arco-íris cercada por outras bolhas transparentes e infinitas. Uma sensação que eu chamaria de amor superabrangente inundou-me e me senti conectada a uma espécie de vastidão sem fim. Alguns diriam, "acolhida nos braços de Deus", mas não havia um senso de individualização pessoal, apenas a consciência pura. Havia uma consciência de uma transmissão energética me mostrando os segredos da vida, as interligações do sem-forma e da forma.

Era a "relatividade" a qual Einstein se referira, em que tudo está relacionado ou conectado, e essa conexão tem um propósito sinergético.

No meu trabalho, deparei com muitos espíritos aprisionados que morreram em um choque súbito e ficaram presos em reinos astrais inferiores, os quais poderíamos chamar de purgatório. Eles se esqueceram da luz e repetiam mecanicamente o sofrimento de sua morte, e a autopunição ensinada a eles iria sucedê-los por seus "pecados".

A religião incutiu em nós que somos pecadores "contra Deus" por causa do que fazemos e que seremos punidos. Sim, podemos agir ou viver fora da harmonia com a lei Divina, sermos cegos pela dor ou pela perspectiva religiosa, mas nossas transgressões estão contra nós mesmos; elas não estão direcionadas a Deus. Nossa condenação e escuridão são as mesmas e sofremos muito por causa delas.

As cerimônias, rituais e eventos especiais das religiões lançam um encanto obrigatório sobre os participantes, e para vários estágios – moldam a vida. Embora seja glorioso que a vida cotidiana possa ser interrompida por celebração de passagens sagradas, o significado mais profundo de muitas dessas ações é, na verdade, contrário à verdade espiritual. O batismo, por exemplo, seria maravilhoso como uma cerimônia na qual os pais e a família são trazidos para dentro do estado puro e sagrado de um recém-nascido, que acabou de chegar dos reinos absolutos do Divino. Eles deveriam ser abençoados e purificados para receberem esse dom milagroso como uma criança absolutamente no estado de graça. A Alma pura no corpo da criança não precisa ser salva, a não ser pelo velho ditado do pecado humano. É incomensurável a mim que tenhamos sido criados na imperfeição. (Que blasfêmia da força criativa!) Esse conceito deve definitivamente ser um regresso para as mitologias das mentes antigas e não-evoluídas.

O batismo parece ser uma alegre recepção ao nosso mundo, mas o tom mais baixo insidioso de sua bênção está salvando a criança não-batizada da ameaça perpetrada religiosamente das mandíbulas do inferno. O verdadeiro propósito do batismo é lavar e tirar o "pecado original". O dogma relata que todos os humanos nasceram com o pecado original e que apenas os que são batizados podem escapar de sua mancha. Essa ordem iria certamente inspirar todos os pais a terem certeza de que seus filhos fossem batizados.

A igreja convenientemente declarou oficialmente que alguém que não é batizado vai sofrer no fogo do inferno, e dessa forma muitas pessoas que não foram batizadas escolhem fazer isso quando estão em risco de morte por doença ou idade avançada, por medo da retribuição Divina que está tão profundamente impregnada nelas. Se pudéssemos nos libertar da ilusão do pecado original, poderíamos passar pelo nosso corpo com a certeza de que apenas a energia Divina vai nos tocar.

As cerimônias de confirmação, Bar Mitzvah e outras, são oferecidas como doutrinação de sistemas de crença específica. Trazem consigo o disfarce da integração religiosa, mesmo se a pessoa não tiver solicitado. Em momentos de passagem religiosa, reinamos supremos em nossa família, recebendo dons e honras e sendo verdadeiramente aceitos. Não é de se admirar que exista um profundo senso de culpa e separação quando mais tarde na vida queremos sair dessas realidades inocentes e arrancar algumas dessas crenças que não mais consideramos como verdadeiras. É como se não pudéssemos nunca retornar àqueles momentos preciosos, como se fôssemos traidores em algum nível para com a nossa família e para conosco.

Até mesmo os modos de falar mantêm os fiéis em seu local correto de submissão à autoridade religiosa. Por exemplo, ouvir as mensagens sutis transmitidas pelo sacerdote quando ele se dirige ao membro de sua paróquia como "meu filho". Parece ser um afeto protetor criador de um senso de agradar a Deus e à igreja. As pessoas se confortam quando é falado com elas dessa maneira, mas é também uma forma arrogante e de menosprezo de perpetrar a estrutura do sistema hierárquico do poder religioso – apesar de que, com toda a probabilidade, o padre é distraído com seu menosprezo. Ele na verdade considera seu “rebanho” como crianças – não-iniciadas nos mistérios de Deus porque não estudaram a doutrina religiosa. As Almas espirituais mais profundas e naturais simplesmente não estão registradas nesse quadro de compreensão.

Da mesma forma, o termo “filhos de Deus” é uma referência ao nosso *status* não-evoluído. Em algum ponto devemos nos libertar dessas conotações superficiais de quem somos. Essa identidade de filho é oriunda do mesmo sistema antigo no qual os humanos só podiam ver Deus por meio do seu repertório familiar de pai para filho – “Ele enviou seu filho primogênito”. O mundo era pequeno naquela época e as vidas tinham seus eixos ao redor de grupos familiares fechados. Havia poucos pontos de referência para relacionamentos e eles eram ligados em padrões verticais de poder.

Sim, somos uma espécie jovem, mas trazemos conosco a sabedoria da evolução, da consciência Divina e da ordem de assumirmos responsabilidades por nossas realidades e nosso mundo. Estamos atolados em nosso hábito de desculpas e acusações. Não podemos eternamente fingir que o que acontece em nossa casa, nosso meio ambiente, nosso mundo não é “nosso” – porque é! Está na hora de deixarmos de ser crianças em todos os níveis de nossa vida – nós temos o poder. Não nos foi dada a ordem de criar o céu na Terra?

Desde os tempos mais remotos, novos sistemas religiosos tomaram emprestado marcas de identidade antigas para facilitar a implantação de suas crenças, sendo que as sinalizações das diferentes religiões são as visões e sons que as expressam. Somos condicionados a reagir ao sinal da cruz, ao cheiro de incenso, às formas e modelos, os quais determinamos o significado religioso. A cintilação de velas, o som de orações, cânticos e músicas, tudo isso nos ajuda a nos conectar com nossas religiões, e é extremamente eficaz como ferramenta para moldar as massas na necessidade das igrejas aderentes de sua própria sobrevivência. As estátuas, pinturas, altares, cruzes, e mesmo a arquitetura tornam-se marcas de como nos identificamos espiritualmente.

Todas as instituições religiosas usam uma parafernália para aumentar o poder de seus dogmas e autoridade religiosa. A parafernália religiosa, tal como *ankhs*, rosários, malas, faixas etc., tudo isso nos ajuda a lembrar de rezar e de pensar em Deus. Gostamos dos enfeites, mas é importante rever seus significados – ouvirmos as palavras de nossas preces e ver se elas estão alinhadas com o conhecimento de nosso coração. Sempre criamos estruturas mentais interpretativas como forma de passarmos entre as realidades tangível e intangível que estão à nossa volta. Elas são a linguagem usada por nós como humanos para compreendermos o que nossa mente entende.

Como podemos ensinar a nós mesmos a sentir a Fonte Divina dentro de nós sem o bombardeamento de suportes externos? É como se estivéssemos tão programados a estímulos artificiais que possivelmente não incluímos o Divino em nossa vida sem isso. Apesar disso, a santidade da vida escoa lentamente de toda a natureza e reflete nossa própria espiritualidade intrínseca. Conforme evoluímos, poderemos sentir essa divindade como parte de nosso ser, não precisaremos representá-la em uma forma; ou mais provavelmente, a forma em si vai sofrer uma metamorfose tornando-se uma presença mais holográfica e multidimensional, que iremos considerar da mesma origem dos novos níveis de percepção.

Talvez a forma mais poderosa de moldar as massas seja por meio dos conceitos mentais dados a nós. Céu e inferno estão muito vívidos em nossos imaginários e certamente entram e saem de nossa consciência exterior por toda nossa vida. Todas as religiões falam de um lugar além da vida muito melhor do que o local habitado por nós agora, e somente se seguirmos as ordens de nossa religião chegaremos a esse lugar. Temos imagens ricas de anjos e harpas, nuvens celestiais, cenas belas do céu providas a nós por artistas religiosos que amplificam nossa conexão e desejo para fazermos da vida após a morte nosso objetivo maior.

Uma vez que nos tornamos conscientes de que fomos moldados, podemos ver seus efeitos nas escolhas sutis feitas por nós e as conclusões que seguimos. A consciência desse processo de moldagem pode nos desembaraçar dessas marcas negativas e nos ajudar a nos libertar do ninho de controle.

Se a doutrina religiosa forjou uma marca inapagável da fraqueza ou mal humanos, então devemos encontrar um modo de nos livrarmos desse molde ou nunca iremos descobrir a bondade magnífica contida dentro de nós. Eu penso carinhosamente em minha pequena neta me oferecendo sua comida – tão simples, tão verdadeiramente humana. Por que não podemos fazer isso como adultos? Evitamos a visão da fome no mundo e fingimos que isso não nos diz respeito – mas é bem o contrário! Essas são iniciações de seres humanos para testarem a dignidade, não com orações, não com sentimento de superioridade moral em troca de favores, não com obrigatoriedade da presença na igreja, não sobre quem convencemos a fazer parte de nossa religião.

Evolução

1. Medite sobre as formas que você foi moldado religiosamente e que não são mais verdadeiras para você – então livre-se delas. (Consulte o capítulo 12, A tecnologia da consciência: exercícios.)

2. Procure e livre-se de quaisquer marcas religiosas causadoras de sua aderência a dogmas como resultado do medo.

3. Volte sua memória para a primeira vez nesta vida em que você ouviu sobre o purgatório ou o inferno. Livre-se de quaisquer marcas.

4. Livre-se de quaisquer energias relacionadas ao arrependimento que faz você se sentir indigno.

Capítulo Sete

AS IGREJAS ATUALMENTE

APOIADAS POR NOSSOS CONCEITOS RELIGIOSOS estagnados, nossas experiências quanto à igreja atual se tornaram limitadas, na maioria das vezes, aos habituais e pré-fabricados formatos que impregnam a culpa e o medo, em vez da inspiração. Sermões são repletos de retórica negativa que deixam as cabeças baixas e comprimem os corações. Ouvimos sobre os feitos dos santos, mas não conseguimos encontrar uma maneira de nos conectarmos verdadeiramente com eles, talvez porque a santidade sempre tenha se misturado com o grande sofrimento. A ameaça do Armagedom e o fim de todas as coisas se tornou a fórmula da igreja para curar os nossos pecados, mas invariavelmente entorpece nossa consciência para as possibilidades da verdadeira evolução. O inferno e o Dia do Juízo Final não são remédios para serem tomados em grande quantidade. Eles, na verdade, tornaram-se um lento processo de envenenamento da raça humana.

Viemos a acreditar profundamente em nossa mente subconsciente, que a condenação é o que merecemos, porque não somos "suficientemente bons" para nossos pais, nosso Deus – ou para nós mesmos. Essa sombra de insegurança foi espalhada pela religião, e a marca negativa que escureceu nosso coração deve ser erguida por uma nova ordem espiritual que seja a favor de nossa Divindade, e não de nossa condenação!

Uma dieta de consciência e amor incondicional é o que precisamos agora; é o banquete preparado antes de nós pelos grandes modelos da verdade Divina. Todos os fundadores de religiões possuíam qualidades de compaixão, piedade e sabedoria que modelaram a vida além do nível da luta, para um modelo de graça. Suas vidas nos inspiram até mesmo por meio das eras, mas seus caminhos espirituais foram enlameados pelos pés daqueles que não podiam andar em seus lugares, não podiam seguir os passos dos ensinamentos deles e, portanto, os trouxeram por meio do filtro de seu próprio repertório. Agora é nossa vez de interpretarmos a mensagem verdadeira da Fonte Divina e como ela interage com nossa vida diária. Devemos fazer isso para nós mesmos.

Se as igrejas desejavam tornar mais eficientes seus conceitos religiosos e a maneira como eles são apresentados aos fiéis de forma mais pontual e edificante, talvez a experiência de ir à igreja poderia se tornar uma aventura nova e mais evoluída. Não estou dizendo que devemos rejeitar nosso sistema de crenças ou pararmos de frequentar os cultos religiosos. Estou dizendo que os líderes devem nos ajudar a nos livrarmos das concepções limitadas de nossos ancestrais para termos devoção/relação com Deus a partir de uma consciência atual.

Fico me questionando, não fosse pelas ameaças do inferno e do medo do julgamento, quantas pessoas iriam na verdade à igreja atualmente, exceto nos feriados religiosos? Precisamos de nossos feriados por muitas razões além de seu contexto religioso original. Milhões de pessoas só entram em suas igrejas devido à pressão social e familiar colidindo sobre elas, principalmente durante o período de feriados. Quase todo mundo tem um vínculo emocional com feriados espirituais por conta das lembranças associativas de tocar a Deus, de sentir-se parte da família, de presentes, e principalmente dos maravilhosos pratos servidos nessas ocasiões. Essas lembranças estão ligadas ao sentido do eu e raramente nos livramos delas, a menos que sejam substituídas por algo similar ainda mais verdadeiro.

Muitas pessoas vão ao seu local de adoração no Natal, na Páscoa, Pessach, e passam todo o tempo sentindo-se culpadas por não terem ido até lá desde o último feriado. Elas prometem a si mesmas que vão voltar "ao âmbito religioso" – sabendo que na verdade não poderão. Por quê? Muito frequentemente é por causa da culpa que sentem, porque elas realmente não acreditam nos sermões ou não gostam de abaixar a cabeça, ou os segredos do hipócrita ou o senso de indignidade, encabeçando uma longa lista de transgressões – tipicamente trazidas à tona para elas durante o sermão.

Muitos de nossos feriados são referentes à reparação de pecados, observância de nossas falhas ou erros cometidos para com Deus por nossos antepassados. Os judeus sofrem as consequências da fraqueza dos filhos de Abraão; uma ordem cultural na qual "os filhos são punidos pelos pecados dos pais". A reparação veio de uma era na qual gerações eram muito próximas umas das outras, pois as vidas eram mais curtas e havia limitações de deslocamento. Agora é hora de pararmos de sofrer as consequências pelos feitos de nossos ancestrais. A única coisa a se lamentar aqui é que podemos ter herdado essas marcas humanas negativas.

Apesar das crueldades ainda perpetradas por nós uns contra os outros, somos bons de coração, e estamos aprendendo. Antes de ser levada à câmara de gás pelos nazistas, a famosa jovem judia Anne Frank escreveu em seu diário "Ainda acredito que os humanos têm bom coração". Jesus Cristo trouxe a consciência do amor há dois mil anos e levou todo esse tempo para que se iniciasse o processo de exploração do potencial do amor, ou de vivê-lo. Anne Frank, uma garota de quinze anos, entendeu tudo isso. Vamos descobrir, mas não do mesmo modo que ela!

Muitas pessoas me perguntam o que elas devem fazer quanto ao dilema sentido por elas em termos de deixarem suas igrejas ou tentar fazer da "fé" a ligação com suas religiões. Elas têm fé em Deus, mas não em suas igrejas, e procuram levar tudo o que não lhes parece verdade – na fé. Sempre sugiro que elas encontrem os ensinamentos supremos que suportam suas vidas e os pratiquem sem culpa quanto aos dogmas religiosos ou comparecimento na igreja. As respostas mais poderosas e verdadeiras vêm do nosso próprio coração, nossa voz interna – o Eu Superior. Acima de tudo, devemos aprender a ouvir essa voz e a confiar em nós mesmos, referente a se queremos continuar a ir à igreja, acreditando em nossa religião ou não.

Conforme evoluímos nossos conceitos de Deus, poderemos adorar de maneira mais bela, mais significativa. A riqueza de nossos esforços religiosos foi derramada na construção de igrejas magníficas que nos inspiram com o temor respeitoso da onipotência de Deus. Os locais de adoração criados por todas as religiões são de espetacular beleza pela riqueza, desenho estrutural, ou santidade de seu ambiente natural. Está de acordo com nossas energias superiores a criação desses locais magníficos nos quais podemos sentir que estamos entrando na "casa de Deus", gastando nossos bens, nossas esperanças e nossas preces nessa casa, para então sentirmos que estamos honrando a Deus, e esperando que a Fonte Divina venha para nos ajudar.

Imagine uma catedral, mesquita ou templo de centenas de anos em que milhares de pessoas já foram rezar, rogar a Deus, para serem confortadas em seus sofrimentos ou pecados. Os ecos do sofrimento humano permeiam fisicamente os pisos, paredes e tetos de tal maneira que eles são palpáveis a qualquer um sensível a emoções. Provavelmente sentimos suas tristezas como uma cortina pesada de dívida com Deus. Esse peso é frequentemente percebido como energia espiritual verdadeira, e dessa forma sussurramos e prendemos a respiração em grande respeito por esse local sagrado. Por que achamos que a seriedade é mais sagrada do que a alegria ou a celebração? A maioria das pessoas que entra nesses locais sente a solenidade da lei religiosa, mas não percebe que parte dessa energia pertence àqueles que liberaram sua culpa e bagagem emocional no depósito de suas igrejas, e dessa forma criaram sua atmosfera pesada.

Podemos usar nossa consciência para levantar o peso dessa cortina, para assim podermos vivenciar a santidade além das emoções de sofrimento do passado. Imagine sermos capazes de enxugar as lágrimas e o sofrimento que cobriram de forma vigorosa nossos locais de adoração! Vou mostrar a você como fazer isso com a tecnologia da consciência – aqui e agora. Primeiramente, leia do princípio ao fim este exercício, para você saber como fazê-lo.

Você fará este exercício com os olhos fechados.

Projete sua consciência dentro de uma igreja através de seu olho da mente. Pode ser o local aonde você vai todas as semanas ou um que você tenha visitado, ou peça ao seu Eu Superior (sua própria voz interna e intuitiva) para focar sua consciência em um para você – pode ser até mesmo a edificação de uma igreja de outra religião!

Foque nas energias negativas que precisam ser limpas ou apagadas. Você pode se tornar consciente de suas qualidades específicas como a culpa, o medo, a vergonha, o sofrimento etc. É possível que você as sinta sendo emanadas dos cantos, do teto, piso ou mesmo dos bancos ou do altar.

Imagine um feixe de luz branco e brilhante vindo através do topo da sua cabeça e radiando do seu estômago/plexo solar e voltando para o céu. Isso limpa seu próprio campo de energia, e dessa maneira você não obtém nenhuma energia negativa conforme pratica este exercício.

Agora, pergunte às energias que acabaram se tornando incutidas na igreja, para qual cor (frequência de luz) elas precisam ser alteradas e eliminadas?

Pegue a primeira cor, ou as primeiras cores que vierem a sua consciência, e imagine que você a está extraindo do cosmos, através do topo da sua cabeça, através do seu coração, e para dentro do seu estômago/plexo solar.

A partir daí, lance-as como um laser aos locais que contêm as energias antigas. Você pode precisar irradiar a frequência colorida por toda a área. Sinta a luz passando facilmente através de você e para fora, até sentir um desvio da energia. Toda a área para onde você enviar a cor parecerá mais clara. Você sentirá uma mudança em sua própria energia; uma qualidade edificante trazendo-lhe uma espécie de paz.

Você terminou. Respire fundo e abra seus olhos. É simples assim. Você acaba de dar um imenso presente a todos os que entraram lá e até mesmo àqueles cujos espíritos estão aprisionados! Obrigada.

Duas atividades essenciais são primordiais nos locais de adoração – sermões e orações. Sermões podem estimular mudanças ou as dosagens letais de retórica. Ocasionalmente, quando ouço discursos políticos fico impressionada como eles se parecem com os sermões. Estou quase certa de que os políticos inconscientemente copiam seu estilo de pregação autoritária de seus líderes religiosos. Ambos parecem capturar os espectadores pelo uso de possíveis resultados terríveis do presente caminho, e invariavelmente incluem vilões e promessas. Até mesmo o punho levantado, o dedo apontando, o peito estufado e o brilho de integridade dos olhos parecem ser copiados um do outro. A mudança na entonação da voz produz um formato intencionado de ênfase que carrega os espectadores sobre uma onda de transe hipnótico que só é quebrada quando o sermão ou o discurso chega ao fim.

Na época em que era uma criança, eu "vi" que, após cerca de três minutos de sermão, um grande número de pessoas desligava sua atenção e vagueava mentalmente enquanto olhava para as paredes, o teto ou as estátuas. Era como se elas não pudessem realmente ouvir mais o sermão. Às vezes chegavam até a observar demoradamente o púlpito com um olhar fixo, fingindo estarem prestando atenção elevada, mas eu podia "ouvi-las" pensando em seus problemas, no que elas gostariam de fazer ao sair da igreja, e até mesmo no jantar.

Esse lapso de concentração se origina do conteúdo de sermões pregados em púlpitos. Muito do que é dito simplesmente não é o que vivenciamos como verdadeiro em nossa vida ou embaraçosamente não é o que vivemos. Eles todos, muitas vezes, fazem-nos recordar daquele sermão que gostaríamos de esquecer, aplicado por nossos pais. As ameaças do que é antigo não têm mais tanto poder sobre nós quanto uma vez tiveram – talvez estejamos tão ocupados no mundo exterior que mesmo o inferno terá de esperar! Não é vindo de nossa psique, mas sim está oculto debaixo de nossa consciência causando confusão e insegurança. Essas energias negativas são extremamente destrutivas, porque nos prendem entre os padrões de sobrevivência e causam um círculo vicioso de desespero, ação de sobrevivência, justificativa e culpa.

A pregação é muitas vezes difícil de ser ouvida, mesmo se concordamos com a essência do que está sendo dito, somente o sofrimento decorrente da negatividade de sua mensagem energética ou a hesitação na interpretação é apresentado pelo pregador. Futuramente, haverá o dia em que a pregação não mais ocorrerá no sentido formal, e poderá ser substituída por um novo projeto de comunicação amorosa que vai nos unir na energia da Fonte Divina.

Por meio de tudo isso, começamos a pensar por conta própria, e a vida é dura o bastante sem um constante lembrete de que certamente iremos para o inferno, de qualquer forma. Não somos mais crianças desobedientes que precisam ser repreendidas e punidas por não terem sido "boas o bastante". A adoração deveria fazer com que nos sentíssemos melhor com nós mesmos! Deveríamos poder sentir nossa conexão direta com a Fonte Divina e sermos apoiados conforme nos reunimos para vivenciarmos tudo o que é sagrado e celebrarmos por sermos parte disso. Precisamos nos sentir cercados e abraçados por um amor incondicional que nos levaria de volta à igreja repetidamente sem perturbar, ou enganar, ou condenar as táticas de ninguém, além de nós mesmos, incluindo os líderes religiosos, a quem supostamente demos permissão para guardar nossas Almas!

Na verdade, observar as pessoas reagirem aos sermões foi a parte mais fascinante para mim na época em que era muito pequena e frequentava a igreja. Queria ver o que elas sentiam e então podia ver se estava certa em observar que toda a fala era apenas uma forma de nos obrigar a fazer o que o pregador queria. Eu tinha a curiosidade de saber por que as pessoas curvavam suas cabeças na igreja. Eu sabia que estava ligado ao respeito porque todos faziam isso em todas as igrejas, mas senti que era de certa forma pela vergonha e sentimento de não serem dignos. Ocorre a mim que se mudássemos coletivamente a cabeça arqueada para uma cabeça e coração erguidos, iríamos mais facilmente acessar a felicidade que pode vir da comunicação com a Fonte Divina.

Apresentaram-me muitos tipos de igrejas e várias religiões, mas o senso imponente do Divino raramente ocorreu entre as paredes de uma igreja. Pelo contrário, foi na natureza que eu acreditei poder expandir minha consciência livremente e sentir a misteriosa presença de "Deus" em todo lugar e em todas as coisas. Não era pelo tipo de apelo em *outdoors,* que incentiva uma ação, caminhada, escalada ou canoagem, para se obter uma experiência espiritual; era mais como o touro Ferdinando, eu ficava sentada e sentia o perfume das flores com aquele sorriso tranquilo na face – o que o mundo atual chama de meditação – ou mesmo Samadhi. Passava de um estado de consciência elevada onde estava consciente das imagens e sons acontecendo bem longe dali. Algumas vezes, percebia-me fora de meu corpo, movendo e sentindo-me sem nenhuma restrição dimensional, às vezes dentro do nada ou no vazio, outras vezes em uma consciência que incluía todos os meus setenta sensos de percepção.

Eu lembro que adorava ser convidada para a Grande Missa nas igrejas católicas, pois o incenso, as velas e os cânticos me extraíam do meu corpo levando-me aos tetos dourados e abobadados, onde sentia uma espécie de liberdade jubilosa. Adorava aquele jogo bidirecional entre o padre e os participantes. Talvez o que tenha feito disso tão maravilhoso seja que aquilo não tinha nada da realidade diária; nada relacionado com o decoro social ou alguma conversa com aqueles à minha volta – era simplesmente um voo livre até o centro do meu ser, onde eu me sentia segura e preenchida com amor.

Você também já fez isso, você deve ter apenas esquecido. Essas lembranças carregam tamanho nível de vibração que não conseguimos mantê-las em nossa consciência. É o tipo de trabalho que fazemos no Instituto da Luz de Galisteo. Nos últimos vinte anos, presenciei a entrada de milhares de pessoas nessas cápsulas de memória, e por esse motivo que sei que todo mundo tem essas experiências. Elas foram enterradas porque não se adéquam ao formato religioso ao qual fomos ensinados – isto é, você vai à igreja encontrar Deus – não é realmente uma opção independente e autorizada tocarmos Deus de nenhuma outra forma.

Por todo o mundo, há muitos padres e pregadores tentando inspirar seus seguidores com interpretações mais positivas de interesses religiosos, mas os sistemas de crenças implícitos são os mesmos, e dessa forma somos impossibilitados de oferecermos de verdade um caminho por meio dos limites do dogma.

O segundo ingrediente principal do serviço religioso é a oração. Existe algo extremamente belo nos grupos de oração. Se estivermos orando por meio de canções, palavras ou silenciosamente, a oração em conjunto cria uma energia sagrada e especial, que nos conduz a uma oitava superior de consciência. A comunhão criada quando oramos juntos nos permite libertar as insignificâncias de nossos "eus" individuais e amplifica o poder da unidade, que é uma parte essencial e profunda da nossa natureza humana. O caráter das orações coletivas é mais inspirador porque os temas são geralmente sobre paz, cura e amor de Deus, em vez de apenas sobre as necessidades individuais.

Muitos estudos têm sido feitos provando que a oração, de fato, ajuda na cura. Seria Deus respondendo às nossas orações, ou seria o poder de nossa consciência focada instalado em nossa Fonte Divina e induzindo a mesma energia de cura inata em tudo na vida porque ela foi semeada na criação pela Fonte? Acredito que seja a última alternativa e que não podemos chamar somente para nós essas energias de cura da Fonte de Deus, mas assim como fazemos, podemos na verdade transmitir essa energia a alguém enquanto ativamos essa energia na pessoa, da mesma forma. Estamos enviando a essa pessoa energia de cura Divina e suas próprias capacidades de cura são da mesma forma transmitidas. Trata-se de uma dose dupla de cura que vai ajudá-la a repor as energias em seu corpo, mas acima de tudo, é uma escolha de sua Alma pela cura ou não. Para alguns, a morte é a maior cura – retornar ao ventre do Universo, ter completado uma etapa da evolução da Alma e voltar ao encontro do infinito.

Somos desesperados para sentir que Deus está ao nosso lado. Que "Ele" se importa se vivemos ou morremos e que, como nossos pais amados, vai conceder nossos desejos. Tudo isso origina-se da terrível solidão sentida por nós aqui na Terra, muito distante de algo que não podemos sequer nos lembrar ou descrever. É porque pertencemos ao cosmos, que a consciência terrena é dificilmente uma centelha de quem somos. Nosso tempo no corpo é tão pequeno, e mesmo assim não nos lembramos de quando estávamos fora do corpo humano. A Alma habita o corpo durante suas encarnações; depois, está livre novamente.

Oramos para o senhor do céu atender nossas orações porque não conseguimos imaginar que temos o poder de mudar a energia ou a nossa própria realidade – mas temos! Isso tem sido mostrado a nós por meio de muitos curandeiros e santos, Jesus Cristo, e outros que determinaram esse modelo para nós, que nos deram bênção e permissão. Ainda assim, hesitamos por causa do resíduo de indignidade marcado em nossa psique desde o começo de nossa estada aqui na Terra.

Se encaramos a morte ou a destruição, um bebê prestes a morrer, perda de fortuna, oramos pelo resultado que julgamos ser o melhor, nunca considerando o holograma de uma Alma e o que ela escolhe vivenciar para o crescimento. Um bebê que deixa o seu corpo pode estar oferecendo um profundo dom de amor a sua família, que deve buscar um significado nessa dolorosa experiência. Por não podermos escutar a voz de sua Alma, não podemos saber o que é melhor – espiritualmente. Para nós, é uma vida interrompida muito cedo. Para a Alma da criança, pode ter sido um breve encontro para que fosse pego um fio evolucionário. A Alma contém um projeto de crescimento evolucionário para a sua encarnação, mas a escolha de como essas lições são aprendidas faz parte do livre-arbítrio.

No momento da concepção, as marcas do Corpo Emocional começam a influenciar a forma como as representamos. Se nosso registro akáshico contém memórias de culpa e vergonha, somos mais suscetíveis a aprender essas lições pela negatividade, pois nossa marca emocional é a de que "precisamos" sofrer para pagarmos por nossos pecados. Não precisamos sofrer, precisamos expandir nossa consciência para que possamos ver o propósito e esculpi-lo a partir de um potencial mais prazeroso.

Caso sintamos que Deus não atende o que queremos quando oramos, dizemos: "Foi a vontade de Deus". Não, nunca é a vontade de Deus nos entregar à desgraça propriamente dita. Pode ser as mãos do carma pelas quais crescemos em compaixão e sabedoria por meio da experiência da vítima e daquele que faz vítimas, mas nunca para nos punir, e isso não vem do "Além", mas sim de "dentro".

Imagine que você é uma Alma consciente que faz o projeto de suas encarnações para que desta forma você evolua. O projeto não é apenas quanto a ser bom ou mau, mas sobre o crescimento. Como você cresce é uma escolha feita por você a partir do poder do livre-arbítrio, no nível de sua Alma. Existem maneiras infinitas de se alcançar a iluminação. O sofrimento é um hábito psicogenético antiquado que devemos abstrair de nós mesmos neste momento de nossa própria evolução. Ele, na verdade, cega a nossa iluminação, e, portanto, nossa unidade cósmica.

O equilíbrio dos atos cármicos dessa vida, e de qualquer outra, não pode ser colocado em uma perspectiva por meio da dor e da punição. O conceito de punição e seus ornamentos de relação pessoal vêm da mente humana. Durante eras, disseram-nos que a tragédia era uma punição dos deuses, mas não é. Assim como também não é a graça de Deus que nos salva da desgraça ou nos dá aquilo que pedimos em oração.

Se Deus não nos pune nem nos salva, você poderia se perguntar: "Qual o propósito de Deus em nossa vida?". Talvez seja simplesmente para nos sussurrar a Fonte Divina, para que dessa forma expressemos sua energia em tamanha variedade infinita que evoluamos a própria criação! Estamos aqui com uma missão: transformar a humanidade em uma expressão ainda mais magnífica do potencial Divino.

Nossa própria evolução está ameaçada pela ilusão do pecado original e todas as suas implicações sombrias, não porque as massas pensam conscientemente em tudo isso, mas porque elas não foram libertas do nosso DNA espiritual. Atolamos no pântano religioso com o pensamento de que Deus não quer que tenhamos conhecimento ou poder infinitos e que, na verdade, não temos direito a isso. Isso não é verdade! Pelo contrário, nosso código genético contém todos os segredos do cosmos. O Universo existe na matriz de nossa base de dados celular.

Conforme evoluirmos, deixaremos de lado nossa necessidade de personificar Deus e cresceremos na consciência do amor cósmico, que não está relacionado com nossa vida cotidiana, mas sim com a totalidade do nosso ser. Não podemos nos relacionar ao amor incondicional, até agora, porque não sabemos como nos conectar por intermédio da Alma em vez do ego. O amor sem o apego é estranho para nós porque desde o momento de nossa concepção esperamos, como se tivéssemos caído de um precipício profundo, perder o pedaço de chão que poderia nos ajudar a escalar a volta. Seria uma marca celular primordial transportada pelas tubas uterinas até o útero? Seria uma memória espiritual que expressa a compressão de uma Alma multidimensional em um corpo físico – ou, talvez, ambos?

Um dia nos libertaremos do medo e da separação, baniremos a doença e possivelmente até a morte por meio de nossa própria consciência, e nossas orações vão se tornar exaltações gloriosas à Fonte Divina, da qual somos parte. Conforme evoluímos, devemos mudar a essência da oração para refletir uma comunhão mais sagrada do que a de hoje.

Fomos ensinados a orar pelos nossos pecados, pelo perdão e por auxílio. A súplica parece ser nosso tema principal de comunicação com a Força de Deus. É uma forma de barganhar, pedir e implorar, que nos confina a realidades desta dimensão sem nos reconhecermos como parte de mundos de existência infinitos, dos quais podemos extrair a sabedoria para manifestar para nós tudo o que auxilia o nosso crescimento. Pedimos a Deus para ele fazer isso por nós porque nos sentimos impotentes, indignos e presos em um mundo físico que não podemos guiar; dessa forma procuramos um milagre que deve vir do Divino. Talvez, acima de tudo, oramos por conforto. Esperamos ser consolados por nossa solidão e nosso medo. A verdade é que Deus está nos confortando quando oramos, ou seria a própria oração que nos conforta?

É bastante compreensível que oremos por ajuda quando nos sentimos impotentes, mas o motivo da oração é centrado na sobrevivência do eu, que é essencialmente uma visão empobrecida da verdade universal. Talvez sintamos que quando oramos por outro, somos altruístas, e, dessa forma, mereçamos que nossos pedidos sejam atendidos. Isso ainda é a ilusão de sobrevivência e não a honra de cada escolha da Alma. Quando oramos por outra pessoa, devemos auxiliar sua cura, sua libertação e sua alegria no contexto que elas escolherem.

Oramos para que recebamos algo que acreditamos precisar como se Deus fosse uma espécie de soberano supremo que deve nos conceder se apenas pedirmos. "Peçam, e lhes será dado", é a citação bíblica. Seria a implicação uma espécie de acordo de dom tridimensional? Acho que não. Estou certa de que a referência era sobre questões celestiais. Peça para vivenciar o céu, para ser tocado pela Fonte Divina, para se conectar com o conhecimento Divino, para sentir o amor cósmico incondicional – sim!

Quão fantástico seria orarmos pela iluminação, pela força para resolvermos nossos problemas, pelo senso de unidade. Como um medicamento preventivo, poderíamos usar a oração para focar nossa consciência nas soluções possíveis que poderiam chegar até nós.

Lembro-me de ter visto a oração de São Francisco na parede de uma igreja no México há muitos anos. Ainda que atribuamos a São Francisco de Assis, não sabemos na verdade quem a escreveu, mas é um modelo de oração evoluída. Acabou tornando-se um ponto de foco para mim, e passei a usá-la quando realizo a união de casais que direcionaram o seu relacionamento no sentido de ajudar o mundo. Vou mostrá-la a você agora como um perfeito exemplo de como orar em uma oitava superior de consciência:

> Senhor:
> Fazei de mim um instrumento de vossa Paz
> Onde houver Ódio, que eu leve o Amor

Onde houver Ofensa, que eu leve o Perdão
Onde houver Dúvida, que eu leve a Fé

Ó Mestre, fazei que eu procure mais
Consolar, que ser consolado
Compreender, que ser compreendido
Amar, que ser amado

Pois é dando, que se recebe
É perdoando, que se é perdoado
É morrendo, que se vive para a vida eterna.

A oração é uma poderosa ferramenta para focar e amplificar a determinação. Quando oramos por paz ou bem-estar, na verdade concebemos aquela energia de tal forma que ela se torna uma possível realidade. Essas orações nos elevam até uma oitava onde temos a energia para fazermos com que elas se tornem realidade, como parte de nosso propósito na vida – a evolução da Alma!

Como seria se rezássemos **por** Deus?

Você consegue imaginar como seria essa oração, ou qual seria o seu conteúdo? Uma oração por Deus seria um gesto sem aquiescência, mas com a abertura de universalidade. Ela iria conter o conhecimento do possível e o alcance de possibilidade infinita.

"Deus, fazei com que sua evolução seja constante. Criai a forma e espécie infinitas por todos os Universos infinitos para que seu potencial Divino seja expresso, e fazei com que evoluamos para sermos verdadeiros exemplos Divinos de sua força criativa."

Você poderia tomar essas palavras e oferecê-las *energeticamente* à Fonte Divina? Fazendo isso, você estaria completando um arco de acordo com as leis universais que têm como princípio: o que você oferece volta para você. O arco de energia não seria uma oração na forma de pensamento, mas uma oração na forma de vibração pura. Transmitiria um poderoso sinal de manifestação ou criação de volta ao Universo absoluto de energia pura, que poderia então concentrar a energia e direcioná-la novamente em forma absoluta.

Essa é a essência dos milagres – apenas porque não podemos examinar o vazio abundante da criação contendo todo o potencial energético. Um dia, tocaremos esse vazio e estaremos em perfeita harmonia com as leis do cosmos.

Algumas religiões orientais utilizam o som de (*Aum*) para alcançarem a vibração de Deus. Essa é uma maneira de meditação sobre Deus sem as vibrações da mente. Neste momento, é reconhecido em qualquer lugar e pode ser ouvido em muitos encontros de meditação, assim como um mantra silencioso para a meditação individual. Alinhar-se a esse som atrai a consciência a um estado Divino de conexão cósmica, sem o senso de além, ou aquém, ou súplica. Na realidade, essa é a nossa relação mais verdadeira com Deus. Por que a tememos tanto?

O que podemos conceber, sabemos de dentro de nossa Alma. Se reconhecemos a vibração da força, então isso é algo que temos dentro de nós. Em vez de orarmos pela força ou pelo amor, ou coragem, poderíamos usar nossa consciência para encontrar tudo isso em nós mesmos e exercer como atributos Divinos em nossa vida. Em vez de "Dê me forças", poderíamos pedir, "Mostre-me onde estou guardando a força em meu corpo". Nosso corpo é uma criação Divina, e, portanto, contém todas as nossas verdades espirituais e físicas. Se desejamos buscar nossos Eus verdadeiros, descobriremos que o problema e a solução estão ligados por meio de nossa própria existência inata.

O propósito de nossa presença no corpo é trazer novas possibilidades e criatividade à Alma Única pela experiência da personificação. A lei espiritual julga que todo fim é a fonte primária de um novo começo – eternamente. Se compreendermos isso em nossa essência, poderíamos verdadeiramente nos "entregar" à corrente. A Alma é eterna. Nunca estaremos perdidos.

Os atos conscientes de devoção, oração e meditação,

nos quais nos empenhamos, são as nossas formas de "ações" externas para nos lembrarmos de que somos conectados à Fonte de Deus. É um ato significativo permanecermos em meditação, ajoelharmo-nos em oração, cantarmos uma canção a Deus, e tudo isso faz com que nossa atenção se volte para dentro de um local harmonioso. Cercamo-nos com imagens e outras associações sensoriais que nos ajudam a lembrar do domínio do Divino.

As igrejas estão repletas de parafernálias de Deus. Por vivermos realmente em um mundo tridimensional, sempre usamos representações materiais para nos lembrar e focar nossa atenção no Divino. Todas as igrejas usam simbologia para comunicar e marcar suas crenças religiosas. A parafernália tem sido repetida em variações de um tipo de grupo espiritual a outro por meio das eras. Da mesma forma que conquistadores religiosos construíram seus templos ou igrejas em solo sagrado de seus locais conquistados, eles também tomaram emprestado temas, símbolos e mitologia cultural para que a conversão pudesse ocorrer mais rapidamente.

Muitos hábitos de devoção tais como rosários, *malas* e terços têm sido assimilados de uma religião a outra. Todos eles são variações do mesmo tema, deixando uma pessoa realizar uma repetição contínua de orações enquanto marca com os dedos as contas que já passaram. Por que depositamos tamanha importância nas diferenças de nossas formas de expressar devoção? Se fizermos o sinal da cruz da esquerda para a direita ou da direita para a esquerda, como os católicos e os ortodoxos gregos fazem, ou não fizermos de maneira nenhuma, como os protestantes, acabamos permitindo que esses "sinais" aumentem as nossas diferenças, em vez de elevar-nos ao reconhecimento de nosso amor coletivo da Fonte Divina.

A perpétua ofensa verbal e zombaria entre as religiões deve parar agora. É o gesto de apontar o dedo em acusação que estimula as chamas da violência e do ódio. Os cristãos afirmarem que os muçulmanos são violentos é tão absurdo que chega a ser um insulto evidente à mente, bem como ao coração. A história mostra claramente como as Cruzadas e outras empreitadas cristãs resumiram a agressão violenta em nome do senhor. Os muçulmanos revidaram? Sim, e isso tem sido um tridente com pontas bem afiadas entre judaísmo, cristianismo e islamismo por muito tempo.

Como crianças petulantes, temos atingido uns aos outros durante gerações e encontrado toda espécie de desculpas para destruir a preciosidade da vida dada por Deus. **Todos** somos violentos. Nossa religião é apenas o pretexto usado para justificarmos nossa compulsão destrutiva, e nossa igreja é muito frequentemente o criadouro para o ensinamento do ódio.

Nenhum dos fundadores das religiões atuais foi violento em seu objetivo inicial. Cada um deles ergueu-se da desesperança da vida cotidiana para receber novas informações que os ensinaram a paz, a alegria e o amor incondicional. Seus ensinamentos não eram sobre como viver a vida, mas sim aberturas de consciência dentro da fonte verdadeira. Como podemos imitá-los se nem ao menos nos erguemos da mesma forma a níveis superiores de consciência que podem nos libertar dos desgastes do conflito? Precisamos de nossos locais sagrados para ajustar nossas frequências sobre um nível para recebermos energias Divinas.

O que podemos fazer para renovarmos nossa experiência de ir à igreja? Até o momento, ou alcançamos uma expressão mais estritamente religiosa e fundamental ou tentamos fingir que menos "reverência" fará da igreja um local mais palpável. A nova tendência de fazer a ida à igreja "mais feliz" nos revela muito sobre nosso estado religioso de interesses. As igrejas estão investindo na musicalidade e outras formas de sedução para atrair as pessoas ao serviço religioso. Tudo isso é um mero disfarce das mensagens negativas implícitas sendo bombardeadas dos púlpitos – "tema a Deus e você poderá ser salvo".

Existe uma terceira e mais verdadeira escolha: a de nos livrarmos de nosso estigma do domínio religioso do passado e reinventarmos nossa relação com a Fonte Divina que vai nos ajudar a acessar o significado de nossa existência. Estamos prontos para abrir mão da sedução de céu e inferno? Poderíamos começar a vivenciar a Fonte Divina no presente, sem os ornamentos de gênero, martírio, mitologia ou histórias, rituais ou símbolos? Provavelmente ainda não, porque tudo isso está entrelaçado de maneira intrínseca dentro do nosso coletivo sentido do Eu. No entanto, podemos começar a peneirar sinceramente por meio deles e observar quais deles podem ser expandidos em novos caminhos para fazer da Força de Deus mais uma parte de nossa vida. A experiência da igreja precisa tornar-se livre da obrigação ou da culpa. Precisa tornar-se a celebração profunda de nossa relação com tudo o que conhecemos como sagrado.

Muitas igrejas e seitas estão focadas na alegria e celebração da Fonte Divina durante seus encontros religiosos. A dança, o canto e o estado extático, tudo isso leva os seguidores a uma relação mais experimental com seu Deus – sustentando a experiência de Deus, não apenas falando de Deus. A meditação silenciosa é outra bela forma de conexão que liberta a mente de suas definições e construções, permitindo à verdade cósmica preencher o vazio. Infelizmente, os conceitos prévios e marcas implícitas não podem ser dissolvidas pelo lado de fora ou pelo que fazemos; elas precisam ser eliminadas internamente e de forma consciente, do nosso código psicogenético mais profundo.

Não é a crença em Deus que precisa ser desfeita, e sim a interpretação antiquada de Deus que precisa ser deixada para trás neste momento. Nosso sistema de crenças precisa urgentemente ser renovado, para que o centro evoluído do entendimento espiritual possa se tornar evidente – pela primeira vez na história religiosa.

O que todas as igrejas/religiões têm em comum? A identificação de energias criativas aglutinadas em algo que chamamos de Deus ou Fonte Divina. Místicos e teólogos deveriam abraçar uns aos outros em reconhecimento de que ambos buscam tocar e serem tocados pela fonte universal. Podemos encontrar a forma de fundamentarmos sobre essa verdade essencial para que a percepção e honra de qualquer forma de Deus possa ser um ponto de semelhança entre todos os humanos, em vez de polaridade destrutiva. As igrejas não devem se prender às estacas da servidão e sofrimento do passado, mas sim se libertar para derramar luz sobre todas as possibilidades Divinas que poderiam iluminar os saltos evolucionários de percepção dentro do grande mistério dos humanos e seus deuses.

Evolução

1. As igrejas devem começar a ensinar verdades essenciais contidas em toda a humanidade.

2. As igrejas devem renovar seus ensinamentos, dissolvendo dessa forma o controle pelo medo da condenação e dos resíduos de manipulação religiosa das massas.

3. As igrejas podem se tornar instituições de ensinamentos pacíficos ao redor do mundo.

4. Os sermões podem se tornar lembranças inspiradoras de como estar a serviço do mundo.

5. As igrejas podem ensinar as pessoas a orarem de novas maneiras que ativem o poder da verdade superior.

6. As igrejas podem representar novamente suas crenças por meio do emprego de símbolos e imagens positivas.

7. As igrejas cristãs devem remover a imagem negativa de Cristo na cruz.

Capítulo Oito

DEUS E O LIVRO

CRIAMOS UM DEUS DE PALAVRAS, um Deus que descrevemos por meio de conversas relatadas, histórias de metáfora e heresia. Nossa possibilidade infinita de conhecermos a Fonte de Deus por meio de nossos sentidos e consciência tem sido obscurecida por um formato constritivo de palavras que tentam descrever, mas não acessam a vibração Divina verdadeiramente. O zumbido maçante do tempo traduziu experiências místicas e sua subsequente iluminação para a ambiguidade do mito, etiqueta cultural e mente. Milênios de aridez espiritual nos deixou apenas um fundo de mar seco e cheio de resíduos turvos.

Experiências espirituais têm sido cobertas nas areias das palavras que não somente as reconfiguram, mas também mudam a paisagem da universalidade, enraizando indivíduos como as árvores da verdade. Por meio do contexto escrito, episódios históricos enfrentaram uma vida deles mesmos que parecem apagar as qualificações de validade daqueles que tiveram as experiências, ou contaram as histórias, ou as escreveram. As palavras escritas e figuras mentais criaram uma ilusão de verdade absoluta, simplesmente porque podiam ser vistas e sobreviveram às poeiras do tempo na forma material. De alguma forma, os autores tornaram-se os ouvintes sagrados da verdade, em vez de somente alguém que contou uma história a partir de sua própria perspectiva ou daquela de quem quer que tenha recontado a eles. De fato, não eram eles simples humanos como eu e você? Nós também somos capazes de sentir a presença

Divina em qualquer momento de nossa vida. Se escrevermos essas experiências, não poderia ser assim conduzida uma semente para o futuro distante?

Essa ideia de que a verdade está enclausurada na forma de palavras está conosco hoje e estará, talvez, amanhã também; ainda acreditamos nas palavras escritas quase de modo inequívoco. Nos tempos antigos, apenas uma elite reduzida tinha acesso às palavras em sua forma escrita. É absurdo pensarmos que cada palavra escrita por eles vêm de sua própria conexão profunda com a essência espiritual. Aqueles que tomaram nota desses eventos o fizeram sob o comando e perspectiva de seus mestres. No passado, a humanidade estava tão focada na aquisição de poder e controle sobre as massas quanto está atualmente. Intenção espiritual verdadeira da parte dos poucos governantes era rara.

Devido às Cruzadas, guerras santas e realidades de sobrevivência daqueles tempos, podemos afirmar com segurança que a religião era frequentemente uma arma para a conquista pessoal. No entanto, as histórias escritas desses tempos épicos nos contam sobre o desejo humano mais profundo de ser parte de algo maior em sua vida, algo que nos mostra nosso verdadeiro potencial, uma estrada que nos leva a uma vida que ainda não conhecemos.

Histórias sobre Deus são encantadoras, nebulosas e imaginárias em escopo. As escritas maravilhosas atribuídas em todas as religiões para a construção de pontes sobre o vasto abismo entre os simples humanos e seu Deus são tesouros imensuráveis para toda a humanidade, devido à janela que elas nos proporcionam nas experiências e consciência de nossos ancestrais. Suas experiências espirituais podem nos ajudar a entender melhor a nós mesmos e também a vermos como evoluímos. Não há nenhum texto religioso existente que não tenha sido "compilado" por mais de um autor. Todos eles começaram pela arte de contar histórias verbais e pela preservação da memória, até que finalmente foi encontrada uma maneira de colocá-las em texto visual.

O fato de essas histórias estarem armazenadas em livros como a Torá, a Bíblia, o Alcorão, os Vedas, o Guru Granth Sahib e outros textos religiosos proporciona uma finalidade a seus ensinamentos. Os livros religiosos são considerados pontos inquestionáveis de referência espiritual, e temos concedido autoridade absoluta a seus vários autores que, na verdade, estavam simplesmente narrando eventos que a maioria deles não chegaram a testemunhar pessoalmente. Ainda assim eles aparentemente são tudo o que temos da origem de suas crenças e isso faz deles, para algumas pessoas, nossa ligação mais importante com a origem Divina.

Mesmo com novos Evangelhos sendo descobertos, preservados em textos em seus papiros originais, algumas pessoas tentam ignorá-los porque eles mudam os contextos das histórias originais. Os mais recentes Evangelhos descobertos de Maria Madalena e Judas trazem versões muito diferentes dos eventos bíblicos. Por exemplo, contam que os ensinamentos teriam sido passados para Maria Madalena, pintada como uma prostituta, e Judas, que relata que Jesus pediu a ele para traí-lo porque ele era o mais próximo de seus discípulos, tudo isso, certamente coloca em dúvida a saga original de Jesus, aclamado por todos os cristãos como a base de suas crenças religiosas. Por que essas novas histórias são tão devastadoras? É Jesus, o grande professor do amor, que deveria manter unida a nossa fé, e não as circunstâncias de sua vida, que apesar de serem fascinantes não são essenciais. Ele demonstrou-nos lições poderosas e nos pediu para fazermos o mesmo.

Todos os textos sagrados das grandes religiões falam com profunda similaridade sobre como vivermos a vida. Considerando as frequentes tentativas violentas por seus seguidores para afirmarem que são lados opostos, eles sustentam a semelhança impressionante de cada uma delas como códigos de conduta e modelos de humanidade.

O conceito da "Regra de Ouro", por exemplo, aparece em textos desde o Egito antigo em 1970 A.E.C., até o hinduísmo, zoroatrismo, taoísmo, budismo, paganismo romano e a *Native*

American Spirituality, entre outros. Imagine a Regra de Ouro como ensinamento de quase 4.000 anos, uma ideia passando através de tantas culturas e que ainda não conseguimos aprender. "Tudo o que vós quereis que os homens vos façam, fazei-lho também vós a eles."

Essencialmente, apenas nós podemos fazer uma avaliação se os livros sagrados são de origem Divina ou não. Eles podem ser relatos em primeira pessoa – "Deus falou comigo desta forma..." ou narrar uma história contada a eles. A questão da verdade não é apenas se determinado fato ocorreu ou não, mas também toca no ponto de suas interpretações subjetivas de Deus. Seria Deus na sarça ardente o Deus raivoso de Abraão ou um mensageiro de Deus? Nunca haverá prova definitiva dessas histórias porque se trata de relatos pessoais, realidades perdidas no tempo. Podemos encontrar alguma evidência circunstancial de um local ou evento, mas isso não prova que Deus disse ou fez algo. Poderíamos ao menos descartar essa fixação neste ponto e nos focarmos no que esses ensinamentos significam para nós atualmente.

A dificuldade está na questão de esses textos serem infalíveis em termos de serem citações da Fonte de Deus. Se foram mesmo, devemos considerar a possibilidade de que foram concedidos expressamente àqueles que viviam naquela época de energia Divina, que se relacionou àquela era, e não agarrar-se à posição de que pretendiam abranger uma eternidade estagnada.

O Antigo Testamento é repleto com o sacrifício de ovelhas e a exigência de oferendas de ouro e outros objetos preciosos ao "Senhor". Talvez esse tenha sido o começo da atribuição de valor às coisas materiais em vez da pureza do coração humano. O que faria o senhor com essas oferendas se ele nem ao menos possuía a forma humana? Se era para mostrar aceitação em abrir mão de tais coisas, isso deixava aos pobres a desvantagem de ter de satisfazer, em iguais circunstâncias, o Deus todo-poderoso. Sabemos como o Antigo Testamento foi composto durante um período de tempo e que ele nunca revela seus autores. Apenas cita, "Deus disse...". Mas devemos nos fazer a arriscada pergunta – "Quem está afirmando isso?".

Em algum momento, teremos de começar a questionar "Quem é Deus?". Se houver verdadeiramente mais de um Deus, sentimos que Rá, o Deus do Sol egípcio, era o mesmo Deus de Abraão? Seria o Deus dos tempos bíblicos o mesmo de agora? Ou seria cada Deus, sucessivamente, criado *por* e *para* a consciência dos humanos dentre suas realidades culturais? A evolução é uma ordem universal. Podemos encontrar a força para sentirmos a Fonte Divina de novas maneiras sem o medo de nos perdermos em um eterno inferno de separação dessa Fonte simplesmente porque expandimos nossa visão de Deus!

O que podemos fazer com os textos escritos é honrarmos a sabedoria que nossos livros religiosos antigos nos oferecem, e ao mesmo tempo, permitirmos que nós mesmos eliminemos essas partes tão obviamente impróprias para a nossa realidade. Se os antigos conselhos escolheram esses textos específicos, então talvez já tenha passado da hora de haver conselhos novos para reverem e revisarem o que nós queremos manter neles – para orientação, e não para história sociológica ou decreto religioso.

O Deus dos antigos pode ter dito algo a Abraão relacionado àquele momento e àquelas pessoas, que simplesmente não tem nada a ver conosco. Da mesma maneira que um pai poderia dar diferentes ordens a crianças de idades diferentes, parece provável que durante os milênios foram mostradas verdades a nós que ajustaram nosso nível de compreensão em qualquer momento específico.

Todos os textos antigos de todas as religiões são repletos de instruções ritualísticas e ordens quanto ao comportamento que não podem simplesmente ser úteis ou mesmo inspiradoras a nós atualmente. Por exemplo, o uso do sacrifício de sangue e a unção com sangue como forma de consagração para Abraão e seus filhos do Antigo Testamento aparenta ser um regresso psicogenético aos tempos primórdios, quando o simbolismo era onerado com grande densidade, e nos quais a vida era oferecida para ser barganhada e para apaziguar Deus. Para nós, não é mais assim!

Seriam alteradas muitas interpretações de significado se

lêssemos os textos sagrados de um ponto de vista mais simbólico ou até mesmo histórico. Podemos intuir facilmente quando algo é simbólico ou figurativo quando lemos um livro sagrado. As imagens e significado das mensagens que não são nossos deformam-se conforme afunilam-se em nosso cérebro. É como se apenas uma parte do cérebro antigo pudesse se ocupar de sua simples finalidade. Professores espirituais que insistem que todas as palavras de seus livros são as de Deus, negam o direito inato de experiência espiritual pessoal e conhecimento intuitivo; estão congelados nos dogmas cegantes da tempestade religiosa. O pesado manto de energia astral produzido por velhos rituais da antiguidade sufocou sua claridade de discernimento e racionalidade.

Em muitas igrejas em que são oferecidas leituras da Bíblia como parte do programa, a repetição depois da leitura é "Palavra da Salvação". Na realidade, são leituras sobre Deus ou histórias bíblicas, e muito discutivelmente a palavra de Deus. A "palavra" de Deus, da forma escrita, parece irrefutável mundialmente para muitos fiéis. Os antigos que afirmaram ter falado com Deus ou ouvido a palavra de Deus diretamente deram à humanidade uma série de situações que milhões confiaram como verdade absoluta. Para esses fiéis, questionar a autenticidade é considerado pecado da heresia. Até mesmo "mencionar" o conceito de heresia para muitos de nós é o bastante para ativar marcas psicogenéticas negativas da Idade Média. Você se lembra dos cinco milhões de "hereges" queimados?

Talvez esses literalistas temam que se alguma parte dos documentos escritos for considerada falsa, então toda a fé deles vai se esmigalhar e sucumbirá, lançando-os em um inferno negro sem um ponto de referência. Seria muito mais agradável reconhecer que algumas passagens em todos os livros santos principais têm infiltrações humanas que sabemos serem específicas ao seu próprio tempo, e não do conteúdo espiritual mais elevado. Vamos nos libertar da vibração mental que acaba apagando as revelações verdadeiras as quais buscamos.

O que é indiscutível em termos de textos religiosos é que

o homem copiou histórias e conversas deles mesmos, e boatos, muitas vezes, centenas de anos após terem ocorrido. A infiltração de sinais culturais é palpável em todos eles. A própria voz severa do Deus raivoso de Abraão não se parece nem um pouco com a voz amável de Jesus, cuja maneira amável deixa uma nova visão da Fonte de Deus.

É difícil entender que a possibilidade de infiltrações de personalidade parece tão ameaçadora ou que qualquer variação de imagem é classificada como herege, uma vez que essas variações e interpretações estão absolutamente intrínsecas à criação sombria dos documentos originais. Se não podemos permitir a probabilidade de certa quantia de filtro humano e cultural através dos quais os textos religiosos passaram até serem registrados, então estamos iludindo nosso conhecimento verdadeiro. As ordens e mensagens foram todas enviadas **por** pessoas.

Algumas vezes, as palavras da Fonte Divina foram ditas como concedidas por anjos ou outros intermediários. Apesar disso, novamente, essas informações vêm de um ser que tinha uma experiência subjetiva de origem espiritual. Como poderiam eles ter entendido uma mensagem que não fazia referência à estrutura de sua própria cultura e realidade? Contemple por um instante o quão fácil é interpretar o que alguém diz pelo que você "sente" ser a verdade. Imagine o que possivelmente foi transmitido e ainda não foi compreendido ou registrado!

Sempre que um texto era traduzido, ele tinha de passar por um código aceito do dia. Muitas palavras na tradução possuíam sutilezas e tinham seus significados e interpretações alterados pela decisão do autor. Os próprios tradutores eram influenciados por seu próprio treinamento religioso de como eles deveriam interpretar o significado de uma palavra. Temos visto muitas confusões e entrado em inúmeros debates sobre os significados das afirmações traduzidas em diferentes idiomas que podem apenas se aproximar da transmissão original, que era por si própria uma tradução subjetiva.

A palavra "pecado", por exemplo, em seu significado original se referia à energia fora de equilíbrio, e não um ato contra

Deus; veja o quão importante essa palavra se tornou como arma de indignidade e desaprovação. Essas deformações trouxeram escuridão e dor à conexão entre nós e a Fonte Divina, conexão que deveria ter sido de absoluta reverência prazerosa. Foi Deus quem a transformou em uma relação infernal? Não, isso foi criação do próprio homem. Se nos perguntarmos por que, seremos lançados às realidades de poder e ilusão, manipulação e controle das massas.

Atualmente, arqueólogos e outros cientistas estão descobrindo informações que algumas vezes confirmam e outras apontam como falsa a doutrina religiosa. É excitante ouvirmos que possivelmente tenhamos encontrado a Babilônia ou os restos da Arca, ou pergaminhos descobertos recentemente. Essas descobertas dão suporte aos fatos históricos da Bíblia e outros textos religiosos, mas não provam que Deus disse ou comandou isso ou aquilo, nem confirmam que Deus é, na verdade, o ser apresentado a nossa imaginação por aqueles que se esforçaram para se relacionar com um poder superior por meio de suas personificações limitadas milhares de anos atrás.

A esperança de que essas descobertas confirmem Deus é oriunda do nosso anseio desesperado em validar nossas próprias experiências e finalidades. Se Deus existe, então também existimos. Mas é claro! Poderíamos também dizer que uma vez que existimos, Deus também existe? Nosso problema perpétuo é que não podemos prever nada, a não ser um Deus homogêneo de nossa própria semelhança – quão limitado, quão estranho!

Não temos que aceitar tudo como absoluto. Por que nos preocupamos tanto em saber se nossos livros sagrados são verdades literais? Será que somos tão espirituais que não conseguimos utilizar as alegorias, o simbolismo e a poesia criativa neles como formas válidas de tocar o Divino? Para mim, é fascinante apenas perceber como nossos ancestrais interpretaram a Força Divina porque ela me conta sobre quem eles são e como somos diferentes. Algumas de suas experiências são profundamente inspiradoras por demonstrarem a nós as possibilidades para sentirmos a presença Divina ou presenciarmos milagres. Poderíamos imaginar-nos sendo curados pela essência do amor e encorajados a fazermos o mesmo pelos outros? Sim, absolutamente!

A famosa pergunta, "A Bíblia é a verdadeira palavra de Deus?", não deveria ser a causa de hostilidades entre os que acreditam fervorosamente que sim, e os que a veem mais como um livro histórico, sociológico e inspirador. A questão se é ou não deve provar algum dia ser irrelevante, porque estamos vivenciando o impulso cósmico da evolução que nos traz até os dias atuais.

Como podemos aceitar apenas aqueles textos de milhares de anos atrás como se fossem a verdadeira voz de Deus? Em toda era há muitas pessoas que sentem que a Fonte Divina fala com elas. Por que não podemos acreditar que as conversas ou ensinamentos atuais são possíveis? Se não fossem possíveis, então teríamos de concluir que nossos maiores medos de ficarmos sozinhos, abandonados por Deus, tornaram-se realidade e que de alguma forma somos inferiores, ou menos importantes do que nossos ancestrais. Essas conclusões simplesmente não são válidas.

Sinto que parte da teimosia sobre a Bíblia Sagrada ser a "palavra de Deus" origina-se da necessidade desesperada de pensarmos em Deus de forma pessoal. Não parecemos nos importar se esse relacionamento pessoal foi construído dentro dos limites do medo e da punição. Na verdade nos permitimos pensar que Deus está nos esperando para cometermos algum erro para que possamos ser punidos no inferno, em vez de pensarmos que somos livres para criar nosso próprio céu ou inferno. Sem a impressão de que Deus está nos observando, escutando e julgando, muitas pessoas não estariam focadas na sombra do inferno, nem sendo aquiescentes com suas religiões.

Os ensinamentos da Bíblia são dados em suas parábolas sobre a vida e as consequências de como a vivemos. Algumas de suas propostas positivamente não se enquadram no mundo atual. Em Êxodo 35:2, está escrito que Deus disse a Moisés, "Todo aquele que fizer qualquer trabalho no sábado certamente morrerá". Não acredito que alguém atualmente seguiria essa ordem. Como alguém poderia nos dizer que Deus quer a morte de alguém só por causa de uma designação temporal? Não achamos que seria ainda melhor adorarmos a Deus todos os dias de nossa vida? Existem muitas ordens em todos os livros sagrados que não podemos levar ao pé da letra porque estão em oposição direta a outras nesses mesmos livros, ou são contrárias ao que adotamos atualmente como regra da humanidade. Como o fato de matarmos por Deus se adéqua ao mandamento "Não matarás?".

O segundo mandamento declara que o Senhor Deus é um Deus ciumento. O ciúme não é um nível de entendimento Divino instrutivo à humanidade. Pelo contrário, esse sentimento causou muito sofrimento e confusão. Além disso, a voz de Deus aparentemente disse que em punição por qualquer digressão, ele causaria sofrimento ao filho de um filho, na terceira ou quarta gerações – longe de serem as táticas de um Deus confiante! Apesar de que em tempos antigos tenha sido comum marcar gerações futuras por atos de seus antepassados, atualmente consideraríamos isso antiético e desumano.

É tudo ou nada? Sentimos que devemos aceitar carta branca a todas as palavras dessas conversas antigas? Especialistas religiosos não entrarão nesses argumentos, pois as contradições chegam a ser grosseiras. Eles vão se apegar de maneira interminável em argumentos intelectuais sobre o significado de determinados textos, quase que como para distrair a si próprios de perguntas que qualquer criança pequena faria, "Por que Deus é tão nervoso?". Muitas pessoas me disseram que nunca realmente acreditaram nas histórias sobre punição e pecado, que elas sempre souberam que eram apenas uma tentativa dos adultos para controlá-las. Quão brilhante e transparentes são as crianças!

O judaísmo, o cristianismo e o islamismo, igualmente, adotam ao menos algumas partes dos mesmos textos sagrados, a Torá, o Antigo Testamento e o Alcorão, respectivamente. Escreventes desconhecidos compilaram esses livros por extensos períodos de tempo. Eles eram repletos com as sagas históricas de pessoas daquela era – suas batalhas, sua linhagem, suas ordens para satisfazerem seu "Senhor Deus".

A profecia bíblica de que os judeus foram os escolhidos, mas iriam viajar pelo mundo sem um lar e serem odiados por todos os outros é uma profecia que até então tem se cumprido. Devido à autodepreciação e desejo de apagar seu próprio histórico secreto, um homenzinho chamado Hitler criou uma campanha colossal contra seus próprios demônios em um monstro astral que quase devastou a cultura de um povo. Não podemos deixar isso acontecer novamente – nunca mais!

O Antigo Testamento diz que Deus disse a Moisés isso e aquilo, "e Deus disse a Moisés –", mas nunca soubemos de quem são essas palavras; o narrador não é identificado. Não há absolutamente nenhuma prova de que o senhor dos tempos bíblicos proferiu essas palavras.

Talvez não seja a "prova" que conte, mas o valor da mensagem – e não o mensageiro – que faça a diferença. Certamente, sentimos que uma mensagem sobre o amor ou a compaixão incondicionais sejam mais poderosas se vierem de nosso Deus, mas na verdade, o poder verdadeiro vem de sua essência. O senhor da Torá, do Alcorão e do Antigo Testamento ofereceram misericórdia em troca de lealdade. "Se você fizer isso, farei aquilo; ou se você não fizer, então farei o contrário". Esse tipo de "compra e venda" não é um modelo para o esclarecimento espiritual, muito menos um esboço de vida consciente, mas ilumina as motivações que trouxeram resposta milhares de anos atrás – e talvez seja verdade hoje, da mesma forma. Vamos esperar que ainda respondamos aos que promovem o medo da mesma forma por causa de nossa herança psicogenética, que pode ser libertada – e não como uma indicação de nossa natureza verdadeira.

Acredito que ainda estamos presos na sombra desses métodos austeros de forçar obediência e é como se os seguidores do senhor atualmente usassem perpetuamente as mesmas técnicas de medo e punição para garantir lealdade. Outros modelos Divinos, como Jesus Cristo e Buda, nunca acharam necessário empregar esses modelos negativos.

Seria possível que o senhor daqueles tempos tivesse evoluído porque os próprios humanos se elevaram a níveis energéticos superiores, e ainda o temos naquele local de raiva e determinação, porque é assim que fomos apresentados a ele por meio de nossos livros religiosos? O medo morre lentamente.

Os três maiores livros sagrados têm em comum a história de Moisés, e como ele conversou com Deus e recebeu os primeiros Dez Mandamentos. Embora os Dez Mandamentos tenham certamente nos dado sinalizações para vivermos uma vida correta, eles carregam alguns aspectos negativos que os unem a uma referência dos tempos antigos. A maioria deles são negativos, e nos capturam no medo e julgamento tão importantes nos tempos antigos. "Não farás" implica a dinâmica da polaridade e separação. Talvez seja esse o motivo, é mais fácil encontrar defeitos nos outros do que atributos. Estabelecemos em nosso código psicogenético o que é "ruim", mas não marcamos realmente o que é "bom". Se fôssemos mudar a ênfase ao positivo, viveríamos possivelmente em uma realidade mais evoluída.

A Torá judaica honra os Dez Mandamentos como as regras comportamentais mais importantes das escrituras hebraicas. Os mandamentos, entretanto, não se enquadram muito nas questões morais de nossos tempos. Pelo contrário, mencionam instruções que não são consideradas éticas para nós: a morte como punição – embora entre em contradição com o mandamento "Não matarás", "servos" ou escravos, referências negativas às mulheres, ciúme e até mesmo ao favoritismo Divino. Atualmente, consideramos a moralidade da "pró-escolha", eutanásia e outros temas do livre-arbítrio e autodeterminismo que não são iluminados nos Dez Mandamentos.

Uma vez que todos nós fomos criados a partir da centelha Divina, a verdade quanto a nossa divindade é indiscutível. Há milhares de anos, não éramos capazes de compreender a magnitude desse conceito porque não tínhamos a perspectiva consciente que temos agora. Ainda que possamos expandir nossas mentes além das moléculas e partículas subatômicas, ainda não nos permitimos ver a Deus além de nosso repertório humano, e dessa forma aderimos ao ponto de referência humano.

É possível que durante o tempo todo estivéssemos acessando uma verdade intuitiva que o senhor que abraçamos é uma espécie de Deus local com domínio sobre nosso planeta ou galáxia? Talvez existam camadas de consciência Divina, a qual vai se mostrar conforme expandimos. Essa necessidade não neutraliza nossa crença em um Deus, mas permite que a nossa consciência empregue as muitas fases dessa luminescência que está além de nossa inteligência presente.

Atualmente, tendo viajado à Lua e além, poderíamos nos incluir em um holograma mais amplo e idealizar uma Alma universal. Por essa fonte de verdade infinita, poderíamos criar novas ordens – mandamentos para nós que iriam integrar uma humanidade superior e nos ajudar a sermos verdadeiramente uma parte do vasto Universo. Se evoluímos ao longo dos últimos milhares de anos, é possível que sejamos capazes de acessar o "Deus interior" que nos permite entender a nós mesmos a partir de uma oitava muito diferente de bondade e potencial brilhante inatos.

Imagine-se como um ser iluminado capaz de comandar as ações dos humanos. Que tipo de mandamento você daria? Escrevi alguns, apenas para exercitar o fato de falarmos sobre o que pensamos, que é essencial à nossa família humana. Se dominarmos esses pontos, todos os outros sobre fidelidade, roubo e cobiça se tornariam coisas do passado. Sei que chegará o tempo em que teremos progredido o bastante para que todas as leis de ação e existência venham diretamente de dentro. Aqui estão alguns que vieram até mim. Espero que você dedique um momento acessando a você mesmo.

Evolução

1. Sempre abrace sua divindade, e de todas as formas, viva divinamente. Fale e aja como se você fosse a Fonte Divina. Você é o seu Eu Superior, o onisciente, a essência intuitiva de sua Alma.

2. Presencie a santidade da vida. Veja-a em todos os seres. Saiba que há propósito Divino em cada experiência e em cada vida.

3. Traga consciência Divina para cada aspecto de sua vida. Comande sua vida profissional, seu corpo e empenhos criativos, tudo a partir do ponto de giro de sua Alma.

4. Por todas as coisas, seja grato. A verdadeira gratidão por todas as experiências e pessoas, traz, por fim, uma evolução iluminada.

5. Use seu corpo como veículo Divino. Aprenda a comungar com ele e você receberá em troca saúde, êxtase e iluminação.

6. Embarque em sua mente para encontrar possibilidade e potencial em cada dilema. Sua própria Fonte Divina vai lhe dar acesso às soluções.

7. Sempre fale sua verdade com clareza e compaixão, e dê permissão a si mesmo para mudar essa verdade conforme você cresce.

8. Qualquer coisa que você queira, dê aos outros. Se você quer amor, dê amor. Se você quer dinheiro, dê dinheiro. Se quer conhecimento, dê conhecimento. Aquele que dá, cria.

9. Equilibre as energias masculinas e femininas dentro de você para que elas tenham expressão poderosa e ao mesmo tempo suave.

10. Ensine sua consciência a reter bondade e inspiração.

A Bíblia oferece algumas belas parábolas de inspiração. Não estou me referindo àquelas dos mártires e vítimas, mas sim às histórias de pessoas ajudando pessoas, de cura e performance de milagres. Jesus Cristo nos encorajou a fazer tudo o que ele fez e mais! Pensamos ser impossível, mas não é. Uma vez que um modelo é criado, ele tem uma energia que pode ser ativada. Você não gostaria de curar os enfermos, alimentar as multidões com um pedaço de pão? As imagens criadas por esses textos estão gravadas permanentemente em nosso sistema psicogenético, e, se quisermos, elas virão à tona no momento em que a aceitarmos. Acredito que esse momento seja agora.

Muitas pessoas não estão cientes de que o conteúdo do Novo Testamento também foi escolhido por um seleto grupo religioso que "decidiu" quais dos testamentos satisfaziam da melhor forma a igreja. O Concílio de Cartago, em 393 E.C., ancorou na estrutura e crenças da igreja moderna, que foi mudando pouco a pouco.

Quantidades desconhecidas de escrituras foram removidas porque seus princípios não estavam em concordância com as visões do órgão governamental. Foi dito que a reencarnação, por exemplo, foi excluída porque os pobres iriam declarar que pagariam seus impostos na próxima vida. Muitas das decisões religiosas tiveram como base a conveniência política ou econômica, e não algum sistema de crenças ou poder espiritual mais profundos. Uma vez que o mundo sempre foi movido por essas forças principais, podemos entender como tudo isso aconteceu. No entanto, quando vemos essas outras versões da verdade ou da história tendo alterado o que temos como verdade, devemos encontrar coragem para seguirmos em frente rumo a uma consciência mais evoluída do Divino, e em benefício do futuro, mudarmos o que precisa ser mudado!

Existem os Evangelhos de Maria Madalena e Judas, bem como outros – que não foram escolhidos. Podemos facilmente imaginar o motivo. Na época em que a igreja foi criada, havia uma história específica sobre Jesus Cristo que formou a base da igreja católica. Qualquer informação que mudou a história foi, e continua sendo, omitida vigorosamente. O foco no seu sofrimento e morte na cruz foi um instrumento poderoso para dobrar as pessoas de acordo com a vontade das autoridades. Ainda estamos nesse nível?

Por que nos apegamos a esse tipo de rigidez negativa? Será que alguma informação nova não iria enriquecer e iluminar nossa vida? Não seria melhor libertarmos Maria Madalena da associação a uma prostituta, na verdade, colocada sobre ela por aqueles antigos sacerdotes que queriam reduzir o poder das sacerdotisas de sexo feminino; ou melhor, libertar a nós mesmos do julgamento colocado sobre aqueles presos a tal existência? Precisamos realmente de um traidor para culparmos em todas as cenas do julgamento e sofrimento? Redimir Judas de seu papel de traidor poderia mudar nossos próprios padrões de traição. Se Jesus pediu a Judas para desencadear sua captura, conforme é alegado no Evangelho de Judas, isso poderia significar que Jesus tinha um plano desde o princípio e não foi a vítima que pensamos. Parece que todo o fracasso na cruz deve ter significado algo além da redenção dos humanos, que como uma jovem criação, precisa de evolução – e não de redenção!

Se um grupo de líderes religiosos se reunisse para criar um texto sagrado moderno, iriam escolher os mesmos Evangelhos ou iriam incluir outros? É possível que os textos de Deus fossem diferentes? Seriam eles mandamentos ou ensinamentos que nos ajudariam a realizar milagres, ou colocar nossa consciência sobre os planos das leis cósmicas, ou talvez nos abrir para as sensações do amor infinito? Ousariam os nossos líderes religiosos fazerem tais mudanças? Teriam eles mesmos referência a essas energias e ensinamentos superiores?

Nos Estados Unidos fundamos uma nação sobre a liberdade religiosa porque nossos ancestrais carregaram o peso maior da opressão e conformidade religiosa pela vontade dos outros. Um de nossos presidentes, Thomas Jefferson, na verdade, recriou sua própria Bíblia! A Bíblia de Jefferson, *"The Life and Morals of Jesus of Nazareth"*, foi sua tese sobre como os ensinamentos de Jesus foram incompletos e subsequentemente impregnados com pedaços implantados pelos discípulos, os quais Jefferson se referia como os biógrafos de Jesus, e mais tarde, os evangélicos. Considerando a si mesmo um racionalista equilibrado, tomou o papel para si mesmo de excluir as referências do Novo Testamento as quais ele achava suspeitas de serem inverdades antidotais. Ele extraiu apenas ensinamentos e histórias do Novo Testamento, os quais julgou serem dignos de Jesus, considerado por ele como maior e mais puro "ser de deus". Você consegue imaginar um presidente com a ousadia de concluir que precisávamos revisar algo extremamente antigo e sagrado como as escrituras bíblicas? Como isso é inspirador e encorajador!

Em que você quer acreditar? Há belas histórias de inspiração que podem nos tirar da escuridão, e há histórias não reveladas acontecendo agora, que poderiam nos ajudar a tocar a Fonte Divina. Qual seria o tipo mais elevado de história para você? Seria uma de paz interior, ou amor incondicional, ou experiências milagrosas com a Fonte Divina?

O Alcorão Sagrado fala sobre ação com convicção. Um dos mais belos exemplos disso é a "chamada para a oração". Todo muçulmano tem de se ajoelhar em direção a Meca 5 vezes ao dia e fazer suas preces. Em países predominantemente muçulmanos, até mesmo o comércio é interrompido. Países ocidentais poderiam achar esse procedimento um pouco impraticável, mas o conceito de colocar Deus na frente de sua vida diversas vezes por dia é nada menos que inspirador!

Diferentemente de cristãos e outros, as orações dos muçulmanos são focadas no reconhecimento da grandeza e misericórdia de Alá, e não nas súplicas por algo que queremos ou achamos que precisamos – "O pão nosso de cada dia nos dai hoje...". As orações muçulmanas falam de Alá, o primeiro e único Deus; a entrega a sua grandiosidade, e o reconhecimento de Maomé, seu profeta.

A ação espiritual não precisa estar apenas entre os reinos visível ou material, assim como nos recitais das orações. Ela pode ser puramente o foco da consciência que sente a energia Divina ao redor de todos nós e a abraça, ou até mesmo direciona a Divindade para nosso mundo. Maomé, assim como Jesus e Buda, foi um canal de sabedoria superior oferecido a um mundo não iluminado.

A incongruência ocorre porque as recitações existentes no Alcorão Sagrado são frequentemente sobre temor a Deus e suas retribuições àqueles que não cumprem seus mandamentos, bem como as consequências para os infiéis. O estilo da entrega da mensagem é extremamente similar àquela dada a Moisés, apesar de o foco estar na recitação e memorização da mensagem. Recitar a ameaça do castigo não eleva ou ilumina o espírito, mas o envenena em um estado de entorpecimento ardente.

A história de Maomé meditando em uma caverna e encontrando sua conexão com Deus é bela e inspiradora. Pelo modo como ele descreveu as sensações que vieram a ele, acredito que sua experiência tenha sido de ordem superior. Primeiro, ele escutou sons de sinos reverberando que gradualmente cristalizaram-se na voz do anjo Gabriel, que insistiu para Maomé recitar o que ele transmitiu como as palavras de Alá, e que posteriormente foram escritas. Como as que foram entregues por meio dos Dez Mandamentos, as mensagens eram sobre como se render ao infinito poder de Alá, o Deus único, e como viver do modo aconselhado por ele.

Por fim, Maomé transmitiu mandamentos que satisfizeram sua cultura durante o tempo de sua vida. Aqueles mandamentos eram, entretanto, repletos de separações entre humano e Divino, e ofereciam guerra e castigo como única solução para a batalha sobre o poder de Deus e a verdade, exatamente como fez o Velho Testamento. Se Gabriel ordenou todas essas coisas a Maomé, ele pode tê-las dito por si próprio, e seu papel como intermediário parece manchado por suas ações da época. Alá, o misericordioso, poderia ter falado diretamente por seu mensageiro sem o filtro de Gabriel. Os anjos são tão aperfeiçoados para serem realmente ecos do Senhor? Acho que não.

É dito que Gabriel nomeou Maomé como o único profeta para continuar no futuro. O pronunciamento de Gabriel deve deixar-nos refletir na eternidade da dimensão astral – "Maomé é o último profeta – ele é o selo dos profetas. Nenhum profeta legítimo vai sucedê-lo", este é o decreto do Islã. Como isso poderia ser? Teria o Deus dos judeus, dos cristãos, e dos muçulmanos os esquecido? Se em algum momento necessitamos de novos profetas, o momento é agora. Por que presumiríamos que qualquer novo ensinamento de Alá poderia remover aqueles de

Maomé? Eles simplesmente poderiam ser uma nova onda de vida iluminada.

Como poderia Deus não nos enviar nenhuma palavra nos últimos séculos, nem em tempos como estes? Poderia o tempo e a evolução estarem interrompidos? Como podemos dizer que novos profetas com grande sabedoria não chegarão – e que nós não devemos permiti-los? Por que não existiriam novas instruções sobre a vida ou ainda mais importante – novas percepções dentro do cosmos Divino? Nenhuma nova verdade para inspirar nossa vida existe realmente?

Não acredito que isso se deva a nosso desmerecimento. Talvez seja porque as leis da energia determinam que a resposta naturalmente repousa no interior da questão. Em outras palavras, nós somos a solução para nossos dilemas, e até que reconheçamos isso, não evoluiremos para o próximo nível. Eu responderia a mim mesma a respeito da argumentação, memorização, recitação e transcrições dos textos Divinos, nós continuamos a não conseguir apurar seu verdadeiro significado. Lutamos para que eles sejam adotados literalmente, figurativamente, simbolicamente, ou de modo algum.

O que me impressionou na leitura dos textos Divinos das principais religiões é a violência encorajada dentro deles. É a razão pela qual as tribos daqueles tempos estavam focadas na conquista e guerra por poder mundano e sobrevivência? Tão certamente como o sol nasce, temos novos profetas Divinos, e os teremos, vindo a nós – dentro e além de nossas religiões estabelecidas. Mataremos uns aos outros e nossas preciosas crianças como o preço pago por novos modos de perceber verdades universais – "A Evolução de Deus", ou daremos o salto para realidades completamente novas?

A verdade é que ainda não encontramos a maneira de integrar iluminações tão grandes em nossa vida. Ao contrário, as temos manipulado para baixo na insignificância da conveniência humana, e então diluído suas energias de modo a não serem compreensíveis de modo algum. Isso não é ético, nem iluminado, matar uns aos outros em nome de Deus.

Talvez a melhor saída para as "Guerras Santas" seja encontrar experiências e conhecimentos que nos libertem do enigma das palavras religiosas. Esta é a tradução da holográfica energia Divina por meio de um marco cultural, passado intelectual e limitações intuitivas, e dentro dos pontos de referência humanos que causam a terrível oscilação da esperançosa verdade.

Maomé foi um gentil e amável ser que ajudou todos a seu redor, e, no fim, levou seus seguidores em uma guerra contra os árabes, sua própria cultura – em nome de Deus. Essa foi a única escolha que ele sentiu ter, e ele estava certo de que Alá iria apoia-lo e combateria seus inimigos. Parece que, ao despertar, cada nova religião foi recebida com violenta resistência acompanhada por derramamento de sangue.

No mundo atual não necessitamos de ensinamentos de guerra; necessitamos de exemplos de paz para nos guiar por meio de um futuro questionável, à beira do precipício devido ao hábito humano de lutar. Fanáticos religiosos de todas as crenças estão encorajando uns aos outros para dentro de batalhas, de modo a provar quem é o amado de Deus. "Alá, o Misericordioso" é reduzido a uma expressão vazia quando os fanáticos religiosos cortam as orelhas, mãos e pés de criminosos sem um olhar retrógrado à "misericórdia" conforme o mandamento Divino. Tem de haver um modo melhor, um novo modo!

Não estou inspirada pelas advertências de outrora! Não estou temerosa da fúria de Deus, nem estou enganada pelos mandamentos religiosos para ganhar o paraíso ou evitar o inferno. "No princípio era a palavra" e conforme nós a adotamos, ela se disseminou dentro de nossa mente. Era esta palavra "Deus"? Nós a imbuímos com medo primordial? É realmente verdade que humanos respondem melhor a ameaças de castigo? Não que eu não ache que tais energias negativas existam. Sei que elas existem porque nós as criamos como parte de nosso repertório religioso. Não precisávamos ter ido na direção das trevas, e agora é o momento de corrigir nosso curso.

Não passemos adiante, para as próximas gerações, este

potencial negativo. O que aconteceria se, como Jefferson, ou mesmo as autoridades religiosas de outrora, editássemos textos religiosos para conter apenas o mais elevado e santificado das mensagens? Vamos extrair o melhor de nossos livros sagrados e nossas religiões, de modo que nossa vida possa chegar a uma nova oitava que infundirá gerações futuras com todos os belos atributos de nossa humanidade.

Acredito na bondade dos humanos! Por que com todas as mensagens dos livros Divinos nós parecemos não conseguir vivê-las – não conseguimos encontrar a bondade delas? Estudamos as palavras, mas elas estão congeladas em níveis mentais de existência. Estou certa, todos nós sentimos que às vezes fazemos coisas boas. Por que não praticar essa bondade ativamente, em vez de ficar apenas falando sobre ela, ou utilizando-a para convencer a nós mesmos de que estamos cumprindo as palavras desses ensinamentos Divinos?

O Divino existiu antes de alguém dizer a palavra Deus ou escrevê-la. Prender-se à Bíblia ou a qualquer texto religioso como a passagem para Deus parece positivo, como se nós humanos apenas tocássemos com nossa mente. Dados todos os nossos sentidos, o mero pensamento – ainda que poderoso para estabelecer referências – nunca poderá nos levar direto ao outro lado da consciência onde poderemos "conhecer" Deus na essência.

Todas as religiões começam pela inspiração Divina de seus fundadores, de algum modo impulsionados pelo véu para um mundo de energia pura que os tirou de sua arena humana para colocá-los em uma de proporção cósmica. As religiões não podem ser baseadas somente em escritos. Elas precisam carregar consigo um sentido de temor respeitoso e essência que vão mais além das palavras. Se nos prendermos às palavras, no fim das contas nos encontraremos vazios e sem a conexão Divina que é essencial à vida. Até o momento, estamos aprisionados ao estágio verbal do entendimento espiritual, mais do que ao estágio das ações ou mesmo à existência.

Os livros de nossa fonte espiritual podem nos ensinar além do pensamento – a essência, a percepção consciente dentro do grande e infinito Universo sem forma. As pessoas estão se preparando para chamar o cosmos de lar, viajar para o vácuo e retornar com o conhecimento que traz a cada um de nós o envolvimento divino.

Todos os livros sagrados têm auxiliado pessoas inexperientes a encontrarem uma maneira de viver, a desenvolverem culturas, e a descobrirem a fonte cósmica. Este é o momento para acessarmos as mensagens Divinas que nos carregam para além das leis da vida, às leis de energia Divina. Devemos aprender a nos tornarmos seres iluminados com a capacidade de manifestar e exercer energia sem sofrimento.

Precisamos elevar os ensinamentos de seus encapsulamentos e praticá-los como algo real, como se eles fossem passos de uma coreografia. Dessa forma, não existirá nem batalhas, nem separação solitária. Eu poderia fazer a coreografia dos verdadeiros muçulmanos – entrega e misericórdia; os passos dos budistas – compaixão e paz; o *OM* hindu – Deus interior; os nativos americanos – espírito de todas as coisas; ou o cristão – amor incondicional – você não poderia?

No fim, nossa evolução espiritual não é o que está escrito em um livro, nem o que é dito, nem ao menos quem o disse. Na verdade, está em como recebemos uma mensagem ou ensinamento que nos inspira, que nos permite sentir nossa conexão com o Divino, e em como transformamos isso em nossa vida, tornando-nos o que realmente somos – seres da Fonte Divina. Tivemos a força de milhares de anos de abdicação da experiência direta dessa Fonte Divina para os líderes religiosos que são considerados dignos, pois dispuseram de um determinado período de tempo estudando Deus. É a nossa vez de tocar diretamente, experimentar por nós mesmos, o que nunca poderia ser encapsulado na monotonia de uma página ou delimitado por uma palavra.

Meu amoroso coração implora: "Vá além de seus livros – vá para dentro do coração da humanidade onde Deus realmente reside. Se você alcançar este lugar, vai se tornar a mais verdadeira essência de tudo o que você já leu".

1. Filtremos as mensagens que induzem medo e advertências de nossos livros sagrados, e dissolvamos seu conteúdo de modo que nossa consciência adote os verdadeiros núcleos da sabedoria espiritual, que pode nos guiar futuramente.

2. Podemos, por intermédio das páginas de nossos livros sagrados, alcançar a essência da Fonte Divina, e experimentá-la diretamente utilizando nossa própria consciência.

3. Pratiquemos a divindade pelos exemplos citados nos livros de como viver misericordiosamente, amando, verdadeiramente, e inspirando vidas.

Capítulo Nove

AS MULHERES E O DIVINO

A HISTÓRIA DA EVOLUÇÃO RELIGIOSA tem quase inteiramente ocultado os aspectos femininos da comunicação com Deus. A história das mulheres e o Divino é tão convoluta quanto a própria história humana. A linhagem espiritual feminina é preenchida com epopeias completas do visível, e, posteriormente, a participação invisível em nossa relação com a Força de Deus. Desde os remotos sacrifícios virginais, ao poder dos profetas e videntes, à voz espiritual, à Deusa, e finalmente, à fonte delegada de pecado original, as mulheres têm sido ofuscadas e assim permanecem. Conforme nos livramos da ilusão de Deus na forma de um homem, nós permitiremos finalmente que todos expressem sua divindade sagrada sem as algemas da distinção entre os gêneros.

Na prática, todas as religiões remotas viam o feminino como sagrado, mesmo sendo o mais venerável a ser sacrificado aos deuses devido a sua misteriosa energia Divina de procriação. Centenas de milhares de anos A.E.C., adorar a Deusa tornou-se a estrutura da vida cotidiana, e as deusas da fertilidade tomaram seu lugar como o dom mais crucial da sobrevivência tribal – elas eram igualmente tão poderosas quanto qualquer Deus masculino e em algum ponto os substituíram.

No tempo da deusa, eram as mulheres que criavam a visão de divindade, além de serem a fonte da expressão espiritual. Elas detinham o poder para se conectar com os deuses, e a natureza era ponto focal de adoração. As atividades espirituais eram sobre manter o equilíbrio com "Gaia". A vidência, intuição e poderes de escuta das sacerdotisas foram afiados para a comunhão com todos os seres vivos, bem como o simbolismo natural dos planetas e os elementos da Terra. As estações do ano eram marcadas com cerimônias, e o poder do nascimento era o grande mistério celebrado por todos.

As religiões orientais que adoraram muitos deuses adotaram as deusas como parte do holograma. Existiam deusas que incorporavam o Divino feminino e traziam dons de proteção e cura aos humanos, enquanto outras eram femininas no corpo, mas tão violentas ou bélicas quanto os deuses masculinos. Todas eram honradas e transformavam a vida diária daqueles que as adoravam. Os egípcios, romanos e gregos tinham panteões de deusas a quem eles se dirigiam para orientação nos problemas cruciais de sua vida.

O Oráculo de Delfos era visitado por nobres e líderes de terras distantes, assim como pessoas simples que buscavam as sacerdotisas por objetividade para travar uma guerra, plantar safras ou se casar. Cada profecia era dada de modo a fazer com que o receptor interpretasse o significado por si mesmo. Esse tipo de encorajamento para encontrar a verdade dentro do eu é a mais alta forma de iluminação que tanto necessitamos praticar.

É um dom da consciência feminina permitir o crescimento em vez de escolher suas particularidades e forçá-las sob outras. De qualquer lugar que as deusas viessem, elas procuravam iluminar as pessoas e melhorar sua vida na Terra mais do que enfatizar o que exigiam de nós, diferente do Deus masculino, que foi interpretado pelas energias *yang* como um Deus colérico e castigador. A energia feminina de Deus expande o limite em mundos absolutos, além da realidade humana, e concede o dom da criação sob os seres em evolução de todas as dimensões. É a fonte absoluta do vazio absoluto e retorna sem o tipo de obrigação que a Força do Deus masculino produz.

Apenas poucos nomes de deusas foram transmitidos a nós. Embora modelos Divinos no masculino tenham permanecido, o feminino desapareceu. Isso devido às guerras de Deus, ou seria porque a energia da deusa permitiu nos movermos por meio desses estágios de evolução por nós mesmos? É possível que as qualidades espirituais do feminino permitiram a suas portadoras retornar para oitavas mais altas ou dimensões de luz, enquanto as mais pesadas energias masculinas estruturadas continuam presas à Terra por laços cármicos que os mantêm no contexto humano até que eles tenham reequilibrado suas energias?

Por que a era da deusa acabou? O poder da deusa influenciou o *status* de todas as mulheres, e em muitas sociedades as mulheres possuíam títulos por terra, que eram passados adiante em linhas matriarcais às filhas – um espinho que no fim das contas tornou-se uma cunha entre as relações masculino/feminino e representou uma parte na exploração do poder feminino pelos padres. (Entre a retórica da justificação religiosa para batalhas em nome de Deus, sempre parecemos descobrir um motivo monetário à espreita, atrás do barulho da justiça de Deus.)

Tão antigo quanto o segundo milênio A.E.C., uma luta evidente surgiu entre os partidários do monoteísmo, o Deus masculino único, e os adoradores da deusa pagã nas áreas bíblicas do Oriente Médio. Os sacerdotes levitas de Canaã começaram a lutar para retomar o poder feminino e sua força monetária poupando as mulheres de seus direitos como sacerdotisas e reduzindo-as a cargos secundários de criadas para maridos e pais.

Conforme o monoteísmo ganhou a cena, as religiões que apreciavam deusas femininas foram também sufocadas ou deixadas para áreas que o mundo não considera como ameaça aos tesouros da conquista religiosa. Não é surpreendente que o Deus, o único Deus do sexo masculino, foi imbuído com os rigorosos e exigentes atributos que os homens alegam seguir.

Já que o homem não pode repetir o sagrado e místico ato de dar à luz, ele tem de encontrar um modo de diminuir sua relevância para a Força de Deus. Talvez o medo deste domínio exclusivamente feminino despertou nos sacerdotes o foco em apagar o poder feminino. Também é provável que o ostracismo persistente às mulheres solteiras atualmente seja remanescente desse período, onde eles incluíram um misticismo de potencial perigoso.

As sementes do ciúme foram plantadas e a pretensão de

destruir a influência das deusas foi colocada em ação. Com o auxílio da história da malícia de Eva, os sacerdotes justificaram seus ataques sob as mulheres, e os templos das deusas foram derrubados, seus textos sagrados destruídos, e a sabedoria Divina do Deus feminino, perdida para a humanidade. O que poderia estar escrito nesses textos? A partir deste ponto, as mulheres não tinham mais permissão para participar em rituais com homens, e, na maioria dos casos, de nenhum modo. A capacidade de sempre escrever ou registrar das mulheres foi perdida, na medida em que elas foram excluídas do poder da educação.

Atualmente, devemos reconhecer que a descrição do Divino em forma masculina se iniciou em momentos históricos com o inteiro propósito de domínio territorial e temporal. As sacerdotisas foram destruídas com sua profunda sabedoria espiritual; apagadas de toda referência potencial que poderia guiar-nos meramente devido à conveniência política e religiosa. Continuamos presos na ilusão de que "o poder faz o direito"; entretanto, entre o *techno thunder* do presente, é quase cômico pensarmos que o domínio físico é o critério para a verdade – ainda que naqueles tempos, a fisicalidade governasse o destino.

Da oferta do sacrifício, à forma da deusa sagrada, e finalmente à retirada de seu lugar, as mulheres aceitaram seu lugar corrompido sem nenhum argumento audível. Por quê? Talvez em um mundo de fisicalidade evidente, elas simplesmente não imaginavam que poderiam usar seus mais sutis atributos para mudar o equilíbrio nesta atmosfera violenta. Conforme o cristianismo corria o mundo, foi enfatizada a história de Eva e sua maldade, poderes de sedução que causaram o "pecado original" e a queda da humanidade. Como foi fácil ajustar a culpa pela miséria em um corpo delicado de uma mulher!

Como consequência das violentas guerras santas, inquisições, e outras atividades religiosas masculinas dominantes dos primórdios, as mulheres foram forçadas a esconder seus poderes naturais de cura e intuição. Sem seu senso intuitivo, as mulheres perderam sua consciência do corpo Divino e Alma. O papel feminino tornou-se de pequeno efeito e as mulheres rapidamente se esqueceram de si mesmas. Com o passar do tempo, os sacerdotes cresceram impetuosamente com as possibilidades de poder sobre suas sociedades e começaram a subjugar as mulheres mais e mais severamente. Eles inventaram o conceito de esposa virgem e a impureza das mulheres devido à menstruação. Esses julgamentos apenas foram neutralizados no último século, e certamente não em todas as sociedades.

Cavaleiros e soldados cristãos de Deus, com frequência, "depositavam" suas esposas confinadas em mosteiros para proteção. Essa proteção tinha mais a ver com guardar sua propriedade de esposas e filhas do que com Deus. A austeridade de tais realidades era empurrada contra as mulheres, que efetivamente não tinham a palavra nas relações políticas nem com Deus. Imagine a constrição de um cinto de castidade ou as paredes de um mosteiro! Os motivos para a vida no mosteiro eram igualmente para esconder e para penitência ou graça de Deus?

A Bíblia declara que Deus criou o Homem à sua imagem e semelhança. A insistência na interpretação literal criou tal polaridade de modo a nos desviar um do outro. Podemos parar aqui para refletir o que a Bíblia e outros textos sagrados iriam conter se eles tivessem sido escritos por mulheres? Certamente haveria uma abordagem diferente e mais generosa aos homens do que tem sido mostrado às mulheres, e talvez à própria vida. É possível que mais Evangelhos, tais como o Evangelho de Maria Madalena, venham à tona e iluminem a consciência feminina como ela existiu naqueles tempos remotos – antes e após a referência bíblica.

Onde estarão os pergaminhos e blocos da remota Samaria, Egito, Grécia, ou Índia que poderiam produzir vozes de profetas femininos e portadores do Sagrado Feminino? Foram todos destruídos com os templos? Podemos ter certeza de que eles existiram. Entretanto, não nos tornemos vítimas da ilusão de que o que está escrito é "verdade", ou que textos do passado constituem prova ou valor de garantia sob os protagonistas das narrativas. Nós mulheres, somos divinas, santificadas e poderosas com ou sem conhecimento intelectual ou aplausos – nós apenas agora estamos na fronteira deste grande renascimento da consciência feminina.

Se a Bíblia falasse especificamente sobre o gênero masculino, e não sobre a humanidade em geral, isso poderia implicar em homens sendo vistos como as criações favoritas e mais elevadas de Deus. Embora possamos presumir que isso significou tanto masculino como feminino, existe uma diferença ofuscante entre a forma feminina e um Deus masculino. Não há dúvida em minha mente de que os homens na antiguidade criaram Deus em sua imagem para que pudessem se relacionar com uma energia incompreensível por meio de visões limitadas de suas faculdades conceituais.

Esse diálogo de imagens foge ao controle para as mulheres porque nós já estávamos em uma segunda posição com Deus, pois nosso corpo feminino não está em conformidade. Certamente, este é o modo como os homens entenderam a história desde o princípio – ou seja, um Deus masculino guiando o curso da humanidade, por meio dos homens! Testemunhando a interpretação masculina, é como se eles fossem irmãos mais velhos sofrendo da doença dolorosa do ciúme, tentando despedir e diminuir suas irmãs concorrentes.

O corpo feminino não é uma imagem espelhada de um Deus masculino. Ver a forma humana de modo geral, sem referência de gênero, simplesmente retarda o inevitável conflito das difamações escriturais sobre nossa energia sexual feminina. Se Deus possui uma forma masculina, então as mulheres são diferentes de Deus e sempre serão relacionadas por meio de algum tipo de polaridade de gênero. Ou projetamos a energia do pai em cima de Deus, pelo qual vemos nós mesmos como crianças indefesas e fracas, ou somos vistos como portadores do secreto espiral masculino/feminino atual, segundo o qual queremos atrair Deus para propósitos de procriação primordiais.

Este último potencial têm posto uma sombra sob nosso poder espiritual inerente, e espreita nas fendas de todas as doutrinas da igreja. Na realidade, a Fonte Divina coloca a sobrevivência e o futuro de nossa espécie dentro do útero maternal do feminino. Apenas as mulheres podem dar à luz – que interessante! Certamente isso deve nos indicar a verdade óbvia de que as mulheres são divinas na essência e santificadas na forma.

Intrínseca a esse poder, as religiões da deusa adotam a sexualidade como parte da honra à Fonte Divina. O inegável potencial sexual simplesmente não pode ser extraído da equação feminina; e parece absurdo tentarmos despir aspectos de nossa humanidade e convencermos a nós mesmos de que algumas partes de nós são o que Deus criou, e que outras partes de nós, de alguma forma apenas ocorreram por elas mesmas. A energia sexual é parte do que somos; parte e parcela do genoma humano. O santificado dom da sexualidade continua no casulo do potencial e aguarda nossa consciência do Eu além do corpo físico. No fim, descobriremos que a forma não apenas se refere à crosta externa, mas também é um termo que referencia um modelo holográfico. No fim, seremos iluminados pelo fato de que "Deus" pode ser muito mais do que um humano masculino que viemos para esperar!

É muito difícil para nós considerarmos libertar a mitologia do pai devido a nossa falta de consciência histórica, nosso próprio sentido de que não podemos ter as respostas ou sermos heróis por nós mesmos. Tornamo-nos ligados à figura do pai como um professor, como um Deus que nos guiará através dos passos, e nos mostrará como chegar a um novo nível de nosso ser. Todos desejamos o mentor, o professor, o pai, o Deus, e nós não constatamos que tudo ao nosso redor são essas energias em muitas formas. Não apenas na forma masculina – o Deus – mas escondido na forma protetora de uma deusa-mãe, ou mesmo na nobreza de um animal.

Todos os humanos se lembram do calor e segurança do útero e, pela nossa herança psicogenética, guardamos a essência materna, que é sagrada, pois nutre o óvulo Divino e o traz ao mundo, cultivando-o nas gerações futuras. Profetizo que vamos abandonar a divindade masculina tirânica e adotar o princípio materno Divino, que nos fornece tudo o que precisamos para tornar máximo o nosso potencial – e que nós o encontraremos dentro de nós mesmos.

No mundo atual, conforme mais homens de muitas culturas se tornam presentes no nascimento de suas crianças, mesmo ajudando suas esposas, existe uma profunda intensificação da união entre eles. Quão incongruente é estar lado a lado no momento sagrado do nascimento, e ainda não estar apto a adotar nossa Fonte Divina como igual. Em diversas culturas e práticas religiosas, mulheres e homens ficam separados uns dos outros por conta desse sentimento fundamental com o qual eles podem ser distraídos da adoração na presença do outro. Isso nos leva a questionar se as leis culturais e tabus vêm de conceitos prévios religiosos ou de outra forma. Em todo o caso, é justo dizer que eles funcionam devido a uma conveniência coletiva, e não verdade universal.

Parece óbvio que todo o estatuto dos homens e Deus, e das mulheres e Deus, sendo dois diálogos diferentes, é uma fabricação do domínio religioso exclusivamente masculino de nossos antepassados. Na prática, todas as religiões monoteístas têm lançado a sexualidade dentro do abismo do pecado contra Deus, ou pelo menos fiando a grossa teia de tabus ao redor dela, sutilmente capturando as mulheres em seu centro. A maior parte da nossa falta de honra ao Feminino Sagrado vem das impressões bíblicas sobre Eva que ofuscou a função da Mãe Divina na criação.

O Gênesis retrata Eva como a sedutora e fonte de todo o mal que resultou em nosso abandono da graça de Deus, e à expulsão do Jardim do Éden. A implicação é que ela era mais ciente, curiosa e poderosa do que Adão, e que ele era, por sua natureza, tão fraco que não pôde resistir a sua planejada sedução para se unir a ela em uma aventura não autorizada, cujas consequências foram graves – ele foi, na verdade, vítima de seu poder.

Ao observar o mito da criação por essa perspectiva, podemos compreender por que os pais da fé trabalharam tanto para derrotar os difusos poderes do feminino, temendo que as mulheres continuassem seguindo nos passos de Eva e levando os homens para longe de Deus (e da igreja). Ainda mais provável é o medo de que o Feminino Sagrado possa retornar um dia e dissolver o falso fundamento da religião masculina.

O feminino sempre representou o conhecimento absoluto de mundos místicos. É evidente que o externo necessita do interno, e que ambos, masculino e feminino, possuem cada uma dessas qualidades dentro de sua essência. Acho fascinante que as verdades religiosas sejam frequentemente produzidas pelo feminino, canais *yins* de sabedoria nobre, e então forçadas sob o mundo por excesso masculino, conclaves *yangs* pretendendo destruir qualquer um que não se dobre a seu modo.

Semelhante é a história de Jesus Cristo que incorporou uma forma masculina e ainda produziu a sabedoria do amar feminino. Ele colocou ao seu lado Maria Madalena, cujo destino, nas mãos da história, foi violento e injusto – talvez porque ela era a mais verdadeira discípula, ou porque ela representava a poderosa energia da deusa que precisava ser destruída para que não inspirasse outros a segui-la.

Não é suficiente para mim que "acreditemos" que a remota igreja tenha tornado Maria Madalena uma prostituta, como a utilizaram para dissolver qualquer possível poder feminino dentro da igreja, ou como parte do diálogo de Deus. Não é suficiente expor o absurdo de que as mulheres são tão impuras para entrar na casa de Deus, que devem sentar-se apenas entre elas mesmas, ou que não podem guiar ou expressar o pensamento religioso. É hora de expor essas táticas manipuladoras e balancear novamente nossa direção espiritual. Essas são todas as políticas sociais de Deus de muitas religiões e culturas, e elas não são verdadeiras.

É sensacional considerarmos o que está sendo descoberto sobre Maria Madalena e seu papel marcante na vida de Jesus Cristo, e isso pode muito bem mudar a tendência em direção ao Feminino Sagrado mais uma vez. Ela não somente pode ter sido "esposa" de Jesus, mas também sua discípula mais poderosa. As descobertas dos Pergaminhos do Mar Morto oferecem evidências de que Jesus pode ter planejado para ela ser líder de sua nova fé. É possível que ela tenha contribuído bastante com os grandes ensinamentos sobre compaixão e amor incondicional. Muitas pessoas experimentaram uma vida inteira dentro do corpo e consciência de Jesus. A maioria esmagadora delas viu Maria Madalena como a que retirou a pedra da tumba. O que isso significa? Possivelmente, ela não era uma simples mulher, mas sim outro grande ser de poderes sobrenaturais!

Por tudo isso, devemos nos perguntar se essas supostas cenas bíblicas nas quais Jesus a salvou de ser apedrejada, eram relacionadas à sexualidade ou alguma outra intenção política. Eu questionaria até mesmo se elas são remotamente verdadeiras. Quem escreveu essa história? – Um homem. Embora eu goste muito do ensinamento – "Que atire a primeira pedra quem nunca pecou". Este é um sentimento que nos serviria bem atualmente e que inclui toda uma investigação sobre o julgamento, que ajudaria a nos realinharmos com os ensinamentos de compaixão e de verdade transmitidos por Jesus.

A igreja Cristã pode achar impensável observar que Jesus escolheu ser crucificado, ou que foi curado na caverna e então veio novamente ao mundo em sua verdadeira identidade cristificada – mas isso parece completamente lógico para mim. Se ele ergueu outros mortos, por que não faria o mesmo para si próprio, uma vez que esse era na verdade o ponto principal? É hora de os cristãos virarem a página proverbial e enxergarem a vida de Jesus a partir da magnífica referência de um ser Divino, que veio à forma humana para trazer a verdade sobre a personificação e seu potencial!

As novas teorias de que Maria Madalena possa ter dado à luz um filho de Jesus espedaça o estigma antigo de divindade em oposição à sexualidade humana. O aspecto mais intrigante desse cenário é a ligação sexual com Maria Madalena que gerou uma criança. Se pudermos aceitar essa possibilidade, a história inteira do sentido sexual terá de ser desfeita! Não apenas encontraríamos um novo sentido da comunhão espiritual e sexual, mas também estaríamos aptos para nos libertar da prisão de uma densa ilusão de quem nós somos e os poderes que têm de fazer parte em nossa jornada de evolução.

O que acontece quando você ouve sobre a ideia de Maria Madalena ter um filho de Jesus? Você se amedronta ao considerar que nós mulheres tivemos um papel no sagrado – além da honra duvidosa de ser sacrificado? Seu primeiro pensamento seria – sacrilégio? Existe uma marca psicogenética profundamente contida de que a personificação não é sagrada, que a união sexual do casal com a divindade parece verdadeiramente herege. Não é!

A igreja católica permitiu e até mesmo promoveu o culto da Virgem Maria (mãe de Deus), pois sua identidade assexual não oferece ameaça à principal propulsão do cristianismo – que Cristo nasceu de uma virgem por meio da imaculada concepção, morreu por nossos pecados e subiu ao céu. Maria Madalena representa um desafio assustador por ela ser uma parceira, um vaso do Feminino Sagrado, e até mesmo o mais perigoso de todos – um modelo de carne e osso da Mãe Divina por meio de seu corpo feminino.

Entretanto, a concepção de uma criança por Maria Madalena não é nem de perto tão interessante para mim quanto o fato de que existem algumas evidências indicando que ela tenha gerado uma menina! Sarah. Os milagres realizados por Jesus demonstraram que ele tinha profundo poder sobre vida e morte. Ele pode ter "escolhido" trazer uma garota ao mundo. É excitante observarmos. Por que ele quis uma garota? Atualmente, onde muitas mulheres sentem que seus pais preferiam que elas fossem um garoto, o que Jesus estaria pensando? Estaria ele novamente nos mostrando uma direção evolutiva, dando-nos um ensinamento de amor incondicional, do poder da espiritualidade feminina? Estaria oferecendo uma linhagem da energia espiritual feminina para continuar no futuro?

Nas histórias bíblicas em muitas religiões, as mulheres têm sido as "criadas" de Deus. O tempo todo, temos sido os detentores da luz e verdade do tempo dos templos. Com frequência, fomos os símbolos da pureza para sacerdotes, que eram vistos como representantes diretos de Deus. De certo modo, as mulheres sempre têm sido as videntes e os homens os buscadores! O que eles viram e o que sabiam foi perdido para nós; e ainda podemos intuir que existiu, e existe, uma enorme claridade e verdade espirituais repousando no feminino. Talvez seja nossa vez de levarmos isso adiante novamente, e esse é o motivo pelo qual nascemos mulheres.

Como, então, poderia ser que nós mulheres tenhamos de lutar por um lugar na arena religiosa? Mesmo em níveis mundanos, temos sido rotuladas como impuras, perigosas, e, portanto, forçadas a obedecer a ordens de onde podemos nos sentar, o que podemos vestir, e como temos de nos comportar. Em tempos remotos, as mulheres recebiam ordens para cobrirem seus cabelos, para assim mostrar respeito e diminuir a verdade primitiva de sua feminilidade. Essa fachada de respeito é um modo de forçar as mulheres a encolherem-se no canto inconsequente da servidão.

Mulheres católicas ao redor do mundo continuam vestindo mantilhas em suas cabeças na igreja, e mulheres muçulmanas vestem o hijab ou lenços de cabeça. O hijab criou uma desordem social e emocional que demonstra o grau no qual vemos uns aos outros pelo externo, mais do que por perspectivas profundamente humanas. Em algumas partes do mundo, mulheres muçulmanas perderam seus trabalhos porque escolheram vestir o hijab como sinal de sua fé ou sentimento cultural de propriedade. Os não-muçulmanos são perturbados por essa ofuscante demonstração de polaridade, como se o conhecimento religioso de alguém pudesse criar uma real ameaça! Ninguém ordenaria àqueles que usam crucifixos para removê-los por instigarem um confronto religioso, ainda que este olhar desperte antigos medos e ódio na parte muçulmana, cujos antepassados sofreram o peso do furor Cristão.

Na América cultivamos a liberdade religiosa e reconhecemos que o motivo para expressões religiosas externas não seja para instigar a cólera ou medo dos outros, mas mais do que isso, seja sobre nós mesmos. Todos nós temos o direito de adotar nossa religião em todos os aspectos de nossa vida. Sobre o que realmente é esse diálogo de promover o medo? É provável que a parte mais triste seja que as mulheres se entreolham de uma perspectiva vinda de todos os lados, que as leva a sentirem-se ridicularizadas ou julgadas.

Nós, mulheres, devemos buscar o lugar de paz e convergência, pois uma maioria masculina neste planeta aparenta lutar com a ideia de que podemos viver pacificamente como humanos, ou de que temos um destino mútuo. É hora de ambos, mulheres e homens que possuem a herança psicogenética da intuição e essência do amor espiritual, darmos um passo à frente e acordarmos para a realidade de que precisamos aprender a confiar e a honrar uns aos outros. Nossas realidades culturais tornaram obscura nossa humanidade essencial – uma família de Alma que veio a Terra para transcender e evoluir.

Por que as mulheres continuam sendo afastadas da arena religiosa? O Papa João Paulo II declarou, em 1994, que a igreja não tem "autoridade" para permitir mulheres sacerdotes. Considerando o fato de que Jesus e seus discípulos convidaram mulheres para dentro da congregação e as utilizaram como missionárias e professoras de sua mensagem, parece um artifício que não haja precedentes para mulheres no clero. Agora que os episcopais e a maioria das igrejas cristãs permitem mulheres, a igreja católica encontra-se novamente fora do tipo de modernização necessária para sustentar a si mesma.

Quão diferente seria se o mundo visse Deus como andrógino ou como Deus, a mãe, em vez de Deus, o pai? Tenho uma suspeita de que a religião seria totalmente diferente, mas essas são todas perspectivas que fazem parte de nosso diálogo humano – não de nossa Alma. O feminino, ou energia *yin*, sempre foi uma energia de inclusão que estende a mão e traz todo o potencial unido em um conjunto coeso. Por tudo isso é tão necessário trazer a energia feminina de volta ao conclave da religião neste momento. Em ação, isso conecta os mundos visível e invisível, e então completa o círculo de energias espirituais. Nenhum lado da equação parece apropriado dentro e fora de si mesmo. Fomos projetados para complementar um ao outro, e a exclusão de qualquer lado cria o tipo de instabilidade que temos aguentado através dos séculos.

Embora eu seja profundamente agradecida por ser uma mulher nesta vida e sinta a Divina graça e objetividade que isso oferece a todas nós, não me encontro intrigada pelo desenvolvimento dos cultos à deusa. Os rituais e cerimônias do passado levam-nos de volta a um astral viscoso desse passado e nos prendem a energias que não são condutivas para o nosso benefício maior atual. As mulheres ocupadas com tais atividades não podem reconhecer essa energia astral, porque sua consciência externa está focada na celebração da vida no momento. Existem conceitos prévios e lições cármicas de vida que continuam presas na memória celular de tempos remotos, que não apoiam nossa consciência presente. Isso pode incluir manipulação da natureza, luta de forças, iniciações severas e morte. Existem temas repetitivos que não avançam nossa evolução espiritual.

Precisamos trazer tudo de mágico em nosso domínio comum, dentro da rotina de nossas realidades diárias. Existem muitos pontos misteriosos de maestria aos quais podemos apelar sem o tipo de manipulação que ocorreu com frequência no passado. Certamente, a comunhão com a natureza, o dom da criação e a consciência de nosso lugar no mundo natural são atributos que podemos trazer conosco. O poder de dar à luz pode ser traduzido em muitos aspectos da vida. Não somos obrigados a usar o nascimento por meio de nosso corpo, mas estamos começando a ver que o nascimento e a maternidade oferecem grande sabedoria. Se não concebemos crianças, precisamos utilizar esse potencial espiritual para criar na arte, ideias, culturas etc., de modo que essa energia Feminina Sagrada passe adiante através do veículo de nossa presença, um aspecto mais sutil de nosso corpo.

Na realidade, é o Feminino Sagrado, mais do que a deusa que precisamos evocar agora. É hora de despersonalizarmos o Divino e nós mesmos, de modo que possamos tornar o ego uma energia de unificação. Nesse momento essencial da história da Terra, precisamos trazer à tona todas as nossas capacidades para ouvirmos as mensagens das outras dimensões, mas não é necessário que nos isolemos fora do mundo, nem precisamos nos proclamar as rainhas ou sacerdotisas do mundo espiritual ou natural.

Todos nós, mulheres e homens, igualmente, herdamos psicogeneticamente das deusas o inegável poder do conhecimento, intuição, e clarividência femininos. Precisamos viver a sabedoria que herdamos dentro de nosso DNA espiritual, de modo que possamos nos abrir para um Universo cósmico além de minúsculos detalhes, conforme observamos neste momento. Podemos fazer isso agora mesmo – mas precisamos fazer através dos olhos da essência feminina, conhecedora do caminho que corta o véu para o infinito absoluto.

Profetizo que serão as mulheres a criarem novas realidades espirituais em um futuro próximo, e que elas não serão ancoradas na monotonia das palavras ou na insensibilidade do dogma, mas mais do que isso, elas serão disseminadas na sabedoria não hesitante do coração. Deixemos as mulheres se apresentarem e abrirem o limiar para o centro de nossa Alma!

O mundo, como sabemos, está a ponto de ter um abalo sísmico intenso, de modo a tornar todas essas deliberações poderosas do passado completamente arcaicas. Estamos próximos de descobertas que vão nos levar para dentro do Universo. Nossas explorações mudarão completamente nossa visão de Deus!

Evolução

1. Verifique se você possui algum pensamento negativo sobre as mulheres como indignas de serem seres sagrados.

2. Procure por algum conceito prévio sutil que as mulheres não podem ser as sacerdotisas, pregadoras de Deus, e libere-os. (Consulte o capítulo 12, A tecnologia da consciência: exercícios.)

3. Libere quaisquer/todos os julgamentos rebaixadores sobre as deusas.

4. Contemple os atributos femininos de sua espiritualidade e como eles são expressos em nossa vida.

5. Medite sobre o princípio da maternidade em seu núcleo, e permita que ele se estenda e se mescle com a Fonte Divina.

Capítulo Dez

DEUS E A SEXUALIDADE

Nada nos separa mais rápido do sentido de santidade do que o diálogo da sexualidade! A própria palavra "sexo" foi marcada como antítese de Deus por tanto tempo que mesmo não acreditando ostensivamente nisso, abrigamos seu resíduo venenoso profundamente dentro do nosso código psicogenético. A energética sexual foi culpada por quase toda a decepção entre humanos e Deus.

As religiões negaram-se determinadamente a olhar para a conexão entre nossa concepção e o belo precursor dela. Visto que muitas religiões apoiam o conceito negativo de pecado original, até mesmo o milagre do nascimento revela a nódoa de algo não aceitável para Deus. Quão incompreensível ver a perfeição de um bebê recém-nascido e engolir o dogma que ele nasceu no pecado – especialmente para aquelas religiões que não adotam a reencarnação, e acham que a criança tem apenas uma vida, na qual, antes mesmo do começo – o nascimento colocou-a em um estado de pecado! Por que fizemos isso a nós mesmos? Tais interpretações destrutivas da vida simplesmente não são merecedoras de nosso poder de argumentação atual. Quando aprenderemos a confiar em nosso próprio conhecimento e a nos libertar desses conceitos implausíveis?

Pareceria óbvio que a energia Divina, permitindo-nos procriar, poderia apenas ter sido "concedida por Deus" assim como seus mistérios iniciando a vida estão além de nós. Podemos cultivar a vida e até mesmo criar clones, mas não podemos "iniciar" a vida. Portanto, a energia sexual, o veículo da concepção, precisa estar conectada a nossa fonte espiritual e mover-se em conjunto com a criação.

Por que separamos nossas correntes sexuais das espirituais? Ao fazermos isso, isolamo-nos da unificação e beleza que vêm da ligação sagrada das duas energias. Um dos aspectos mais positivos da antiga espiritualidade da deusa era o sentido universal de temor e mistério que rodeava o ato sexual e tudo a ele conectado. As sacerdotisas da deusa Mãe adotavam a sexualidade como Divina, e utilizavam seu poder como fundamentos de vida e pulso harmônico da natureza. Se nós apenas tivéssemos mantido sua sabedoria, nossas experiências sexuais poderiam ser uma alegre celebração do potencial criativo e uma estrada para a experiência espiritual.

A sexualidade não está ligada apenas à reprodução, mas também à consolidação de polaridades que as tornam parte de nossa experiência humana sagrada. Trazemos a energia Divina para nosso corpo quando fazemos amor e construímos pontes na lacuna entre o Humano e o Divino. Como perdemos essa aplicação superior de nossa realidade sexual?

Provavelmente, nossa interpretação negativa da sexualidade foi iniciada como parte do plano para desonrar as sacerdotisas quando os sacerdotes Levíticos tomaram o seu poder. Moisés era da linhagem Levítica, e pode ter participado na opressão das sacerdotisas nas mesmas terras onde sociedades matriarcais da deusa guiaram a humanidade. Utilizando o conto ilustrativo de Adão e Eva e sua expulsão vergonhosa do Jardim do Éden, os sacerdotes imprimiram nas multidões uma correlação amedrontadora entre sexo e castigo. A sexualidade se tornou o bode expiatório para odiar o feminino e, até mesmo, o mistério da reprodução. Após a queda das sacerdotisas, a ênfase na sexualidade como parte natural da vida foi apagada e substituída por um severo e sinistro Deus.

No tempo posterior a Cristo, os cristãos acreditavam que Cristo retornaria para "julgar os vivos e os mortos" a qualquer momento – o Armagedom estava prestes a acontecer! Devido à "segunda vinda" de Cristo estar iminente, os sacerdotes desencorajavam as atividades sexuais para evitar o olhar examinador do Dia do Juízo Final e a armadilha do inferno – o celibato parecia a melhor proteção. Quão rapidamente os princípios do amor de Jesus foram esquecidos, e as mais maleáveis e negativas ameaças de castigo colocadas em seu lugar para controlar as massas. Dessa forma, o celibato se tornou uma obrigação aos sacerdotes, e a mancha do contato sexual se tornou o pecado das multidões.

É interessante notarmos que a cultura atual reage exatamente do modo oposto ao perigo mortal. Como se não houvesse amanhã, as pessoas se sentem livres para tentar espremer a vida neste momento e alcançar as sensações mais excitantes que elas possam captar, ou seja, o sexo. Elas não estão preocupadas com o inferno? Isso é porque o urgir sexual tem êxito ou porque não acreditamos mais que o sexo é um pecado? Não estamos cansados da turbulência religiosa contra algo que é tão intrínseco à nossa realidade humana? Sobretudo, a ideia de que Jesus retornaria para nos julgar não é plausível – mesmo em face das citações bíblicas, pois ele pregou contra o julgamento por toda a sua vida. Esperançosamente, os ensinamentos de amor e tolerância trazidos até nós por Jesus estão começando a se consolidar.

Jesus era um judeu. Costumes judeus, naquele tempo, não permitiam a um homem adulto ser solteiro, e era desconhecido que tal coisa pudesse acontecer. Absolutamente, não existe documentação que mostre que Jesus pregou sobre o celibato como um acesso à bondade de Deus. Ao contrário, parece improvável que esses ensinamentos sobre amor excluiriam as relações humanas primárias. O amor sexual é parte da união entre um homem e uma mulher, e ainda que Jesus possa ter andado pela Terra de tal modo, não é impossível que isso fosse parte de sua própria experiência humana. Ele nunca falou contra o sexo. Ele apenas falava de amor. Foi dito que ele frequentemente beijava Maria Madalena na boca, para a consternação de vários de seus discípulos, especialmente Pedro! Por quê? É provável que Pedro tivesse ciúme da devoção de Jesus à Maria Madalena e sentisse alguma insegurança sobre Jesus escolher Maria Madalena para liderar seus discípulos e sua nova igreja.

Se alguma evidência adicional finalmente provar que Jesus e Maria Madalena formavam um casal, toda a base da negatividade sexual Cristã estará rompida, e então seremos livres para adotar nossa energia sexual inata como algo realmente Divino por natureza! O medo da fé Cristã é que se Jesus fosse casado, isso iria comprová-lo como um mortal. Será que não existe modo de expandir nossas mentes o suficiente para que ambos possam ser verdade? Jesus pode ter sido um profeta mortal, assim como uma voz Divina – um mestre das leis energéticas, um ser cósmico de proporções assustadoras.

Mortalidade e divindade não são mutuamente exclusivas – exceto pela estreiteza do pensamento linear. Foi dito em todos os grandes textos religiosos, "A vida traz a morte e a morte traz a vida para sempre em novas oitavas de consciência cósmica!". Se Jesus morreu e ressuscitou para um plano mais alto de existência e Corpo de Luz, independe se ele foi um ser sexual ou gerou crianças. Estamos perdidos nessa confusão apenas porque não entendemos que todas as pessoas são uma parte do que chamamos de Deus!

Se nós pudéssemos entender esse conceito de ser parte de Deus energeticamente, poderíamos viver como muitos mestres antigos fizeram – preenchidos com luz, em um plano de abundância e de amor absolutos. A sexualidade é apenas um dom da manifestação religiosa!

Entretanto, os antigos sacerdotes cristãos acreditavam que Jesus foi o modelo assexual de uma vida digna do Senhor. Parece plausível que a história da vida de Jesus tenha sido moldada em uma história de redentor, sem nenhuma mancha por mulheres ou pelo pecado original, realizando as profecias passadas adiante através das eras para se adequar aos limites da teologia da igreja. Se esse foi o caso, os cruzados e outros "defensores" da fé fizeram um trabalho quase perfeito ao apagarem qualquer referência de Jesus como mero mortal. Conforme eles castigaram a região, destruíram artefatos preciosos e documentos, suas sombras engoliram referências não divulgadas, assim como a verdade de sua vida.

Que o clero primitivo tenha começado a desprezar a sexualidade é completamente compreensível. Se existe algo que tememos ou que nos é proibido, precisamos encontrar um modo para não fazê-lo, para nos convencermos de que não precisamos disso e de que isso é "algo ruim". Meu Eu Superior ensinou-me: "Não importa ao que você resista, é exatamente o que você busca". Parece que o mesmo foi verdade para os infelizes sacerdotes, que tentaram resistir e concluíram que a tentação e fantasia do sexo apenas crescia neles. Imagine uma estranha técnica de como manter uma jovem mulher no sacerdócio para fortalecer sua resistência a tal tentação. Em um mundo sem a ampla rede de comunicação que temos atualmente, muitos sacerdotes poderiam aliviar sua culpa com um número qualquer de desculpas que apenas eles possuiriam em suas mentes, sem o escrutínio do órgão governante externo da igreja. Foi este tom grave do mau e do prazer proibido o responsável por levar a sexualidade a níveis de perversão e instabilidade tão comuns.

Os prós e contras do celibato continuaram por volta do século 4 até os dias atuais. Indiscrições sexuais tornaram-se muito preocupantes para a igreja lidar, e, então, a lei do celibato entrou em vigor. O celibato finalmente aconteceu, não porque era um mandamento de Deus, mas porque era uma escolha que a igreja fez por si própria, e por razões que poderiam, na verdade, ter pouco a ver com a lei espiritual. Uma conclusão fascinante foi, aparentemente, que se um sacerdote se envolvesse com sexo, ele não poderia dar atenção a Deus! Eu deveria sorrir ao pensar que nós não podemos ver a Fonte Divina fora de nosso próprio fuso horário. Um Deus verdadeiro se enfureceria se um sacerdote gastasse tempo em uma relação? Qual é o momento humano dentro do grande mar cósmico?

Com ingenuidade, presumimos que todos os líderes espirituais são comprometidos, com devoção e foco em suas ocupações religiosas. O conceito prévio por trás da ideia de distração perigosa é que as mulheres e Deus estão competindo entre si. Não existe a possível verdade que um casal possa utilizar na união para ampliar verdadeiramente sua conexão espiritual com o Divino? Claro!

Aparentemente, os líderes religiosos não tinham fé na lealdade ou integridade de seus irmãos. Outra razão escondida para o juramento do celibato era que informações "classificadas" sobre os mais secretos trabalhos da igreja escapavam pelas amantes; e com isso o sexo se tornou inapropriado.

A igreja católica, na verdade, não proibiu os sacerdotes do contato sexual até o século 12, e sim somente após muitos desvios no comportamento permissível. O primeiro Papa era discípulo de Pedro, um homem casado. Dizem que sua esposa, Perpétua, unia-se a ele para pregar e até mesmo teria realizado batismos. Poderíamos então chamá-la de sacerdotisa, com todo o direito também. A Bíblia descreve Pedro como uma escolha de Cristo para ser o líder de sua nova igreja – onde, então, imaginamos o celibato como algo mais do que uma decisão política dogmática, criada por um corpo coletivo bem depois de Cristo tornar suas intenções claras.

Martinho Lutero, o fundador da Igreja Luterana, disse que foi essa interpretação religiosa restritiva que mais o ajudou a separar seguidores em sua reforma da igreja. Ele escolheu permitir o casamento para seus sacerdotes e muitas outras igrejas fizeram o mesmo.

O celibato foi adotado em graus variados por muitos buscadores religiosos. Os hindus, budistas, taoístas, e outros, buscaram um caminho desimpedido por realidades mundanas para a Fonte Divina; cada um com suas próprias perspectivas energéticas específicas. Eles podem falar do celibato como pureza e graça, mas diferente dos cristãos, abstendo-se mais ao ângulo do pecado e castigo como um argumento em seu favor, e, ainda, novamente declarando o celibato como necessário para entregar o Eu de alguém a Deus. O mandamento para a humanidade neste momento é trazer a Fonte Divina "para dentro" de sua vida diária, especialmente para evitar que a vida retorne ao isolamento das cavernas.

O celibato do sacerdócio católico teve de defender de modo persistente sua posição perante a sexualidade sacerdotal em um mundo que cresceu cansado e desconfiando de tais argumentos formulados imprecisamente. Em consideração ao aumento da consciência do abuso sexual a crianças pelas mãos de sacerdotes confusos, existe uma crescente expansão de descontentes com tal mandato papal restritivo. Esse momento crítico realmente exige que a igreja responda de forma relevante às realidades do dia, mas ao contrário, ela insiste em fazer a escolha perigosa de estabelecer perspectivas que não servem a ela ou a seus seguidores.

O problema de abuso sexual na igreja católica pode ser tremendamente aliviado, permitindo que a fachada do casamento seja dada aos sacerdotes ou que seja permitida a ordenação de sacerdotisas. Suspeito que, em algum lugar nas profundezas escuras e inexprimíveis da psique da igreja, repousam os medonhos resíduos de alguma corrente sexual entre as mulheres e Deus, sobra da destruição das culturas da deusa e conveniência da "perversa" Eva.

A insistência católica na "concepção imaculada" cria um rumor interessante sobre deixar os aspectos carnais da vida e separar a sexualidade de tudo o que é bom ou santo. É o tipo de pureza que ajudou a separar Jesus da contaminação humana. A concepção por uma virgem como alternativa é muito mais aceitável e segura para uma religião que abomina até mesmo a fantasia do toque entre alguém Divino e um mero humano.

É fascinante percebermos que a história da "concepção imaculada" é parte de diversas mitologias pertencentes a tempos antigos, e dessa forma pode, na verdade, ter sido emprestada ao cristianismo, ao contrário da ideia de que a imaculada concepção de Jesus por Maria tenha sido a única. A mágica de tal fenômeno não é sobre a sua concepção oposta e sexual, mas particularmente um ato místico próprio. Por que devemos concluir que se algo é bom, seu oposto deve ser mau?

É tempo de mudarmos nossa visão obsoleta da sexualidade, para que nossa consciência religiosa possa verdadeiramente entrar no mundo em que vivemos. A Fonte Divina poderia apenas planejar o êxtase sexual como parte de nossa codificação genética, que facilita a expressão de nossa herança espiritual dentro dos reinos físicos, assim como todos os outros.

Entretanto, o poder do sexo teve tal efeito temível nas pessoas, que, na prática, todas as religiões têm códigos de ética com relação à sexualidade – com quem, quando, como isso deve ocorrer, e as sanções e tabus que as cercam. Isso é universalmente observado como uma força que precisa ser controlada e se encontrar com a mão feroz da autoridade religiosa.

Sempre existiram leis relacionadas à salvaguarda do *pool* genético de forma que fosse produzida uma descendência saudável. O tabu sexual contra irmão, irmã e primos de primeiro grau relata o enfraquecimento das raças como resultado de proximidade demasiada. Testemunhamos o resultado desse perigo genético em regiões e comunidades isoladas onde isso ocorreu por conta da falta de escolhas adequadas, ou até mesmo escolhas políticas. Entretanto, exceto o advento das crianças, o amor de alguém tão próximo em termos de sangue é inteiramente compreensível. Quase todo mundo pode relatar uma história sobre se apaixonar quando criança, mesmo por primos ou irmãos.

Os tabus relacionados à "maneira" do ato sexual são da mesma forma concisamente relevantes para a lei natural. Os orifícios do corpo são governados pela direção da energia. Por exemplo, a boca segura energia para alimentar o corpo e na extremidade inferior, o reto expele energia indesejável. Forçar algo para cima no reto vai contra o fluxo da energia corporal, e, eventualmente leva à instabilidade. O ato da sodomia ou sexo anal é estavelmente além da sabedoria da energética corpórea. Para o amor e segurança do corpo de alguém, isso não deve ser feito.

Sou, com frequência, questionada se uma predileção por um tipo ou outro é boa ou ruim. Sinto que as categorias de tais polaridades são modos antigos e limitados de se ver a verdade. A homossexualidade, bissexualidade etc., não estão fora do plano da lei natural, exceto talvez, dentro da forma do ato sexual. Meu Eu Superior diz que não é importante com "quem" você faz amor, mas sim "como" você faz amor. Isso significa que as energias sexuais precisam fluir por meio de todos os caminhos energéticos do corpo, não apenas pela área genital.

Nós desequilibramos toda nossa existência quando fazemos sexo por razões de liberação, por poder ou para sair da solidão, e com isso contemos as energias apenas com o nível genital. A profunda e orgástica precipitação da união sexual necessita subir em direção ao plexo solar, ao coração, e às áreas superiores da consciência na cabeça. Quando isso ocorre, todo o corpo é nutrido e aberto para as oitavas espirituais da unificação. Não alcançando o seu verdadeiro destino, ela se torna uma energia drenada que afeta o sutil emocional e os corpos espirituais, bem como o corpo físico.

A "orientação" sexual é justamente isso. Ela é afetada por uma grande quantidade de fatores. Já que carregamos a codificação genética de ambos, pai e mãe, somos todos masculino e feminino, com todo o seu repertório. Precisamos levar em consideração o que isso significa em termos de expressão dessas duas perspectivas opostas. Em outras palavras, a herança masculina para ambos, masculino e feminino, será atraída por sua equivalência oposta feminina. Isso é parte da explicação do porquê de procurarmos aqueles do mesmo sexo como nós mesmos. Cada criança é atraída pelo progenitor de seu mesmo sexo devido à reflexão de seu próprio corpo. O que estou lhe dizendo é que por conta dessa herança sexual dual, somos todos bissexuais de formas sutis. Se a sexualidade não fosse tão apavorante, estaríamos aptos a utilizar essas forças energeticamente, e não como mero potencial físico.

Nossos próprios corpos nos dão os melhores *feedbacks* sobre como procedermos sexualmente, o que está em equilíbrio e o que não está. Se buscarmos a informação de nosso corpo, ele rapidamente nos dirá como fazer amor, quando e com quem. Existe uma energia poderosa e palpável que se movimenta entre duas pessoas quando seus corpos se "encaixam" ao mesmo tempo, sexualmente, emocionalmente e espiritualmente compatíveis. Ainda não aprendemos a ouvir melhor nosso corpo desse modo – mas podemos aprender.

Muitas religiões fazem do contato sexual antes do casamento ou fora dele um pecado. Esses tabus têm objetivos sociais úteis, mas não fazem parte da lei espiritual. O casamento por si próprio é uma conformidade social institucionalizada, e a atração sexual é uma força poderosa que nos induz ao casamento. Se temos essa repercussão, sentimos que podemos encarar nosso futuro juntos. Embora exista um sentimento belo em "salvar" a troca sexual até depois do casamento devido a sua natureza sagrada, isso é raro no mundo atual. Na realidade, a pureza da sexualidade é sempre verdadeira, com ou sem aprovação externa. A admissão sexual traz consigo o potencial para a união espiritual dentro e fora de si mesma – não escrito pela falsidade religiosa.

Existe um número crescente de grupos religiosos criando cerimônias nas quais os pais prometem encorajar e proteger a virgindade de suas filhas, derramando recompensas especiais e agradecimento por elas. As filhas prometem a seus pais permanecerem virgens até o casamento. Às vezes elas recebem anéis da virgindade. Isso tem um ar de a "garota do papai" brincando que é sua mãe, e provavelmente não é saudável. Tendo contato com muitas mulheres que não podiam verdadeiramente se entregar sexualmente a seus parceiros devido a essa perseguição inconsciente a seus pais, questiono-me sobre a sabedoria de tais acordos. Muitas mulheres jovens falharam com isso, e então culparam sua sexualidade e diminuíram sua autoestima. Tudo isso é rememorativo dos tempos medievais, e suplica para que sejam descobertas marcas inconscientes e motivos dos pais.

Na realidade, não existe retorno para tempos em que as mulheres eram virgens contraindo casamento, ou qualquer outra das regras para frear a ação sexual. O duplo padrão aceito de conquistar apenas uma noiva pura e virgem era certamente mais relacionado ao ego masculino e a preocupações políticas do que à pureza.

Romances e atividades sexuais fora do casamento foram banidos desde antes dos tempos bíblicos, e por uma boa razão. Participar na divisão de duas pessoas casadas retém um forte carma negativo, e sexo fora do casamento é prejudicial à união de dois parceiros. Em 1960, quando tentamos desprender as correntes da culpa sexual desafiando os costumes e todo o conceito de maldade sexual, não apenas quebramos os laços com a tradição, como também quebramos o fio de sua conexão com a igreja. Como alguém que pratica amor livre pode ir à igreja toda semana e ouvir o discurso sobre as maldades do sexo? Ou entrar no confessionário apenas para mais uma vez confessar sobre comportamento sexual, mesmo após a última semana cumprindo penitência por esse motivo?

Já que nossas autoridades religiosas não estão aptas para viver seus próprios padrões no que se refere à conduta sexual, nós também pensamos ser certo pretender uma coisa e fazer outra.

As gerações "amor livre" revelaram a sociedades inteiras um esclarecimento dos conceitos que necessitam de revisão, mas não necessariamente para as razões corretas ou sem consequências. Uma coisa que ficou óbvia foi que o sexo para o propósito do sexo deixou caminhos profundos de dor e solidão debaixo da vanglória da independência sexual. Apesar de muitas pessoas aprenderem a desligar-se ou bloquearem o emocional do ato sexual e perseguirem-no por puro prazer, elas frequentemente se encontram abandonadas e vazias. Devido a isso afetar toda nossa existência, a energia sexual precisa ser misturada com frequências espirituais e emocionais para trazer à realização seu potencial poderoso – sem o desequilíbrio normalmente criado.

Você não pode se envolver no sexo sem conteúdo emocional, a menos que feche o seu plexo solar/área do estômago, que é o centro fisiológico do Corpo Emocional, para se proteger de uma conexão com seu parceiro. Isso, na verdade, bloqueia circuitos de energia vital por todo o corpo e causa reações negativas – depressão, tristeza, autojulgamento e vazio.

As correntes sexuais ascenderam naturalmente em travessias energéticas por meio do plexo solar, coração, área do coração e dentro dos centros superiores. Pare e pense por um momento. Você sabe com o que esse sentimento se parece. Essa é a sensação latejante que abre todo o seu corpo, dissolvendo o medo e a separação. Você esquece que precisa se proteger da intimidade e, por um momento, sente uma profunda unificação. Se puder ir além, você pode engrandecer sua experiência sexual o suficiente, de modo que ela leve você a estados extáticos que são realmente espirituais por natureza!

Parece necessário entendermos a sexualidade sob uma perspectiva mais holográfica do que apenas sua lei. A sexualidade é uma energia multifacetada, e seu prazer, impulso e poder sobre nós são sustentados por nossos corpos sutis, Primordial e Emocional. O Corpo Primordial é a força da procriação que não entende limite de idade ou geração. Ele reconhece todas as nuanças sexuais como representações potenciais de procriação e até mesmo além da possível gravidez, espera pela união de nossos mais essenciais elementos do *yin* e *yang*.

O Corpo Emocional tem acesso a memórias celulares e a funções pela associação e conclusão. Ele pode ser, de maneira inexplicável, atraído por alguém e nos levar para todas as formas de embaraço através dos sentimentos de conexões poderosas e profundas. Apesar de ele não poder decifrar a fonte desses sentimentos, ele presume um elo sexual, porque essa é a energia mais forte que ele reconhece.

A conexão pode ser uma referência cruzada aos sentimentos emocionais dos antepassados de alguém que ocorreu na concepção ou nos estágios anteriores da vida quando a criança primeiramente se tornava consciente das energias sexuais. Essa mesma energia é então projetada sobre a pessoa por conta de alguma postura ou similaridade que causa uma associação ao antepassado e às memórias da infância. A conexão mais provável é uma memória multiencarnacional, na qual reconhecemos alguém com quem temos um carma profundo. Eles podem então ter sido um amante ou parceiro, e inconscientemente tentamos repetir essa memória preservada com eles. Essas memórias psicogenéticas surgem de nossos DNAs espiritual e emocional, e não são facilmente desalojadas, mesmo quando resultam em divórcio ou desarmonia.

Os principais buscadores espirituais, por meio dos séculos, praticaram técnicas sexuais/espirituais sem a elevação do Corpo Emocional em frequências superiores necessárias para se opor ou sustentar essas energias no corpo. Negar as marcas energéticas emocionais pode tê-los ajudado a alcançar certo grau de desapego do esclarecimento, mas o resultado era uma pessoa isolada da vida em todo o seu nível humano. Essa pode ter sido a intenção deles em primeiro lugar, mas o objetivo de vida em nosso tempo é trazer as energias superiores para dentro do corpo, não remover da vida o Eu de um ser. O Corpo Emocional é suscetível de frequências superiores, e precisamos nutri-lo e treiná-lo para trazer a nossa conexão à Fonte Divina, por meio de oitavas do êxtase, entusiasmo e felicidade. Os três componentes, emocional, sexual e espiritual, permitem a mistura perfeita para um tipo de sexualidade que ainda não foi utilizada como atributo unicamente humano.

O nosso diálogo sobre sexualidade pede uma compreensão superior em todos os níveis. É importante explorarmos a sexualidade na sua totalidade como uma marca energética que tem um objetivo nos níveis físico, espiritual e emocional. Cada um desses níveis sexuais se conecta ao resto. Falo da sexualidade como uma corrente de energia que se move por meio de todos os níveis do corpo e sua sutil equivalência. Por ela ser um aspecto inerente à força vital do corpo, está presente desde o nascimento até a morte, quer estejamos conscientes dela, se a aprovamos, ou não.

As crianças têm essas correntes elétricas difusas por todo o corpo até que as glândulas principais iniciem a ativação da mensagem de certos hormônios na puberdade, quando a energia começa a focar na gônada ou órgãos sexuais. Após a puberdade, as correntes sexuais instáveis criam profundos distúrbios nos corpos físico, emocional e espiritual.

A palavra sexo, para a maioria das pessoas, descreve apenas um aspecto da sexualidade que se refere ao engajamento na conduta sexual – através da área genital. É verdadeiramente uma ilusão pensar que alguém pode "fazer sexo" com outra pessoa por casualidade, como tomar um xícara de chá, sem mais repercussões do que um momento de liberação ou satisfação. Esse nível do sexo é tão básico que não representa muito mais do que o conforto limitado do ser.

Devido à energia sexual ser o veículo da materialização potencial, ela não é uma frequência dimensional, mas particularmente um entrelaçamento confuso de energias físicas, emocionais e espirituais. Na realidade, “uma noite apenas” poderá deixar marcas energéticas por até nove meses. Os dois campos de energia dos parceiros permanecerão mesclados por pelo menos 48 horas. As correntes emocionais se unirão, assim como uma anfitriã sutil das energéticas bioquímicas, mesmo que eles não sintam emoções verdadeiras um pelo outro. Não importa quais emoções armazenadas em nosso repertório emocional podem ser transferidas para o outro. Se um dos parceiros tem uma relação sexual contínua ou breve com um terceiro, essas energias também serão misturadas dentro do pote!

Não temos defesas para bloquear as energias de parceiros sexuais ou familiares. O que isso significa? Significa que nos tornamos um ao outro a uma certa extensão. Essa é a razão pela qual muitas pessoas se sentem estranhas, cansadas ou confusas após o sexo. Reconhecendo isso, é fácil ver por que as pessoas juntam esses sentimentos à vergonha e culpa. Elas são expostas a energias que não são naturalmente delas. A experiência imediata pode desaparecer da consciência, mas seu corpo conterá a assinatura energética durante todo o instante. Relações extramatrimoniais são acobertadas apenas porque nós não queremos enfrentar o que já sabemos ser verdade.

Parece que agora estamos em um local de compreensão do corpo humano suficiente para estarmos aptos a mexer com o fluxo da energia sexual de modo que ela preencha todo seu potencial. Estamos prontos para explorar nossos componentes espirituais? Apesar de existirem fracos traços de compreensão sexual/espiritual eles foram tranquilizados por centenas de anos.

Mestres orientais ensinam como receber a pura kundalini

(energia de força de vida cósmica) do seu lugar nos centros de energia inferiores, na base da espinha, e direcioná-la no corpo para os centros superiores de consciência na cabeça. Isso efetivamente ultrapassa a atividade puramente sexual dos próprios órgãos genitais. Algumas religiões também focam em contornar a ação sexual proibindo seus sacerdotes e monges de ter contato sexual com alguém. Há uma profunda diferença entre as duas. A primeira harmoniza a corrente sexual e todo o seu potencial com energias superiores, enquanto a outra suprime todo o seu reconhecimento na abstinência e oposição à relação Divina buscada por ambos.

Existe ainda uma terceira possibilidade sexual que concentra o ato sexual no diálogo com o Divino. É chamada de Tantra. O Tantra é uma revelação iniciada há milhares de anos na Índia. Adota a sabedoria do corpo como um veículo para alcançar o esclarecimento Divino. As formas e seguidores do Tantra são tão variados quanto suas práticas da disciplina física sexual e mental. O Tantra honra o Feminino sagrado, assim como as deusas de antigamente, e, na maioria das práticas, esse honrar inclui o ato sexual como o limiar nos espaços Divinos.

O Tantra é recusado por muitas pessoas, que consideram o uso impróprio das energias sexuais, degradado pelo pretexto grosseiro da espiritualidade, enquanto na verdade as ações dos partidários sejam simplesmente sexo promíscuo. Entretanto, qualquer um que estudar o conceito do Tantra será inspirado a elevar suas energias sexuais para uma oitava superior. A sabedoria tântrica é verdadeiramente profunda em sua arte de tecer a fisicalidade sexual na infinita teia da espiritualidade Divina.

Conforme as duas se misturam, trazemos a Força de Deus mais diretamente para os mundos humanos, e nossa própria percepção consciente é elevada para encontrar o cosmos, de tal maneira a nos ajudar a enxergarmos que fazemos parte dele.

Essas oitavas inclusivas da felicidade extática poderiam levar você para o que eu chamo de “orgasmo cósmico”. O êxtase orgásmico vai além de qualquer percepção corporal normal, e nem sempre necessita de um parceiro ou atividade sexual. É o tipo de experiência que muda todos os impulsos sexuais por toda a vida.

Vamos começar uma nova era da expressão sexual na qual somos verdadeiramente nós mesmos – sem a ação da culpa, medo ou vergonha. Sejamos conscientes de que nossa energia sexual é misteriosa e Divina, e que essas qualidades podem ser misturadas em uma experiência física, de modo que por meio da expressão sexual sejamos transformados. Façamos amor com delicioso prazer, com nosso coração e com o propósito da unificação. Vamos mais uma vez utilizar nossa energia sexual como um caminho para a Fonte Divina!

Evolução

1. Observe seus medos mais profundos sobre a sexualidade e Deus. Libere-os de seu corpo. (Consulte o capítulo 12, A tecnologia da consciência: exercícios.)

2. Torne-se consciente de por quem e onde você foi educado com marcas negativas sobre a sexualidade.

3. Identifique seus conceitos prévios e libere os que você realmente sabe que não são verdadeiros. (Consulte o capítulo 12, A tecnologia da consciência: exercícios.)

4. Pratique tornar-se consciente de suas correntes sexuais e sinta-as, despertando seu coração e consciência superior.

5. Pratique entender o seu parceiro sexual como parceiro Divino e espiritual.

6. Permita que o ato sexual lhe abra para a unificação do espírito, e o estenda para que seja vivenciado como uma unificação com o cosmos. O orgasmo cósmico está disponível para todos nós.

7. Imagine suas energias sexuais levando-o para mundos nos quais você seja uma parte da Fonte Divina.

Parte Três

O Potencial

Capítulo Onze

SEGUINDO SEU PRÓPRIO REPERTÓRIO ESPIRITUAL

SEGUINDO SEU PRÓPRIO REPERTÓRIO ESPIRITUAL será uma exploração fascinante de nossas raízes espirituais, e vai ajudá-lo a enxergar vários aspectos de seu Eu familiar e cultural, dos quais você pode não estar consciente. Ao fazer isso, você abrirá novas vias do diálogo espiritual dentro de si mesmo e também com seus parentes. Você ajudará todos a seu redor por meio desse processo. Ao falar com os membros de sua família, você realmente ficará surpreso sobre os conceitos e sentimentos religiosos deles. Se você os aborda com curiosidade, "ouvindo" pensamentos, sem censuras ou argumento intelectual, pode ser aberto todo um novo tipo de comunicação, que iluminará um conclave profundo de seus verdadeiros sentimentos e como você veio a ser o que é.

O objetivo não é encontrar defeitos em sua família, cultura ou religião, mas sim ajudá-lo a enxergar o que você quer escolher e o que você quer libertar em termos de seus próprios valores espirituais. Conforme você passa seu tempo com eles nesses diálogos, você começará a detectar as diferenças entre o que eles herdaram psicogeneticamente ou foram educados, e a própria sabedoria espiritual deles.

Pense sobre seus parentes em termos de crenças religiosas. Como as várias religiões são representadas na sua árvore genealógica?

Descubra como sua família utilizou a religião em sua vida. Eles eram ativamente religiosos ou meramente membros de uma religião? Você é consciente sobre qualquer preconceito em relação a outros grupos religiosos em sua família?

Comece com seus bisavós:

Investigue o histórico religioso.
Eles seguiram os mandamentos religiosos de seu tempo? Passaram sua vida em um lugar ou se transportaram para novos lugares ou culturas?
Eles sofreram ou brigaram por conta de suas crenças religiosas?
Odiavam ou temiam qualquer outra religião?

Avós:

Os avós carregam o ki espiritual (energia) que é passado – saltando uma geração – para seus netos. Independentemente se você os tenha conhecido ou não, o dom passado por eles a você é de natureza espiritual.
Investigue sobre a religião deles. Existe alguma história que você tenha ouvido sobre a vida deles que possa ser relacionada ao sistema de crenças religiosas ou experiências deles?
O que seus avós disseram a seus pais sobre Deus?
O que seus avós disseram sobre Deus?
O que seus pais disseram a você sobre as crenças religiosas ou experiências de seus avós?
Quais eram os aspectos culturais de seus feriados religiosos etc.?

Pense sobre seus pais:

Eles são da mesma religião?
O que eles lhe disseram sobre Deus?
Quais são seus preconceitos religiosos?
Eles o faziam ir à igreja?
Eles lhe perguntaram se você queria ser crismado?

Você se lembra de qualquer observação que eles tenham feito sobre outras igrejas ou religiões?
Eles estão preocupados com relação a religiões e culturas muito diferentes?
Você ou seus pais são ateus ou agnósticos?
O que isso significaria para você?

Pense sobre sua própria história espiritual:

Questione-se sobre a fonte de suas crenças religiosas.
Quem mais o influenciou em termos de religião?
Quem infundiu em você o medo de Deus?
Quem o ensinou sobre pecado e inferno?
Foi ensinado a você que poderia haver um castigo por seus pecados?
Quem o ensinou sobre salvação?
Você continua praticando a religião a qual você foi inicialmente exposto?
Você se casaria com alguém de outra religião?
Você já se sentiu constrangido ou envergonhado por praticar sua religião?
Você mudou de religião nesta vida?
Você secretamente desprezou ou temeu a outros cujas crenças religiosas eram diferentes da sua?
Você sentiu qualquer conexão direta com o Divino? Sob quais circunstâncias isso aconteceu?
Você sente uma conexão maior em um local religioso, como uma igreja, ou na natureza?
Você acha que existe uma diferença entre religião e espiritualidade?
Você reza? Diariamente ou quando se sente amedrontado?
Questione-se sobre seus mais profundos conceitos prévios.
Quais são os conceitos religiosos que mais o influenciam?
Você acha que sua relação com Deus é afetada pelo fato de você ser do gênero masculino/feminino?
Você vê Deus como um homem, Deus Pai?

Você acha que existe um Deus particular que está vigiando sua vida?
Você reza para que Deus o recompense por rezar?
Você acha que os outros são Divinos, ou apenas o são as pessoas religiosas especiais como os santos?
Você acha que padres ou pastores estão mais próximos de Deus do que você?
Você se sente influenciado pelos sermões?
Você vai à igreja por si mesmo ou porque os outros esperam que você vá?
Você participa de serviços religiosos na maioria das vezes em feriados ou regularmente?
Você permanece focado na igreja, ou adormece, ou fica pensando em problemas pessoais durante os sermões?
Você aguarda ansiosamente pelo seu dia de adoração?
Você acha que Deus o está ouvindo e vigiando?
Você sente que Deus o está castigando por meio de todos os aspectos difíceis de sua vida?
Você acredita em reencarnação?
Você acha que escolheu esta vida?
Você sente que o carma é retribuição?
Você acha que o esclarecimento vai libertá-lo do círculo do carma?
Você quis vir ao mundo?
Você poderia se imaginar como uma autoridade religiosa nesta vida ou em qualquer outra?
Sei que algumas dessas perguntas vão fazê-lo refletir profundamente. Ouça o primeiro pensamento que vier e então você saberá o que é realmente verdade para você, quer você divulgue as respostas para mais alguém ou não.

Anotações para Seguir
seu Próprio Repertório Espiritual

BISAVÓS

BISAVÓS

Anotações para Seguir seu Próprio Repertório Espiritual

AVÓS

Anotações para Seguir seu Próprio Repertório Espiritual

AVÓS

Anotações para Seguir seu Próprio Repertório Espiritual

PAIS

Anotações para Seguir seu Próprio Repertório Espiritual

PAIS

SUA PRÓPRIA HISTÓRIA ESPIRITUAL

SUA PRÓPRIA HISTÓRIA ESPIRITUAL

Capítulo Doze
A TECNOLOGIA DA CONSCIÊNCIA: EXERCÍCIOS

A TECNOLOGIA DA CONSCIÊNCIA: EXERCÍCIOS, é o capítulo mais importante deste livro. Oferece uma passagem por meio das frustrações que todos nós sentimos sobre o diálogo de Deus, e nos mostra exatamente como podemos mudar através da estrutura de Exercício na Consciência. Em nosso coração, sabemos que aquelas guerras de Deus, em qualquer nível, não são o que somos. Nossas crenças religiosas fanáticas nos levaram a emoções negativas e desarmonia. Elas nos dizem: "Nunca fale socialmente sobre política ou religião", mas chegamos a um ponto onde não apenas precisamos falar, mas mudar a forma como essas coisas influenciam nossa vida.

Talvez sintamos um conhecimento espiritual, mas não podemos nos mover da arena mental para uma de experiência profunda, e sabemos que estamos presos ao pântano de nosso histórico religioso, sentindo-nos indefesos para sermos livres. Podemos nos acobertar no conforto de nossa fé ou de nossas crenças, mas durante esse tempo sentimos um bloqueio estático nos separando de uma energia poderosa que sabemos existir em algum lugar. Queremos alcançá-la, e, ao mesmo tempo, ficamos aterrorizados até mesmo em questionar se ela existe.

Todos nós queremos viver em um mundo espiritual mais iluminado, mas não sabemos como fazer as mudanças necessárias. Nunca encontramos uma passagem pela nossa mente ou nossa religião para um lugar de claridade e conexão com nossa própria verdade espiritual. A maioria reside apenas do outro lado de nossa percepção consciente.

Criei essa "tecnologia da consciência" para realmente nos ajudar a liberar os bloqueios que nos impedem de sermos livres de um sistema de crenças restritivo e dos medos produzidos em nós. Alcançaremos isso parcialmente pela limpeza das lembranças armazenadas em nosso corpo.

A memória não é apenas fechada dentro dos centros do cérebro, mas, na verdade, cada um dos trilhões de células em nosso corpo tem mente, e, portanto, memória. A mente da célula é como um computador infinito que grava experiências enormes e nuanças por meio de nossas muitas faculdades sensoriais. Elas são, na verdade, todas armazenadas como memória celular.

Existem pontos infinitos dentro da matriz de nosso corpo multidimensional colocado em funcionamento pela associação e referência codificada, que projeta não somente nossos genes, mas também a estrutura de nossa realidade. Podemos acessá-los consciente e energeticamente para nos libertar daqueles que nos mantêm nos padrões cármicos repetitivos.

Você pode achar que não se lembra da primeira vez que foi à igreja ou ouviu a palavra "Deus", mas você se lembra. Você pode achar que seu passado está perdido em um *contêiner* fechado que nunca pode ser reaberto, mas ele pode ser facilmente aberto, e está orquestrando suas escolhas agora mesmo.

Seu corpo vai ajudá-lo a abrir seus bancos de memória e revelar seu conteúdo, de modo que se torne livre de uma vida regrada pela associação e repetição. Primeiramente, resgataremos lembranças que vão ajudar a libertá-lo, e então vamos torná-las claras para que elas não possam mais ser as manipuladoras silenciosas de sua vida. Essas lembranças que repetem o passado, magnetizam o presente e projetam o futuro.

O corpo físico é feito de luz e, portanto, a luz é a melhor linguagem de comunicação entre nossa consciência e a mente da célula. Quando o DNA se replica, ele usa a luz ultravioleta em um meio líquido. Cada cor de nosso espectro visível é uma frequência de luz com sua própria velocidade e comprimento específicos.

Quando você pergunta ao seu corpo qual cor ele precisa para dissolver uma lembrança, libera um conceito prévio ou um sentimento, ele vai lhe mostrar um tom exato ou matiz da cor que ele precisa. Ele pode lhe mostrar uma cor e então outra, duas cores de uma vez, ou um arco-íris inteiro. Você pode testemunhar opalescência, iridescência, ou mesmo perceber frequências de luz que, na verdade, não existem em nossa realidade "normal".

Você não tem que ver as cores; você pode ouvir as palavras ou até mesmo senti-las. Se você ouvir ou ver o preto, peça novamente por uma luz específica, já que o preto não é uma cor. É uma energia que carece de luz e arrasta a luz em direção a ela. Frequentemente, um lugar que contém energias negativas aparecerá preto porque não há luz ou consciência dentro dele. Nós também não utilizamos a frequência do cinza porque ela amplifica uma energia que está morrendo, depressiva e pesada. Se for um prateado, vai fornecer uma frequência galáctica acelerada, que é excelente. O corpo é um mestre em termos de frequência de luz, e você pode confiar nele implicitamente para lhe mostrar exatamente o que você precisa. O truque é não tentar escolher pelo corpo, mas deixá-lo instruí-lo.

Seguiremos por meio do primeiro Exercício na Consciência utilizando um tema, e então você poderá praticar o modelo utilizando qualquer questão que seja relevante a você. Não leva muito tempo, mas você precisa estar em algum lugar sozinho para que não seja perturbado por um tempo curto.

Antes de acessarmos nossa memória religiosa, trabalharemos por um momento no corpo, apenas como aquecimento, de modo que você possa realmente confiar nele para levá-lo dentro de experiências e memórias. Leia do princípio ao fim os exercícios diversas vezes ou mesmo grave, para que você possa saber exatamente o que está fazendo.

Primeiro, feche seus olhos e inspire profundamente para permitir que sua consciência se volte para dentro.

Depois, peça ao seu corpo que lhe mostre onde você guarda o medo de Deus. (Mesmo que você pense que não guarda, você pode estar certo de que carrega esse medo psicogeneticamente.)

Você pode sentir uma sensação em algum lugar de seu corpo ou órgãos internos, você pode ouvir o local ou vê-lo com seu olho da mente.

Leve a sua consciência para esse lugar e torne-se consciente do medo. Permita-se tocá-lo. Ele é apertado, escuro, pesado?

Pergunte ao seu corpo qual cor ele precisa para liberar esse medo de Deus. Pegue a primeira cor ou cores que vierem a sua mente e imagine que você as está absorvendo para um local dentro de seu corpo e que essa bela frequência de luz está limpando o medo. Deixe a luz absorver o medo até que você sinta uma mudança.

Agora pergunte a seu corpo onde ele guarda um sentimento de amor ou conexão com a Fonte Divina.

Novamente, traga sua consciência para um local em seu corpo e imagine abrir o encapsulamento de energia de modo que comece a fluir em cada célula de seu corpo. Então, estenda isso de você para o mundo. Imagine-o entrando em qualquer situação, pessoa, local que necessita dessa conexão Divina.

Peça que seu Eu Superior lhe mostre um atributo espiritual positivo que você possua.

Pode ser um sentimento de compaixão, amor, generosidade, cuidado com a natureza etc.

Pergunte ao seu corpo onde você guarda tal atributo.

Traga sua percepção consciente para esse local e imagine que você pode abri-la para que a energia espiritual inunde cada célula de seu corpo.

Como você pode ver, esses Exercícios na Consciência podem utilizar tanto um foco negativo quanto positivo, a fim de reequilibrar a marca religiosa. Você está pronto para praticar esses exercícios e fazer mudanças em sua vida? Lembre-se que o reequilíbrio trará um novo sentido de graça porque eles não dizem respeito à confusão na mente, mas sim a um novo tipo de paz dentro de você que vai lhe abrir para a evolução de Deus como parte de sua própria jornada da Alma.

Aqui estão alguns outros temas importantes para se explorar:

Onde eu guardo o medo de outras seitas ou religiões?

Lembre-se de que você pode não ser consciente desses medos ou preconceitos porque eles foram herdados de ancestrais, e eles estão abaixo de sua percepção consciente. Não resista a eles. Simplesmente peça para que o seu corpo lhe mostre onde eles estão e focalize o local.

Vasculhe todas as religiões que você se lembre do nome e guarde cada uma delas no olho da mente. Peça para seu Eu Superior lhe mostrar um conceito prévio negativo que você precise esclarecer sobre religião, nesse momento. Por exemplo, os cristãos são os únicos justos, os muçulmanos violentos, os hindus ritualistas, os judeus os "escolhidos" etc.

Suas conclusões sobre outras religiões podem ser resultados de memórias celulares remetendo a antigas culturas ou lugares que deixaram resíduos em sua psique.

Peça ao seu Eu Superior para lhe mostrar algum lugar ou cultura que você precise esclarecer.

Peça que o lugar ou cultura se forme no seu olho da mente. Você poderá observar rituais de oração, um rosto, uma paisagem etc.

Pergunte qual cor eles necessitam para serem liberados.

Projete essa cor internamente e irradie-a externamente para eles até que desapareçam.

Você poderá se surpreender com o que virá em sua consciência. Seus conceitos prévios podem ser oriundos de marcas psicogenéticas infundidas profundamente dentro de seu ser por sua família, cultura ou religião. Você pode até mesmo achar que não acredita nessas perspectivas. Todos nós gostamos de pensar que estamos livres de preconceitos, mas não estamos. Mesmo assim, eles estão dentro de nós e podem influenciar nossa vida – e, na verdade nosso mundo!

Torne-se consciente de seus pensamentos negativos. Você pode, de fato, ouvir a si mesmo pensando-os. Então, faça esse Exercício na Consciência para esclarecer não apenas o conceito prévio, mas para alterar o padrão de consciência.

Pergunte ao seu corpo onde está guardado esse conceito prévio negativo.

Pergunte qual é a cor necessária para liberá-lo.

Imagine que você está absorvendo tal cor para dentro do local onde o conceito prévio negativo está preso e deixe a cor dissolvê-lo.

Do mesmo modo, esclareça culpa, salvação, dignidade, pecado e indignidade. Existem muitas palavras que descrevem temas religiosos que você pode liberar.

Quando estou trabalhando com as pessoas para liberar seus temas religiosos, pergunto a elas quais são os conceitos prévios que elas têm sobre si mesmas. Deus, "indignidade" e não ser "suficientemente bom" são os principais temas.

Outro tema a ser observado é o de agradar a Deus. Peça ao seu Eu Superior para iluminar suas conclusões e necessidades inconscientes sobre como agradar a Deus e então limpá-las de seu corpo.

Os temas mais esotéricos como reencarnação e medo do galáctico também são importantes.

Peça ao seu corpo para levá-lo para dentro de qualquer memória ou experiência nesta vida em que você tenha sentido medo do galáctico (*aliens*, extraterrestres). (Uma cena atemorizante em um filme ou livro pode vir à mente, ou algo que alguém lhe contou, ou até mesmo uma experiência direta de energias galácticas ao seu redor – abdução ou contato.)

Permita-se entrar em cena e perguntar qual foi o conceito prévio ou conclusão que chegou a você, ou seja, o galáctico iria machucá-lo? Iria dominá-lo?

Pergunte ao seu corpo onde você está guardando esse conceito prévio no seu corpo.

Pergunte qual cor aquele local precisa para liberar o conceito prévio.

Projete esta cor dentro da área e enfraqueça o conceito prévio.

Pergunte ao seu corpo onde ele está guardando o episódio inteiro com todas as suas imagens e sentimentos.

Pergunte qual cor ele necessita para liberar a lembrança inteiramente para que ela não seja um ponto de referência ou repetição.

Um adjunto adicional desse exercício e todos os temas onde outro ser seja parte da equação, é liberá-los para que você saiba realmente que não é vítima ou preso por ninguém, mas por si mesmo.

Pergunte àquela pessoa (Deus, o diabo, o galáctico), qual cor vinda de você ela necessita para entrar em equilíbrio e harmonia em sua vida agora.

Projete essa cor a partir do cosmos através do topo da sua cabeça e envie-a para fora do seu plexo solar em direção a eles. Imagine um *laser* dessa luz entrando neles e desaparecendo do seu olho da mente.

Agora, inspire profundamente e projete a luz branca do cosmos, da mesma forma, descendo pelo topo de sua cabeça, preenchendo seu corpo e se estendendo pelo seu plexo solar.

Isso limpa sua consciência para que você possa se elevar em uma consciência superior e sentir a leveza que vem da utilização do poder da escolha para criar sua vida.

O conceito para "A Evolução de Deus" veio a mim muitos anos atrás quando começamos a ver que as pessoas que vinham à Igreja da Luz Sagrada em busca de direcionamento espiritual estavam em conflito sobre quem eram elas em relação a Deus. Projetei um processo de esclarecimento utilizando o formato multiencarnacional usado por nós no Instituto da Luz de Galisteo, para que elas pudessem acessar conscientemente a fonte de seus dilemas espirituais. Nossa exclusiva tecnologia de consciência permite à pessoa observar vidas com relação a questões espirituais. Temas de esclarecimento sobre Deus, anjos, sofrimento, hereges, religiões, morte, místicos, ascensão, transcendência etc., são realmente sensacionais quando vividos dentro de uma cena que expressa o holograma de nossa realidade. (Consulte o capítulo 13, Deus e Reencarnação.)

Capítulo Treze

DEUS E REENCARNAÇÃO

UMA GRANDE PARTE DA POPULAÇÃO DA TERRA considera a reencarnação um ingrediente plausível para a jornada da Alma. Se nós detestamos finais, ou se simplesmente ressoamos com a infinidade da evolução, estamos começando a ver que uma única vida humana não é nem mesmo uma intermitência no grande pulso cósmico. Queremos mais do que uma, e nossa consciência estendida está nos mostrando que essa é uma visão inteligente. Sabemos que temos muito para aprender e podemos notar um objetivo de viver em múltiplos como um formato para o crescimento nas oitavas, além de nossa própria vida. Não é simplesmente estar vivo por um momento e então ser destruído sem outras escolhas, mas sim, o possível eco genético nas gerações futuras.

Se considerarmos o espiral da evolução, poderemos ver que uma vida pode não apenas tocar o futuro, mas, na verdade, conectar o futuro ao passado por conta da sua própria essência de disseminação material, criadora de uma espécie de canal de energia magnética que atrai energias relevantes para ela. Podemos, de fato, alterar o futuro, mudando os restos do passado cristalizados em nossos padrões psicogenéticos.

Um dos obstáculos para nosso esclarecimento do cosmos é a nossa confusão da linearidade e a constrição do tempo em uma sequência contínua. É quase impossível para compreendermos que "vidas passadas" estão continuando agora – que o tempo pulsa e é espacial, mas não simplesmente um fio linear. As encarnações se ondulam através da causa e efeito das leis do carma, o que significa que eventos individuais em nossa vida são simplesmente pontos de referência dentro da matriz da terceira dimensão vazando para dentro e fora de realidades absolutas.

Marcas energéticas sutis de toda uma vida podem se destacar como um efeito acumulativo, parecido com genes recessivos, e alterar o curso da realidade. Espiritualmente, esta pode ser tão positiva quanto aquelas características que sustentam inteligência, amor ou poder, e pode, de forma gigantesca, facilitar a justaposição espontânea de um ponto no holograma das encarnações por outro. As experiências, dons de sabedoria, sistemas de crença e composições emocionais daquelas vidas inteiras estão conosco hoje em dia. Se acessarmos suas fontes, encontrando e liberando aquelas vidas, podemos filtrar ou dispersá-las para nosso benefício. A oportunidade espiritual é extrair a mais elevada oitava do potencial e objetivo de qualquer situação e marcá-la como um atributo essencial.

Do mesmo modo que nossa infância coloca os perímetros de quem pensamos que somos no presente, as marcas do “passado” revivem por meio da repetição, até que estejamos habilidosos ou nos tornemos habilidosos por meio de nossas experiências – independentemente do número de personificações. Elas se repetem não porque estamos presos a temas inacabados, ou presos pelo castigo de ações passadas, mas porque as energias negativas são muito fortes magneticamente e atraem repetidamente ideias similares: “semelhante atrai semelhante”.

Você pode ver as diversas leis em vigor nessa vida presente. Pense como muitas vezes você experimentou a rejeição, o desapontamento ou a perda. Os temas recorrentes trazem certas conclusões que fazem você dizer a si mesmo: “Veja, isso sempre acontece”. Suas expectativas naturais são a causa real de suas experiências, porque você as está atraindo através da área limitada de probabilidades declaradas.

A maioria dos conceitos sobre a reencarnação está presa na teia limitada de um unidimensional negativo comparando o bem contra o mal e a retribuição implícita da “maldade” de nossos caminhos. O que guardamos em nossa mente ou acreditamos, é o que reforçamos ou damos forma. Desse modo, a mitologia do passado é recriada como realidade na terceira dimensão presente. É hora de tirarmos a reencarnação dos termos simplistas de culturas e crenças religiosas passadas, e vê-la pela luz de nossa consciência presente. Pensamos na reencarnação pela visão do corpo, mais do que da Alma. Se pudermos ver esses valores em termos de evolução da Alma, poderíamos promover nossa consciência em saltos catapúlticos. A reencarnação e o renascimento devem ser incluídos em qualquer diálogo sério sobre Deus, porque nós simplesmente não podemos perceber o escopo do Divino pelo pequeno olho mágico de um corpo, ou controlar as leis cósmicas sem uma perspectiva mais amplificada.

A ação e reação estão presas juntas por um fio cósmico que não é cortado pela morte. Os eventos de outras vidas nos perseguem mesmo dentro de encarnações futuras da Alma. Suas marcas estão gravadas em nosso DNA espiritual e emocional, assim como em nosso DNA físico, e nos encontram em qualquer ambiente ou corpo que habitamos. Não que possamos ou devemos escapar delas, mas, particularmente, elas fornecem as janelas para dentro dos mecanismos evolucionários que podem nos libertar do aspecto "monótono" da reencarnação.

Não estou dizendo que se aprendermos todas as nossas lições e nos tornamos desapegados da realidade mundana vamos nos livrar do círculo do carma e não mais encarnaremos. Essa é uma concepção errada passada adiante de todos os ângulos dos ensinamentos espirituais. A esperança de ser liberto das amarras da existência é como uma visão de dentro de um cubículo. Não podemos ver que o externo está misturado com o interno.

O cosmos sempre será dependente da questão de emoldurar o absoluto. Sempre existiremos. Buda disse: "A vida é sofrimento". Comparado ao nirvana, ao vazio? Apesar disso, temos nossos momentos – na beleza da natureza, ao fazer amor, dar à luz, no silêncio da meditação etc. Estendemos energias poderosas dentro do oceano cósmico. Por meio da consciência desperta estamos aptos a utilizar o poder da transfiguração de um nível da existência cósmica para outro com a graça da maestria. É o nosso potencial verdadeiro, e podemos começar agora! A personificação pode ser o "paraíso na Terra". Isso ocorrerá quando a consciência humana puder armazenar a percepção em hologramas multidimensionais.

O dogma cristão resiste à reencarnação, pois isso parece contrário ao paraíso. A ideia de que o paraíso é eterno, ainda que "merecido" em uma vida é pouco improvável. É a usual sedução de que se você for bom, viverá para sempre na "casa do Senhor". O paraíso foi imaginado como um lugar para onde vamos conforme as personalidades que reconhecemos neste momento. Se você é um homem, você residirá para sempre naquele corpo no paraíso? Se você está no corpo para aprender, por que vivenciaria apenas metade de sua equação genética? Se você é uma mulher, onde está a lição do masculino? Por que é tão difícil sairmos de nosso corpo e nos vermos como Almas – sem a crua divisão de masculino e feminino ou a personalidade emocional do presente?

Nossa insistência de "lugar" é uma preferência limitada da perspectiva humana de encontrar a verdade. Se o paraíso e o inferno são lugares para os quais vamos após nossa vida terrena, de que lugar viemos? Sabemos não ser do paraíso, embora possamos sentir que fomos enviados do paraíso porque ele é o único ponto focal do cosmos com o qual temos alguma mitologia. Onde, então, no diálogo do local, está nossa fonte? No futuro, estenderemos nossa estrutura de referência para incluir galáxias inteiras, e contemplaremos essa questão de um ponto de vista diferente.

Sentimos que devemos decorar a realidade com alguma espécie de substância reconhecível e visível para nos sentirmos seguros, mas nossa orientação verdadeira não vem do nosso corpo, ou de um lugar, ela vem do centro de nossa Alma. Para encontrá-la, precisamos utilizar nossa consciência para descobrir nossos verdadeiros Eus. Se o paraíso fosse um lugar de serenidade e amor, ele seria o ambiente perfeito para preparar uma encarnação. Podemos ver claramente nossas escolhas passadas e seus resultados, e colocar um plano para realizá-los em uma nova encarnação.

Eu demonstraria que esse paraíso é um estado de consciência; que pode ser penetrado a qualquer momento – não simplesmente após a morte ou antes da vida. Não somos acidentes ou corpos recém-formados sem contexto anterior. No mínimo, guardamos as perspectivas de nossos antepassados como referência dentro de nosso DNA, portanto, estamos preenchidos com o pulso progressivo da vida. A Alma tem encarnações infinitas como referência e certamente não está extinta pela morte de um corpo encarnado.

Conhecemos a Terra antes de chegarmos aqui, e existem outros lugares que conhecemos também. Os ciclos de memória e a progressão de uma realidade para outra são tão naturais à vida quanto nascimento e morte.

O renascimento é a reciclagem das energias de acordo com a lei cósmica. "A energia nunca morre, apenas muda de forma." Ela se renova, recompondo-se nas formas mais variadas.

Não é estranho contemplar a encarnação. Todos nós temos sentimentos e conhecimentos que vêm de algum outro arco do tempo que de alguma forma nos pertenceu. Eles vêm como vagas centelhas de reconhecimento que incluem todos os nossos sentidos da visão, olfato, toque, som e outros – lugares, pessoas e sentimentos são familiares sem qualquer suposição racional de por que eles o são.

Imagine por um momento que por meio de seus ancestrais, suas encarnações, e sua Alma infinita, você estava lá no passado indefeso quando Deus deu um nome para a Terra. O medo da Força de Deus teria sido introduzido gradualmente de maneira coletiva em sua tribo, e permeia todas as suas ações relacionadas a estabelecer o padrão de não descontentar a "Deus".

Essas marcas primordiais estão com você, introduzidas no passado, disseminadas por você para o futuro das gerações, mesmo além de sua personificação presente. Não apenas você pode ser o "transportador" de tais marcas, mas as próprias gerações futuras poderiam tê-las no corpo durante aquelas épocas, e, por meio da associação a você, elas foram projetadas para dentro da sua experiência de vida. Esse é um exemplo perfeito das leis do carma, causa e efeito, e por que nós, de modo persistente, retornamos ao corpo levando conosco temas que tocamos anteriormente.

As crianças parecem começar a reexecutar memórias reencarnacionistas por volta dos quatro anos, quando elas podem criar cenários inteiros, repletos com múltiplos personagens e ambientes. Os temas que elas apresentam são similares a temas adultos: relacionamento, ajuda aos outros, poder, mocinhos, vilãos etc. Se alguém estivesse dando atenção a essas vinhetas de atuação pela perspectiva da reencarnação, alguém teria um vislumbre do repertório espiritual de uma Alma residindo dentro do corpo de uma criança. As crianças são Almas totalmente desenvolvidas!

Desenvolvi técnicas multiencarnacionais no Instituto da Luz de Galisteo como forma de encobrir a verdadeira fonte de nossa saudade, nossos medos e nossos próprios atributos espirituais, sem os escombros de nossos julgamentos e registros automatizados da verdade introduzida pela cultura, religião e lar. São, agora, vinte e três anos de informação incalculável colhida de crianças, cientistas, líderes religiosos, e todo o tipo de pessoa que escolheu investigar profundamente a memória celular. O que vem a elas é o seu Eu, sem nossa sugestão ou influência.

Nosso trabalho permite limpar profundamente a partir da totalidade das emoções humanas, questões corporais e temas espirituais. Na verdade, o desejo de escrever este livro veio dos resultados surpreendentes de investigações dentro do tema "Deus". Facilitamos vidas inteiras de temas espirituais que poderiam incluir aqueles em que uma pessoa morreu por Deus, temeu a Deus, carregou energia divina no corpo, vivenciou a transcendência, encontrou sua Fonte Divina e infinitas outras que trouxeram paz e iluminação.

Explorar encarnações por meio de seus temas é um modo poderoso de aprender sobre si mesmo e sua evolução espiritual. Você pode ter um tema sobre sua relação com a Força de Deus que você expressou por muitos fusos horários, culturas ou corpos, e pontos de vista opostos. Em cada um, você pode ter desempenhado diferentes papéis dentro do tema. Você pode ter sido o seguidor devoto, o reformista, o ateu etc.

Você tem uma ideia das Cruzadas? As imagens de cavaleiros, armaduras, espadas, causam uma reação em você? O odor de rituais religiosos estimula centelhas incompletas em seu cérebro? O assustador poder do *déjà vu* lhe disse para prestar atenção quando você se encontra em algum cenário religioso? Você pode estar profundamente bem estabelecido na sua fé católica e sentir medo de outros defensores religiosos como muçulmanos, judeus ou *sikhs*. É totalmente possível que essas marcas negativas sejam seu próprio repertório de outras encarnações, bem como qualquer coisa que a você possa ter sido instruído nessa vida.

Você pode ter sido vítima da matança de outro grupo religioso no passado e o medo inconsciente continua com você. Do mesmo modo que provavelmente você possa ter sido um agressor religioso assassinando outros em nome de seu Deus. Aqueles que você feriu por seus pensamentos ou ações precisam ser reequilibrados por meio de sua percepção consciente para que você possa expandir o seu próprio holograma do potencial positivo – e, acima de tudo, libertar-se então do círculo vicioso da repetição.

Perdão é uma palavra utilizada com frequência em relação a vítimas e aqueles que fazem vítimas. “Perdoe aqueles que o ofenderam” admite um significado inteiramente novo dentro do contexto da reencarnação. De um lado está a facilidade em perdoar, se reconhecemos a possibilidade de alguém que nos feriu poder ter sido ferido por nós em outra vida. Por outro, não há necessidade para uso do perdão como uma postura fanática quando compreendemos que escolhemos todos ao nosso redor para nos ensinar as lições que selecionamos aprender. Dentro da lei espiritual, eles são nossos amigos de Alma mais próximos! Isso não significa que causar a dor é aceitável pelas leis cármicas ou que nosso sofrimento é nossa culpa. Significa que somos parte de tudo que nos acontece e que precisamos seguir esse propósito para nos libertarmos da obrigação de sermos vítimas. Podemos conhecer esse propósito somente pela iluminação espiritual de multiencarnações.

Podemos aceitar a responsabilidade de uma oitava espiritual mais fácil do que lutar para defender nosso complexo de vítima. Existe um poder reconhecível em perceber o holograma da ação e reação. Se virmos que nossas experiências nas mãos de outros estão vindo de um cenário além dessa vida, isso nos traz grande conforto e coragem para equilibrar ou liberar o que precisa ser liberto dos resíduos de nossa evolução da Alma. Conforme vivemos a vida de todos os pontos do holograma, evoluímos porque temos a totalidade da referência entre a vítima e o que faz a vítima, e todos os que atuam entre eles.

Não fique receoso por descobrir que você fez o papel de "vilão", aquele que faz vítimas. Todo mundo carrega um sentimento de culpa ou medo de ser mau dentro de si, porque todos nós temos marcas de outras vidas dentro de nossa memória celular. É um grande alívio conhecermos todos os pontos de referência, e muitas pessoas realmente apreciam expressar essas energias negativas da perspectiva de outra vida, uma vez removida do seu corpo presente. É realmente maravilhoso ver a si próprio nessas situações, e então desligar-se delas pela tecnologia da consciência. Até que sejam esvaziadas do depósito da célula, elas permanecerão com você por toda uma série de encarnações – envenenando sua realidade e trazendo dor e sofrimento para você e aqueles que você ama por gerações futuras. Você pode evitar isso! (Consulte o capítulo 12, A tecnologia da consciência: exercícios).

O que acontece ao purgatório e ao inferno dentro do potencial de reencarnação? O espírito queima no inferno por alguma parcela designada sofrimento e então reencarna novamente? Na prática, essa é a lei do carma que abre o caminho por meio de realidades totalmente sem esperança, impossíveis e dolorosas para continuar a inevitável evolução da Alma! Não, nós não "queimamos no inferno" para sempre. As ações covardes de uma vida não podem parar o pulso da infinidade e são finalmente reequilibradas por seus opostos de compaixão e bondade em outras encarnações.

Por que tememos a possibilidade de reencarnação? Toda a gama de extremos reside em nós devido a nossas muitas vidas, e aguardam somente a nossa escolha – quem nós queremos ser?

Intrínsecas a esse diálogo do renascimento estão as fantásticas possibilidades fornecidas por uma perspectiva espiritual. Se por algum despertar da consciência você pudesse reviver outras encarnações, especificamente por meio de um ponto central espiritual, você encontraria algumas nas quais você teve experiências extáticas de felicidade cósmica, experiências de paz absoluta e serenidade. O que aconteceria se você enxergasse dentro do véu da conexão astral de vidas e focalizasse seus temas em Deus e espiritualidade? Estou certa de que você passaria a enxergar além do conteúdo daquelas encarnações para níveis de essência profunda nos quais você pode encontrar um novo significado para a vida. Cada iluminação da vida ajudaria você a se lembrar da unificação que você busca dentro do seu ser.

Cada vez que você encarna, você pode selecionar um corpo, cultura e religião diferentes. Se você puder guardá-los em sua consciência, a verdade apareceria diferentemente de cada ponto de vista. O ódio, o medo e as batalhas justas em nome de Deus desapareceriam. Na verdade, a maioria do que você pensa ser verdade mudaria. Tornar-se-ia claro para você que essas vidas estão todas reverberando pela realidade, neste momento, e criando a exclusividade do seu ser. Cada atributo poderia ser vasculhado por um tipo de fonte em que você acumulou a sabedoria para dominar um tema. Existem qualidades quase infinitas que você utilizou em suas multiencarnações e que você pode ativar nessa vida.

Imagine que aquelas Almas presentes no momento de qualquer de nossos grandes avanços espirituais retornaram novamente para o corpo. Qual seria o mandamento daquelas Almas para essa encarnação? Elas enxergariam os limites de sua consciência anterior? Elas vivenciariam seus professores de uma perspectiva presente de consciência espiritual ou de outra religião? Elas escolheriam a religião? A questão mais fascinante é:

"Nós somos elas?". Se temos muitas vidas, nossa relação com a Fonte Divina pode ser diferente a cada vez, fornecendo-nos oportunidades maravilhosas de adotar nossa própria divindade por inúmeros corpos e ambientes.

Cada iluminação que chega a nossa consciência nos dá acesso a grandes possibilidades, não apenas em termos de conhecer a Deus, mas também de quem somos e o que podemos nos tornar. A informação que aguarda a consciência humana através do acesso ao repertório reencarnacional é quase inesgotável. As "Encarnações da Alma" não são limitadas à forma humana, e nem sempre ocorrem aqui neste planeta.

Muitas pessoas perguntam o porquê de se sentirem tão não iluminadas agora, se elas tiveram belas vidas espirituais. Elas desejam saber como poderiam ter conhecimento espiritual em um nível superior e agora se encontram lutando em realidades mundanas de sua existência presente. A maestria espiritual não é um caminho linear ou consecutivo. Um grande mestre espiritual pode retornar à personificação como um bêbado ou noviço para tecer um importante tema espiritual que não havia sido incorporado antes. Talvez este ser tenha compreendido a lei cósmica, mas não teve conexão com o amor ou a compaixão, necessitando de uma encarnação em outro nível do holograma da vida. Às vezes parece que estamos retrocedendo, mas estamos somente recolhendo os fios que oferecem a resistência necessária para tecer a matriz do esclarecimento.

O conceito de reencarnação tem ramificações muito além da possibilidade de personificações repetidas como um meio de evolução, ele abre nossa consciência para novas realidades que não podemos perceber de outro modo. Se mudarmos para a consciência das marcas energéticas universais, podemos notar ciclos de renascimento em novos contextos. Será que Deus, a Fonte Divina, reencarnou ou transfigurou como parte da evolução – ou nós apenas guardamos os mitos do passado, quando as pessoas eram influenciadas por visões? Estamos além da vibração de guardar sobre Deus; devemos nos abrir para as energias que chegam.

No tempo da deusa, víamos a energia como feminino. Após

os sacerdotes tomarem o comando, a Força de Deus tornou-se uma imagem masculina. Ali, Deus e todos os seus emissários permaneceram – de Buda, a Cristo, a Maomé. Estas são reencarnações de Deus ou seriam elas adornos do homem? Existem revisões de Cristo e Buda, um do outro, da forma que somos todos uma Alma ou enredamos nosso Deus ou Deuses no astral de modo que não podemos permitir sua evolução? Como seria isso agora? Parece lógico que qualquer "segunda vinda" da figura de um Deus nunca seria uma repetição do antigo. Estamos aguardando por algo que já está transcendendo.

Devemos perceber que continuamos guardando todos os nossos modelos divinos nas inúmeras roupas que eles vestiram, as culturas em que nasceram, e seus ensinamentos no encapsulamento da referência de tempo em que eles apareceram. Não exploramos suas personificações em todos os tempos e lugares. Não aprendemos a revisitá-los dentro de suas essências. Nós os descrevemos como divinos por suas manifestações, e não pela essência. Não é o brilho das luzes, as varinhas brancas brilhantes, o fogo, as nuvens (que podem sugerir ferramentas galácticas de poder) que fazem de alguém Deus. Como é interessante que o Universo *yang* equacione Deus apenas com poder, controle e até aliança! Esses são os sinais do homem não iluminado em relação a seres mais avançados – que podem não estar relacionados a ser Deus.

Não é o poder mostrado sobre problemas ou sobre a vida que torna alguém Deus – é a presença da Fonte Divina, o fundamento da origem do eu e do cosmos. Isto é Deus – e não está preso por cultura ou galáxia, mas sim por nosso reconhecimento dele – por essência – nossa particularidade!

Sairemos do esconderijo para sempre, do absoluto para mundos não absolutos, de forma que o que acumulamos pelo foco físico possa ser oferecido de volta para promover a evolução da Fonte Divina. Uma vez que esclarecermos o conceito de que a personificação é a separação de Deus, e, portanto, um tipo de castigo, adotaremos a oportunidade sagrada da personificação como a aventura fantástica que é.

Talvez o maior dom da reencarnação seja o potencial para nos libertar da obrigação do instinto de sobrevivência primário, que nos impede de expandir nossos horizontes, além do pedido para ser salvo da morte. A experiência de muitos nascimentos e mortes é a chave para superar o medo da morte, o fim da existência. Quando realmente sabemos que a consciência não está presa ao corpo, que sempre sobreviveremos, então estenderemos a mão com a curiosidade e sentimento de exploração necessários para abrir novos mundos.

Evolução

1. Libere qualquer conclusão de que você não possa acreditar no paraíso e reencarnação.

2. Limpe qualquer medo que você tenha da reencarnação. (Consulte o capítulo 12, A tecnologia da consciência: exercícios.)

3. Imagine que você está em uma encarnação na qual você é o modelo de Deus. Sinta a bondade Divina irradiando de você sobre o mundo.

4. Imagine que aqueles que você anteviu como divinos aparecem em uma nova forma e contexto. Como você os sentiria?

Capítulo Quatorze

DEUSES E GALÁCTICOS II

"DEUSES E GALÁCTICOS[1]" É UMA DISCUSSÃO que podemos apenas ter se você não discorda em explorar a possibilidade de não estarmos sozinhos no grande cosmos do Universo. Você pode imaginar as repercussões dessa nova verdade? Quando estivermos finalmente aptos a irromper as barreiras do tempo e espaço, indubitavelmente nos encontraremos no meio de outras espécies cósmicas que vão soprar os últimos fragmentos de nossas "verdades" sobre todas as coisas da ciência, da tecnologia e de Deus.

Atualmente, os cientistas estão especulando que deve haver outras formas conscientes de vida além de nós mesmos neste pequeno ponto da galáxia. Eles estão buscando seriamente, e o que eles descobrirem mudará o destino da humanidade para sempre. Num futuro próximo, confirmaremos que existem civilizações mais avançadas que a nossa, e outras menos, espalhadas ao longo dos mares de estrelas.

Essa consciência tem um significado mais profundo do que apenas o tema da supremacia ou o avanço do meio em termos de relação com outros seres cósmicos. Se olharmos para isso a partir da nossa visão de Deus, veremos que ela tem potencial para desfazer inteiramente ou alterar todos os moradores religiosos que sustentamos. No entanto, devemos olhar para as possibilidades que ela pode nos trazer. Se entendermos que somos realmente parte do vasto cosmos, podemos começar a

1 Nota da Autora: "deuses e galácticos" aparece como um capítulo em meu livro *Soul Bodies* [Corpos da alma: transcendendo o mundo físico].

vivenciar um sentimento de unificação espiritual que vai nos levar além das constrições da forma.

Nosso conceito de Deus precisa evoluir para abraçar o conhecimento da infinita Fonte Divina além da forma e referência humanas. A consciência não está enredada em nosso DNA humano. Ela não necessita de respiração, braços, pernas ou orelhas. Ela pode mover-se entre os corpos antigos e novos, ser dividida ou sobreposta em algo mais, introduzida gradualmente em qualquer tipo de matéria enquanto permeia todo o cosmos. Se pudermos começar a pensar em "Deus" em termos de consciência pura em vez do modelo de nossa própria forma, estaremos prontos para descobrir possibilidades que não vieram a nossa consciência no passado.

A Terra é apenas um dos zilhões de planetas orbitando incontáveis sóis. Os astrônomos já encontraram um planeta similar à Terra, orbitando uma estrela vermelha em um sistema solar vizinho! Não é improvável que civilizações mais avançadas do Universo tenham aperfeiçoado e unido suas consciências em corpos similares ou totalmente diferentes dos nossos. Seriam eles deuses? Apenas de nossa limitada e comparativa perspectiva. Ainda não alcançamos o horizonte da consciência, então procuramos em nosso céu galáctico por possíveis duplicatas de nós mesmos – terra, água, ar e a matriz de carbono. Conforme entendermos que a vida pode existir em formas radicalmente diferentes, e não baseadas nos mesmos pré-requisitos da vida na Terra, vamos nos abrir para a brilhante consciência de que outros também estão livres de tais limitações.

Conforme nosso conhecimento se expande, podemos descobrir que o que foi concluído era que o "único Deus" não é mais do que um "Senhor" galáctico com o minúsculo domínio de nosso quadrante solar. Ao abrirmos para essa consciência, poderemos começar a ver o centro de nossa relação e definição de Deus por meio de perspectivas inteiramente novas.

Talvez nos tenhamos agarrado ao tipo de Deus humano porque outro modo confundiria profundamente nosso sentido de quem somos. É possível que seres avançados que chamamos de deuses simplesmente usaram nossa imagem genética para criar uma interface compreensível para nós em nosso ambiente humano e nível de consciência.

Conforme começarmos a procurar dentro de nosso sistema solar por pistas para os mistérios da vida, descobriremos que as leis cósmicas incluem muito mais possibilidades para seres vivos do que imaginamos. Nossas próximas gerações viajarão além do sistema solar e não vão apenas admirar a infinidade da Fonte Divina, mas também sobre como não pudemos ver o que para eles será tão óbvio – que nossa percepção de Deus foi muito pequena! Eles não acreditarão em Deus do modo que nós e nossos antepassados acreditávamos, porque eles encontrarão inúmeras formas de vida de grande poder e feitos que nós encaixaríamos no termo – Deus.

Eles virão sob os pontos de origem segundo o qual espécies foram criadas pela manipulação genética e ceifadas ou modificadas para se ajudar as necessidades de cientistas galácticos que as criaram, e as áreas do cosmos para as quais elas foram enviadas para iniciar a vida. Isso não está em contradição ao tema de "Deus, o Criador". Os experimentos genéticos que perduraram por longos períodos dentro das galáxias são baseados em focar novamente padrões genéticos para criar várias espécies fora do DNA já existente. Nós ainda não sabemos como criar a centelha original.

Esse reconhecimento pode nos ajudar a compreender as origens de nossa mitologia coletiva de que os deuses criaram humanos algumas vezes sem sucesso antes de aceitarem nossas espécies. Isso não tem relação com imperfeição, maldade ou desagrado a Deus. Isso não está relacionado ao pecado original! Na verdade, a chave para o mito é uma referência aos próprios deuses. Eles possuíam grandes poderes de acordo com os mitos, mas eram inexatos na arte de criar espécies que serviriam para seus objetivos – não importa qual fossem eles. Na verdade, eles não eram deuses, mas particularmente cientistas cósmicos tentando criar o *Homo sapiens* para ajustar o ambiente da Terra dentro de determinados contextos de seus próprios projetos.

Qual era o objetivo deles? Estariam eles tentando criar espécies que se tornariam sua própria pesquisa experimental? Talvez eles estivessem tentando criar formas de vida que executariam suas ordens, como algumas pessoas sugerem. Ainda mais significante, quem somos nós para eles; eles nos veem como matéria-prima ou seres manipuláveis de baixo nível de consciência? Eles foram posicionados como deuses porque essa é a única referência que temos para inteligência superior?

Pense como é fácil se tornar o que os outros pensam que você é. Como é conveniente utilizar o título de Deus sobre os que não têm compreensão do que está realmente acontecendo. Eles instigaram o conceito de um Deus zeloso para proteger seu controle sobre os humanos? Você pode achar isso difícil de aceitar inicialmente, mas se você imaginar as possibilidades de espaço, isso vai se tornar mais plausível para você.

Em milhares de sessões reencarnacionistas, ouvimos a recordação de pessoas imersas nesse cenário de manipulação genética. O que é claro para mim é que muitos deles descrevem cenas idênticas: um laboratório genético maior que o planeta Terra, com cubículos similares a favos de mel nos quais fórmulas genéticas estão crescendo. Eles relatam a fonte do material recolhido de muitas galáxias e experimentos para criar novas formas de vida. Especula-se que essa tática tenha sido realizada aqui na Terra durante o tempo de Atlântida. O centauro e muitas outras criaturas estranhas foram os resultados de tais experimentos. Essas atividades foram realizadas sob refúgio ou comando galáctico? Podemos apenas imaginar. Penso ainda mais, será que todos os deuses gregos não vieram de tais origens?

A divindade azul Vixnu, de origem oriental, é a forma de Deus que sempre me fascinou. De acordo com o Bagavadguitá Hindu, Vixnu tem uma forma cósmica que abrange energias além da percepção humana. Em seu estado visível, ele é planejado para ter quatro braços e é de cor azulada. Já que uma das mais poderosas formas galácticas que apareceu para as pessoas ao redor do mundo é uma bonita luz azul, considero a possibilidade de transfiguração. Seria o Vixnu um representante desse tipo de grupo galáctico?

Nossos cientistas avançaram o suficiente para pegar componentes originais da vida e organizá-los em clones ou cultivá-los, mas não estamos aptos para iniciar a vida. Neste momento, essa habilidade permanece como um pré-requisito primário para ser chamado de Deus – o poder para iniciar a vida. Isso não significa que seres galácticos avançados não encontraram a chave para este poder Divino: nós não sabemos.

Após todos esses milênios, ainda não entendemos o potencial da criação. O que está imbuído na forma física que corresponde à percepção, emoção, ou à matriz da realidade específica? As histórias aterrorizantes que ouvimos sobre abduzidos, levam-nos a concluir que algumas espécies de galácticos podem não ter corpos emocionais naturais ou estruturas de sentimentos que permitiriam compaixão ou cautela com os outros. Nós podemos ter sido criados por galácticos que instilaram sua própria psicogenética de esforço por poder e guerra dentro de nossa matriz – ou seja, nosso pool de genes galácticos. Apesar disso, podemos imaginar que civilizações muito avançadas, eras a nossa frente, podem ter purificado emoções rudes em um tipo de energia amável mais impessoal do que incondicional.

Se pelo fato de termos nascido de uma galáxia com a essência comum fundamental de carbono, possuímos DNA galáctico, pode ser mais fácil sentir uma conexão com o galáctico se nos lembrarmos de que todos os planetas são átomos à base de carbono assim como nós. A Terra é um corpo dentro do sistema solar, dentro de uma galáxia, dentro de um Universo – portanto, somos todos seres galácticos por definição. É hora de removermos o estigma da ficção científica do diálogo galáctico, pois nosso futuro inclui conexões galácticas – sem sombra de dúvida. A questão não é se somos de origem galáctica, mas como podemos colher o potencial que isso nos oferece se nos tornarmos conscientes desse fato?

Nós temos DNA galáctico angelical e dévico, assim como

nosso genoma genético humano. É importante percebermos que caminhamos por ciclos de características variadas durante todas as nossas vidas, do mesmo modo que passamos por diferentes estágios conforme crescemos. O DNA angelical está ancorado dentro das mais superiores dimensões astrais. Os anjos são primos da espécie humana. Vemos as características energéticas angelicais em bebês e crianças pequenas.

A codificação genética dévica tem relação com a dimensão astral do mundo natural e todos os seres sensíveis dentro dos reinos mineral e vegetal. As crianças veem espíritos da natureza e falam com eles como se eles existissem em uma terceira dimensão. É um ponto principal em seu desenvolvimento quando descobrem que os outros não veem o que elas veem, e querem tirá-las dessas realidades e colocar as limitações do mundo visual.

Ocasionalmente, as crianças notam a presença de entidades galácticas e ficam com medo. As frequências galácticas são muito mais rápidas do que a nossa própria. Temos contos folclóricos felizes sobre fadas e outras criaturas da dimensão astral, mas quase todas as nossas referências galácticas são sobre perigosos *aliens*. As crianças estão com medo do que seus pais temem, mesmo que os adultos não o tenham mencionado.

As genéticas galácticas são cósmicas na fonte, ainda que com frequência entrem em cena quando uma pessoa atinge o nível em que sua mente se liga a realidades mecânicas tais como computadores etc., porque elas permitem os padrões cerebrais holográficos apropriados a frequências galácticas.

Acho seguro dizer que existiu, e ainda existe, um número de galácticos diferentes que visitaram a Terra diversas vezes e com diferentes rotinas. As exigências negativas do senhor de Abraão, certamente invocam a possibilidade de um galáctico não evoluído e imparcial que aparentava dominar técnicas para intimidar com o objetivo de controle absoluto, particularmente maior do que misericórdia iluminada. “Deuses e Galácticos” é um diálogo sobre seres e outros mundos de poder que se conectaram com o nosso.

As histórias de Sodoma e Gomorra são testemunhos de

batalhas nucleares ou demonstrações de armas de destruição feitas na Terra? Muito possivelmente. Seriam batalhas direcionadas aos humanos devido a sua "maldade" inerente, ou elas eram, na verdade, guerras pelo controle da Terra entre diferentes grupos galácticos? No fim das contas, por que queremos continuar com qualquer força de Deus que dizima e mata, ou cria destruição? Podemos sempre ser prevenidos da projeção dos deuses sobre aqueles que têm estranhos poderes. A mais antiga impressão de Deus era, e continua sendo, o terrível onipotente governador dos paraísos que pode nos destruir a qualquer momento.

A história Maia é um bom exemplo disso, embora ela ecoe nas histórias de muitas civilizações antigas. Seu grande conhecimento de Matemática, Astronomia, Artes e Ciências, bem como domínio sobre a matéria, permanecem um mistério para nós. De acordo com seus próprios dados históricos, eles foram visitados por deuses poderosos que deu a eles instrumentos para viver – desde novas colheitas, cura, até a organização da sociedade, um calendário mais correto do que o utilizado atualmente – e então partiram, dizendo que retornariam. Quando eles não retornaram, os Maias, e outros como os Incas, começaram a fazer sacrifícios e oferendas para trazer os deuses de volta para eles. As batalhas de sangue eram intermináveis e os deuses permaneceram sem retornar.

O conceito de sacrifício pode ter sido instigado por soberanos galácticos cujo mandamento era tomar a vida por objetivos próprios. Estariam eles brincando conosco para obter origem genética? Os sacrifícios que fizemos tiveram efeito negativo em nosso *pool* de genes porque sacrificamos o "melhor".

A história dos nobres Maias jogando uma competição com bola na qual os vencedores eram sacrificados para os deuses é um exemplo vívido. Quanto tempo levaria para destruir as mais bem-sucedidas e inteligentes descendências humanas? Aparentemente, não muito. Quem eram aqueles deuses que pediram os corações dos puros e valentes? – Não o tipo que desejamos! Eles pegaram corações como recurso de material genético sem mais do que a condição de "permissão garantida", empurrando os princípios da conduta humana para dentro do poço da escuridão.

A lei da permissão é central para a evolução da humanidade, uma vez que nos dá apoio para buscar respeito e igualdade em todas as nossas relações. Essa é uma marca psicogenética da esfera angelical. Nós "pedimos" permissão por meio da consciência de outros, independente se entramos em seu espaço – seja ele físico, emocional, ou psíquico em natureza. Em contraposição, muitos encontros galácticos ocorreram sem o frágil equilíbrio do acordo mútuo.

Ao pensar profundamente sobre o valor dos galácticos com quem eles interagiram, parece evidente que a proeza galáctica pode não ter relação com o envolvimento espiritual. Este ponto tem sido um profundo esforço para mim, pois eu inicialmente via os galácticos pelas lentes das entidades mecânicas e tecnológicas não-sensíveis. Sentia que eles eram antíteses de qualquer coisa espiritual na natureza. Agora vejo que é um absurdo agrupar os galácticos em um grupo, porque eles são muito diferentes nas perspectivas mental e espiritual como nós somos em grupos de idiomas – talvez multiplicado por trilhões. Alguns galácticos alcançaram níveis de existência nos quais amor e união são os padrões de vida. Existe um tipo de consciência coletiva que não é único por consenso, mas uma fusão real da existência.

Poderia existir um código de ética para todos os seres galácticos? Podemos estar certos de que suas próprias leis de conduta são amplamente diferentes das nossas por virtudes de suas realidades cósmicas. É provável que conceitos de bom e mau, que podem não existir para todos, sejam inteiramente diferentes dos nossos. Os galácticos podem não ter a mesma perspectiva sobre o pecado pessoal, e portanto, a salvação não entraria em seu diálogo entre humanos e deuses, a menos que eles estivessem empregando o mesmo padrão de manipulação que as religiões executaram em seus constituintes desde o início da interpretação de Deus. Ambos empregaram "tranquilizar Deus – ou outro ser" como tática.

Da perspectiva de uma descrição galáctica como Deus, podemos ver o quanto seria conveniente garantir que os humanos foram instruídos para permitir apenas um Deus. Lealdade era o pacto que selou as relações, então os humanos não "abandonariam" esse Deus quando outro aparecesse, ou de fato, não permitiriam que qualquer informação ou experiências interferissem.

Os Maias descreveram seus deuses como seres que brilhavam mais que o sol em ofuscantes corpos de luz. Quando os espanhóis chegaram com suas brilhantes armaduras de metal, os Maias pensaram que os deuses haviam retornado, e imediatamente obedeceram às suas ordens – iniciando a queda absoluta e destruição de sua civilização.

Marcas psicogenéticas sobre como imaginamos Deus repousam dentro de nós. Há milhares de anos dentro da antiguidade temos textos que falam de "deuses" em forma humana ou corporal, indo e vindo dos céus, em vários tipos de naves espaciais.

O aspecto mais fascinante sobre todas as histórias de deuses galácticos é a semelhança de suas referências a máquinas voadoras. Os desenhos do Sânscrito Vaimanika Sastra da Índia, datados por volta do quarto século A.E.C., mostram alguns tipos de naves, incluindo descrições detalhadas de painéis de energia solar. Como pode ser? Esses desenhos foram feitos em um tempo de suposta simplicidade, sem conhecimento de qualquer tipo de maquinário ou fonte de energia inorgânica. Livros esotéricos tibetanos falam de "pérolas no céu" se referindo às naves que apareciam, enquanto antigos textos indianos falam de naves com caudas de fogo bem como a descrição bíblica das "carruagens de fogo".

Muitos textos antigos, incluindo a Bíblia, estão repletos de descrições vívidas de naves voadoras dos deuses, que chegavam e partiam em explosões de fogo que descrevem inteiramente com precisão a decolagem de foguetes modernos. Aqui está um exemplo bíblico: Ezequiel 1:4 "Olhei, e eis que um vento tempestuoso vinha do norte, uma grande nuvem, com um fogo revolvendo-se nela, e um resplendor ao redor, e no meio dela havia uma coisa, como de cor de âmbar, que saía do meio do fogo".

A tribo Dogon da África desenhou explícitos projetos de foguete nas cavernas há mais de quatro mil anos. Eles também desenharam trajetórias exatas das Sírios A, B e C. A Sírio C não foi calculada ou mesmo conhecida pelos astrônomos até 1995. Sua mitologia fala sobre deuses chegando a Terra em foguetes vindos de Marte, onde eles pararam para se preparar para pousar na Terra. Eles também dizem que os deuses partiram devido ao baixo nível de consciência dos humanos e prometeram retornar quando evoluíssemos para um nível suficiente para sermos capazes de realmente nos comunicar com eles.

Não parece tão impossível, em vista das viagens espaciais de hoje em dia, considerarmos a ideia de que fomos visitados por "deuses" de outros Universos, cuja interação realmente produziu ou alterou a evolução humana. De fato, cada vez que um grande ser espiritual esteve na Terra, nós vimos uma gigantesca onda de mudança que causou repercussões na psique humana, bem como um profundo avanço no conhecimento.

Em todo lugar existem menções de deuses semeando "as filhas dos homens". Eles assumiram a forma humana para realizar isso? Pense sobre a mitologia grega na qual os deuses constantemente se cobriam em corpos humanos para influenciar ou intrometer-se nas relações dos homens. Qual seria o resultado de tais cruzamentos? Esses híbridos teriam habilidades especiais? Podemos apenas imaginar. As habilidades dos videntes e predileções espirituais que temos agora seriam resultado deste DNA galáctico?

Frequentemente, as referências citam alguns desses deuses como gigantes, isso significa que seus descendentes também eram grandes em tamanho físico. A Bíblia diz em Gênesis 6:4 "Ora, naquele tempo havia gigantes na Terra; e também depois, quando os filhos de Deus possuíram as filhas dos homens, as quais lhes deram filhos; estes foram valentes, varões de renome, na antiguidade".

Quando consideramos os contos de gigantes na Terra citados na Bíblia e outras histórias registradas e vemos os ídolos megalíticos da Ilha de Páscoa, completos com dados astronômicos, devemos nos perguntar se não há uma correlação? Os olmecas do México, milhares de milhas distantes, tinham ídolos similares entalhados e pedras imóveis. Ainda que possa não ter existido contato entre eles devido aos megálitos da Ilha de Páscoa aparentarem ser de cerca 400 E.C., e os olmecas estarem a cerca de 1200 A.E.C. até cerca de 400 A.E.C. As estátuas sagradas de Tiwuanaku, a capital da civilização precursora dos Incas, são datadas de milhares de anos A.E.C., e ainda exibem os mesmos serem gigantes de pedra.

Antigas lendas nórdicas e islandesas não apenas falam de gigantes, mas também usam nomes diferentes para a Terra, Sol ou Lua dependendo se o ponto de vista era de homens, deuses ou gigantes! Como eles poderiam saber essas perspectivas modernas? Os antigos noruegueses descrevem a Terra como uma bola ou esfera. Eles viram isso de cima?

Talvez os galácticos mais mal interpretados sejam os alados que são tidos como anjos em muitas religiões. Enquanto nossos primos anjos estão conectados ao "Senhor" de nosso paraíso, nem todos os seres alados são anjos. Alguns galácticos com asas grandes, e em particular cinzas, são completamente diferentes dos anjos gentis de nossa dimensão astral. O que faríamos com nossos anjos, nossos sacerdotes, e nossos amigos de Deus se lançássemos um olhar futurístico, galáctico sobre o dogma religioso? Ninguém quer abrir mão dos anjos e da pureza que eles representam. Mais ainda, ninguém quer perder o conforto da proteção, a esperança da compaixão, ou o modelo de bondade que eles forneceram através do tempo. Ainda não caminhamos através das "janelas para o céu", e dessa forma não estamos aptos nem mesmo a decifrar a diferença entre a dimensão astral angelical, em que a maioria das pessoas acredita, e os seres alados cósmicos, ditos como habitantes do espaço.

Quem são esses anjos/galácticos que passaram mensagens de "Deus"? De qual nível do senhor eles falam? Como podemos saber onde colocar nossa fé? Sempre deve ser o nosso conhecimento intuitivo a nos permitir sentir a verdade dentro das qualidades energéticas de seres superiores em que podemos confiar. Um dos grandes ensinamentos do meu próprio Eu Superior é que não estamos com medo do desconhecido. Tememos o que se mescla conosco como uma memória sem forma. As energias galácticas que tocam nossa vida são, e sempre serão, algo relacionado a nós. Podemos acessar pontos de referência para descartar os que não apoiam nossa evolução e introduzir os que o fazem.

O que podemos confiar é que estamos à beira de descobertas que vão cortar para sempre os conceitos que temos sobre a Força de Deus, e que teremos a mais profunda oportunidade de nos libertarmos das constrições que nos impedem de vivenciar a divindade como essência associada com toda a vida, independentemente de sua forma ou origem.

Evolução

1 – Imagine Deus como energia galáctica que pode abrir sua consciência para uma possibilidade cósmica.

2 – Libere o medo das energias galácticas. (Consulte o capítulo 12, A tecnologia da consciência: exercícios.)

3 – Libere quaisquer marcas que você tenha sobre seres galácticos, ou seja, *aliens*.

4 – Abrace a possibilidade de que você é um ser galáctico com energias cósmicas que você pode extrair agora.

Capítulo Quinze

QUEM É DEUS? UM NOVO SENTIDO DA FONTE DIVINA

A BUSCA POR "ELE" TEM SIDO A GRANDE BUSCA da humanidade desde tempos imemoriáveis. Da mais silenciosa súplica até a violência das guerras de Deus, nós imaginamos, inferimos, defendemos e morremos por quem quer que seja ou qualquer um que consideremos nosso próprio Deus particular. Mesmo assim, continuamos tão fanáticos ou inseguros como sempre sobre: "Quem é Deus?".

É duvidável se nós sempre teremos uma resposta remotamente definitiva para esta questão ardente até que possamos expandir nossa busca em um holograma multidimensional além de nossa própria realidade. Aquele que chamamos de Deus existe além de nosso mundo, e precisamos estender a mão a esses reinos desconhecidos se quisermos alguma vez conhecer verdadeiramente a Fonte Divina. Precisamos aprender a reconhecer as energias da essência que constituem os pontos de referência ao todo, dentro do contexto da criação universal. A Fonte Divina é luz pura, consciência infinita e evolução contínua, ainda que constante de todas as dimensões absolutas e não absolutas.

Até aqui, apenas estivemos aptos a entender a versão cristalizada de "quem" é Deus. A incompreensível Fonte Divina do cosmos está anos-luz além, como uma coalescência personificada.

Quem – é um uma descrição e título compensatórios, que nos ajudam a relacioná-lo em termos humanos, mas não pode incluir o que está além do perímetro. O Deus fundamental nunca foi um ser simples de dimensão única que nos deu mandamentos, advertências ou graças – exceto nos estreitos caminhos de nossa mente primitiva e linear. A possibilidade dos soberanos dos quadrantes cósmicos ou dos criadores genéticos pode, no fim das contas, alterar nosso sentido de quem somos e a que pertencemos, conforme chegamos às profundezas das fendas do revestimento dos Universos.

Nossa realidade é carne e osso tridimensional e, portanto, é compreensível que desejemos e percebamos um Deus que vem ao nosso mundo na forma em que existimos. Mas não deve ser dessa forma. Previmos um Deus "Ele" com todas as nossas próprias projeções de imaginação temerosa, e, portanto, prendemo-nos ao círculo vicioso da profecia e predição no qual vemos nosso juízo final como o abismo entre nós mesmos e o paraíso confortante que buscamos. O futuro guarda realidades incompreensíveis para nós e cabe a nós crescermos para encontrá-las, em vez de nos recusarmos a imaginar "A Evolução de Deus". Além do tempo e das leis da vida que compreendemos, existe um fluxo criativo que é expresso por incalculáveis formas e esculpido por uma energia da consciência multifacetada. Vimos raramente uma faceta de sua forma disforme. Pertencemos a essa Fonte Divina; e a tudo o que ela é.

Deus é o modelo supremo, não apenas de como sermos bons seres humanos, mas como sermos a essência de todos os seres. Não poderíamos viver sem algum modelo de inspiração, algum lugar para alcançar, algum ideal para adotar; é uma característica humana buscar, desejar se tornar o que vemos ao nosso redor – do mesmo modo que as crianças desejam ser tão poderosas, tão amáveis, tão sábias como seus professores ou pais.

E se quando orarmos, estivermos orando para Deus dentro de nós, para a essência divina da qual somos parte, de modo a ampliarmos e motivarmos aquilo para o qual oramos – e não para um poder externo, não conectado respondendo a nossas orações? Parecemos não alargar nossa consciência ou expandi-la para incluir essa verdade holográfica de que toda a criação carrega energias de seu criador, ou seja, oramos para um Deus que está de modo insolúvel dentro de nós. Isso porque, desde o início da existência, vemos dualidade, manifestamos polaridade, e vivemos em um mundo onde concluímos que a verdade é esta ou aquela, mas aparentemente não podemos ser ambas.

A antiga filosofia chinesa nos ensina que "tudo está conectado a tudo". Aquele que notamos como Deus, em algum ponto em sua enorme distância de nós, está íntima e simultaneamente conectado a nossa mais profunda essência. Se explorarmos isso, descobriremos que Deus está realmente dentro de nós; a essência Divina detém seu poder e sua verdade dentre nós. Talvez esta seja a razão do porquê ser tão importante nos livrarmos dos aspectos do velho Deus ou deuses que tivemos e seus mandamentos de limitação. Estamos prontos para novas orientações e novas verdades relacionadas à participação, e não simplesmente à ação de acordo com o cosmos.

A humanização de Deus tem algumas incompatibilidades evidentes colocadas dentro do contexto da totalidade do cosmos. Não evoluímos o suficiente para transfigurar nosso corpo de modo que possamos vivenciar o Universo e todas as suas formas de vida infinitas e originais. Temos exemplos disso através do tempo e de muitos diferentes mestres, ainda que não tenhamos tentado sozinhos – mas sejamos encorajados a fazê-lo.

Muitos textos religiosos falam sobre como os humanos foram feitos à imagem de Deus. Então por que a forma humana foi nosso único repertório nos tempos antigos? Ainda é? Poderíamos imaginar uma forma divina além de nossa própria matriz genética? Dê ao Divino qualquer nome ou roupa que você desejar, de qualquer forma, mas ele sempre permanecerá acima do limites da descrição. Usamos muitas alegorias para expressar nosso relacionamento com Deus, mas elas nos deixam em um estado de nostalgia, aparentemente sem recursos.

É uma desventura nos privarmos da comunhão com a Fonte Divina, porque apenas a reconhecemos quando somos convencidos de que ela fala exclusivamente por meio da voz humana em mandamentos e palavras, e podemos imaginá-la apenas pela personificação humana. Aquelas palavras e testamentos escritos de diálogos com Deus parecem autênticos simplesmente porque existem. Os textos antigos são endereçados aos que viviam na época da entrega de tais mensagens, e a maioria de seu contexto é prejudicial ao despertar de nossa consciência neste momento. Precisamos nos abrir para novos canais de relacionamento com Deus.

E sobre as pessoas que atualmente sentem estar tendo diálogos com Deus? Por que ninguém acredita nelas? Eu me pergunto – para qual deus eles estão falando: o senhor de nosso domínio terrestre, nosso sistema solar, nosso Universo? Estão eles grampeados dentro de uma gravação do tempo e espaço? Eles sabem quem é aquele que sussurra para eles? Quem quer que seja, está utilizando o próprio filtro cultural, humano para referenciar a verdade conforme eles podem relacioná-la – não um código da verdade que está além de suas capacidades de crença. Entretanto, devemos escutar a esses mensageiros para armazenarmos quaisquer pontos de sabedoria espiritual que possam nos conduzir à evolução. Se eles não estão a nosso favor, eles não são para nós.

É muito semelhante ao enigma: um raio simplesmente cai na Terra ou é a Terra que o magnetiza? Existe uma sinergia que os une. Será que tais diálogos Divinos ocorrem como se duas pessoas estivessem conversando, ou algo causa uma alteração no estado interno de consciência de uma pessoa e ela começa a ouvir sua própria essência divina (seu Eu Superior) vindo da frente de sua consciência? Já que essa informação ou ensinamento está além dos reinos de seus pensamentos normais, conclui-se que é uma força externa. Se praticarmos esse pensamento holográfico, começaremos a perceber que o interno e o externo estão emaranhados.

O problema para nós é que imaginamos a consciência como algo que pertence a uma personalidade, um tipo de inteligência focada, quando na verdade, a energia criativa da consciência do cosmos está completamente além de tal cristalização. O ponto central não é diferente dos pontos infinitos que confinam o perímetro holográfico multidimensional da consciência de Deus.

Por que isso é tão aterrorizante para nós? Claro que somos parte das dimensões além dos planos materiais, e isso significa que existe algo enterrado debaixo das realidades externas da existência humana. Certamente, nós não continuamos com a ilusão de que a Fonte Divina de todo o cosmos infinito tenha escolhido a forma humana como a oitava superior. Infelizmente, o fazemos porque não encontramos outros seres sensíveis que possam ser nosso modelo. Eles existem, e estamos a ponto de encontrá-los. Imagino se iremos permiti-los, adotá-los ou até mesmo reconhecê-los.

Historicamente, vemos o poder da natureza e o chamamos de Deus. Sentimos estimulante energia do sol e a chamamos de Rá – o Deus Sol. Testemunhamos a lua puxando as marés em seu abraço magnético e chamamos isso de Deus. Cultuamos elefantes e serpentes emplumadas. Por que vemos Deus como natureza? Quando nos perguntam sobre o momento no qual sentimos a presença Divina, com frequência nos lembramos de um momento na natureza. Será que intrinsecamente conhecemos as fontes Divinas da natureza, ou isso acontece porque a natureza por si só contém uma energia muito mágica de poder que altera nossa percepção, e então somos abraçados por uma santidade que descrevemos como santa?

Ao longo do milênio, alguns povos indígenas desenvolveram o conceito espiritual do grande círculo da vida no qual tudo está conectado. Os primeiros americanos viam a si mesmos como parte da natureza, regidos pelo "Grande Espírito" que ligava todos os seres. Eles reconheciam "o espírito em todas as coisas", independente se era uma pedra, uma árvore ou um animal. Cada um tinha um dom particular para dar e aquele dom era tido como sagrado – e não temível.

Quando eles matavam um animal por comida, o espírito do animal era honrado e preparado para entrar neles. Nenhuma parte do animal era descartada, assim como os ossos e tendões, carne e pele eram presentes dados a eles por seus irmãos animais. Eles celebravam a vida com cerimônias que expressavam essa conexão. Antes e depois de caçarem, eles se vestiam com a pele de suas caças e contavam suas histórias para honrá-los. Eles eram mais orientados pelos ensinamentos femininos antigos do que pela personificação de um medonho e terrível Deus masculino.

Jesus, Maomé, Moisés, Buda etc., foram homens que trouxeram a sabedoria para o mundo. A luta por eles serem ou não Divinos não é o ponto. Se Jesus foi o único Filho de Deus não é o ponto. É como se estivéssemos dizendo que precisamos defender a divindade de Jesus, para podermos acreditar nele. Por que nós não integramos esses ensinamentos de modo que possamos nos tornar semelhantes a ele? Não é mais inspirador conhecê-lo como um "homem sagrado", um homem por definição, um ser Divino por essência? O humano sagrado e o ser Divino são um só e o mesmo – para Jesus e para todos nós! É hora de praticarmos os ensinamentos espirituais de Jesus Cristo e os outros concedidos à humanidade.

Você sabia que Jesus foi realmente "votado" como Divino, o Filho de Deus, pelo Concílio de Niceia, convocado pelo imperador romano Constantino, em 325 E.C.? Constantino se converteu para o cristianismo apenas no fim de sua vida, quando notou que os cristãos estavam se tornando um forte poder político. Trezentos anos após a morte de Jesus, o poder de sua presença acendeu as chamas da guerra entre os grupos religiosos para estabelecer sua divindade, e portanto alterar a arena política da época. Pertencer a uma ou outra religião era uma questão de vida, ou mesmo de morte, dependendo se você estivesse no lado predominante.

Nós não lutamos ou insistimos pela divindade de Maomé, Moisés ou Buda. Buda é um modelo sagrado porque se tornou iluminado. Ele encontrou um modo de superar a dor da vida dentro do nirvana – ou da graça. Ainda assim, era um homem como Cristo, Maomé ou outros desconhecidos por nós, mas que carregaram e exemplificaram a centelha Divina. Existiram mulheres também, Ísis, Kuan Yin, Maria Madalena, que realizaram milagres e trouxeram conhecimento universal. Isso deveria nos dizer algo sobre nossa afiliação limitada ao gênero com Deus!

Como teria sido se tivéssemos decidido que a Força de Deus era feminina e mantivéssemos as crenças das deusas? Já que apenas as mulheres podem dar à luz, essa poderia ter sido uma conclusão natural devido ao poder da criação, ainda que no fim das contas permitíssemos que as palavras controlassem os atos da criação.

Cada um de nossos modelos divinos passou por iniciações que os abriram dentro da amplitude, dentro da consciência cósmica. Todos eles vivenciaram os testes e tribulações de suas conexões a outras realidades e seus efeitos sobre a existência diária. Suas experiências nos oferecem o grande ensinamento de que a "graça" com a qual vivemos nossa vida é que nos ancora dentro da essência Divina. Em qualquer ponto de nossa vida existem as iniciações espirituais que nos oferecem iluminação e grandeza. Elas são frequentemente oferecidas nas experiências diárias e nós não as reconhecemos como tal, sendo assim, elas nos escapam como a volta proverbial do círculo do carma, e nós perdemos nossa oportunidade evolucionária por não vermos nossa conexão.

Se pudéssemos ver nossas emoções passadas, nossas crenças, nossos medos, perceberíamos que cada dilema tem seu propósito como uma experiência de consciência. No Instituto da Luz de Galisteo perguntamos: "O que é o dom?". Não é por meio do esforço pela vida espiritual que vamos nos libertar da confusão ou do medo, e sim pelo aprendizado da confiança em nosso conhecimento intuitivo e superação do envenenamento da mente emocional. A Fonte Divina vive dentro de cada um e de todos os humanos, todos nós temos a opção de utilizar essa fonte para evoluir nossa vida e nosso mundo.

Pergunto-me por que nos sentimos tão conflitantes sobre se existe um Deus ou múltiplas representações da Fonte Divina. Talvez seja o medo de não sermos significantes para mais de uma representação, ou será por que o mandamento da lealdade está tão profundamente impregnado psicogeneticamente em nós? Por que insistimos que honrar mais do que um Deus é equivalente à deslealdade pecaminosa? A história do Deus ciumento parece mais relacionada à conclusão humana do que ditada pela Fonte Divina que tudo inclui.

O monoteísmo contribui com o pretexto para a guerra entre seitas religiosas nos antigos tempos egípcios. Até mesmo entre as três maiores religiões, o ódio é instigado devido às diferenças que não são tão relevantes, como a pura consciência de Deus – em qualquer forma que seja notada. Por exemplo, os muçulmanos desprezam a crença católica na Santíssima Trindade. Nossa conexão espiritual universal é o que deve nos unir, e não a forma ou sistema de crenças que adotamos. Neste mundo de potencial nuclear, não podemos continuar em tais caminhos arriscados para a destruição mútua, pois estamos divergindo sobre divindades.

Chamamos uns aos outros de "infiéis" durante muito tempo e isso precisa acabar! A palavra "infiel" é cheia de ódio – é uma acusação de ser infiel a Deus simplesmente porque alguém possui o Divino por um dogma diferente.

Não apenas acreditamos que possa existir apenas um Deus, mas lutamos contra quem tem a preferência "dele". Cada um da trindade principal, judeus, cristãos e muçulmanos, teve seu momento como "o Escolhido", declarando que era o fim das sucessões. Não é plausível nem mesmo possível aprisionar o futuro de Deus apenas porque desejamos ou porque foi dito, assim não haverá mudança ou evolução.

Muitas religiões adoram vários deuses, mas de qual nível eles são? Os deuses "menores", assim como aqueles reverenciados por suas áreas específicas de onipotência, simplesmente nos dão um ponto de referência para os vários aspectos e temas que estão intrínsecos às nossas vidas. O problema com isso é que nunca vemos possibilidades desses atributos dentro de nós – e, portanto, não adotamos nosso potencial Divino por nós mesmos. Temos muitos medos relacionados a Deus. Tememos ser castigados ou abandonados, ou ser indignos de estar diante da Divindade. Se pudermos vivenciar o Divino "dentro" de nós, todos esses medos vão desaparecer.

Se formos parte da força criativa – parte de Deus através

da virtude da sensibilidade compartilhada, então também somos criadores. Isso significa, na verdade, que estamos criando nossa própria realidade? Se for assim, então o modo como vemos uns aos outros é crucial. Precisamos aprender a ver o outro como Divino, e não como o infiel, o oponente, aquele que faz as vítimas. O que isso significaria? Eu poderia ver você como um ser Divino se o enxergasse com avareza e egoísmo? Eu estaria apta para ver acima – ou através – de qualquer atributo negativo para uma visão de sua bondade, e, da mesma forma, você teria de fazer para ver a minha. Isso realmente transformaria o mundo e todos os conflitos religiosos.

Não é o poder que torna alguém Deus – mas sim a presença. É uma energia que dissolve toda a desunião, toda perda, todas as questões. Isso não lhe domina, isso lhe envolve e você retorna ao "lar"; de volta a sua própria fonte. Em algum lugar em sua vida você executou um ato de compaixão, grande amor, piedade, cura, unificação. Naquele momento você ativou o seu DNA espiritual. Você não apenas "fez" algo por seu corpo terrestre, mas utilizou sua "essência" na forma energética pura. Naquele momento você era, na verdade, Deus. Chame isso de réplica, imitação, segunda geração, ou o que você quiser, mas você estava irrevogavelmente ligado à Fonte Divina, e sempre estará. Isso está além de qualquer coisa que você possa planejar descrever ou conhecer.

O senhor da Bíblia, da Torá, do Alcorão, era o senhor daqueles tempos, mas é o senhor de nossos tempos? Nós estamos prontos para um Deus cujas declarações sejam diferentes, um Deus que não castiga, um Deus que nos introduz ao cosmos? Acredito que estamos. Não estou dizendo que devemos afirmar não acreditarmos naquele Deus antigo; estou dizendo que podemos descobrir a verdade de um Deus superior que nos ensinará agora.

Não estamos sozinhos no Universo e isso tem um efeito significante em nossa consciência, nossa percepção de Deus em um futuro próximo. Quando perguntamos: "Quem é Deus?", respondemos que Deus é este ou aquele, e não que Deus é tudo.

Nossa relação com a resposta será muito, muito diferente conforme explorarmos o cosmos e viermos a saber que Deus está além da aparência, além da forma.

Jesus, Buda e outros, disseram com suas próprias palavras: "Eu sou o caminho, a verdade e a luz". Toda religião organizada hoje consideraria absoluta blasfêmia se qualquer um de nós estivesse dizendo: "Eu sou o caminho, a verdade e a luz" – ainda que sejamos. Não que estejamos ousando pensar sobre nós mesmos como Deus, mas podemos nos permitir – sem o ego, sem todo o diálogo – representarmos Deus, vivermos como Deus. Não estou falando daquele senhor de poder e domínio que tivemos no passado, mas do amor cristão Divino, a compaixão Budista e qualquer dos outros atributos concedidos pelo nosso DNA espiritual – através do beijo da vida.

Quem é Deus? Você, sozinho, pode responder a essa questão. Deixe-me dizer que sua resposta pode mudar conforme você evolui para novas verdades. Isso é certo e bom! Ninguém pode lhe tirar o seu Deus; entretanto, sua percepção e relacionamento com ele, assim como todos os seus relacionamentos, requerem que você interaja, vá além do "piloto automático" e participe – evoluindo este relacionamento por meio de novas formas.

Imagine que a energia cósmica do amor incondicional, da cura, da manifestação, passou através de você. Você é herança cósmica Divina – não porque você é um redentor, não porque você é poderoso ou alguém especial, mas porque você vive. Seu corpo é um instrumento dessa energia porque ela passa através de você, independentemente se você está consciente ou não. Não pense que você tem de ser alguém especial para receber ou ser digno disso. É seu dom estender isso ao mundo. Esse é o propósito, o destino de sua vida. Isso é sagrado, e é o que você é. Tudo o que você tem de fazer é escolher isso. Escolha, imagine, pratique e, ao fazer, acontecerá.

Capítulo Dezesseis

A MENSAGEM

Por meio deste livro, *A evolução de Deus*, ofereço-lhe uma mensagem que não nasceu do intelecto ou crença, mas veio da fonte espiritual intrínseca do meu ser – um local do coração brilhante. A mensagem é dada pelo filtro da linguagem, pela peneira do conhecimento cósmico, espremida dentro do canal linear de escrever da esquerda para a direita. Sei que algumas de minhas frases podem parecer estranhas para você, mas espero que você possa deixar sua mente capturar ou até mesmo criar as imagens que quero transmitir. As palavras não podem levar adiante a plenitude de seu significado ou extensão da abertura que a mensagem oferece – ainda que eu a tenha oferecido com o poder de um coração verdadeiro, e sinto que um coração nunca pode ser acusado de nada.

Estou dizendo que existe uma Fonte Divina – não no sentido de consciência puramente humanizada, mas particularmente uma referência essencial para a vida, a evolução, para o pulso cósmico, que permite que todos os seres sensíveis tenham uma parte nessa energia universal. Essa consciência universal, da qual somos parte, origina nossa existência. A maneira como nos relacionamos inevitavelmente evoluirá no interior da infinita ação do potencial cósmico. Chamo isso de "Divino" porque nos ajuda a interpretar sua "bondade" impessoal como um sentido de ternura ou afinidade que podemos adotar e que nos adota – não exclusivamente, mas por meio de um relacionamento essencial.

Se pudermos perceber Deus como essa energia infinita, poderemos encerrar nossa luta sobre se Deus é o único criador e se a teoria da evolução está errada, ou se existe um *design* inteligente orquestrando o Universo. Cada uma dessas perspectivas guarda uma parte da verdade cósmica e um dia veremos que elas na verdade se mesclam.

As batalhas sendo travadas sobre perspectivas religiosas são exemplos de como projetamos nosso repertório emocional sobre Deus. É como se os indivíduos com diferentes visões estivessem acusando os outros de insultar a Deus. Deus não pode ser insultado pela mente ou emoção do homem – elas são muito limitadas para entrar em um diálogo universal.

Nós sempre personificamos essa Fonte Divina como um Deus de dimensão humana com emoções e necessidades cobertas com nossas próprias expectativas. Está na hora de deixarmos Deus evoluir, mudar da autoridade paterna que incessantemente julga nossas disputas para a magnificência da essência cósmica – desprendida da nossa descrição ineficaz da incompreensível e infinita Fonte Divina que está além de nossa compreensão.

Se limparmos todos os dogmas e mitos relacionados a Deus, nunca poderemos perder a mais profunda essência da verdade espiritual. Claro que nossos antepassados personificaram Deus. O mundo deles era tão pequeno que cada possível onda aparentava ser sobre eles ou vir na direção deles. Continuamos projetando para o mundo nossas próprias presunções e, portanto, criamos exatamente o que esperamos, como eles fizeram. Todos os nossos ancestrais tinham o poder do Pai, que comandava a unidade da família, e dessa forma Deus se encaixava exatamente nesse papel. O pensamento de separação dessa pequena realidade era tão amedrontador quanto a morte. O céu fornecia um escape, um objetivo a alcançar após a finalidade da morte.

A Fonte Divina oferece a evolução de nossa alma pela materialização multiencarnacional – uma ordem holográfica de vinhetas da vida para trazer luz à nossa consciência. Conforme nos tornamos mais iluminados, nós as veremos em ação simultânea, e então compreenderemos como nossos temas se relacionam com outros ao longo da teia das vidas. O aspecto mais importante disso é ver o fio do nascimento até a morte e nascimento novamente, de modo que possamos superar nosso medo primordial da extinção. O cosmos em si não é consecutivo, nem uma realidade de vida, nem outra, e sim um *big bang* de realidade holográfica, do qual podemos integrar energias que ampliam a experiência humana ao Divino.

É irrelevante se notamos nossos temas e experiências como compostos de muitas vidas ou acúmulo de herança psicogenética por meio das gerações. Nosso corpo as armazena em sua memória celular.

Escolhemos encarnar por causa das profundas oportunidades que isso nos fornece, tanto no mundo absoluto quanto no não absoluto. A vida consiste em crescer nossas espécies em um grupo consciente e iluminado, onde nos tornamos cientes de nosso potencial humano além do que reconhecemos até então.

Algumas coisas tidas como verdades há cinquenta anos pela "infalível" ciência foram provadas como falsas. Por que não vemos que algumas crenças religiosas tidas como verdadeiras há dois mil anos também não são verdadeiras atualmente? Não há uma verdade definitiva no Universo. De fato, a verdade apenas pode ser notada pela experiência pessoal e essa verdade muda conforme evoluímos. Em vez de insistirmos sobre algumas verdades espirituais definitivas, ganharíamos mais luz vivendo as verdades que reconhecemos e vendo onde elas nos levam. Em termos de religião, ofuscamos verdades evidentes com o pesado tecido da fé.

Colocamos a fé no auge de nossa religião, e veja onde a fé cega nos levou! Desejamos continuar as guerras santas que deveriam ter sido dissolvidas completamente de nosso repertório há anos, simplesmente porque nos sentimos culpados por permitir que nossa inteligência nos ajude a discernir o que pode e o que não pode ser verdade. O proselitismo que tenta encurralar os outros em certo ponto de vista religioso não é digno de nossa consciência ou humanidade. Ele é manchado com a pauta escondida do pensamento fiel de que eles estão fazendo o bem por Deus. Quantas culturas foram destruídas por adotar religiões trazidas a elas pela supremacia hipócrita de influências externas?

Conforme nossa habilidade de pensar racionalmente e de nos sentirmos parte das oitavas mais humanas avança, podemos nos tornar conscientes da causa e efeito de nossas ações, e então discernir uma verdade superior. Quando matamos uns aos outros em nome de Deus, voltamo-nos contra a essência da Fonte Divina. A fé cega sem compaixão e empatia ofereceu fanatismo da pior espécie. É hora de dissolvermos a fé com conhecimento e unificação espiritual. Tenhamos fé na Divindade mais do que na doutrina!

Ninguém é inatamente menos ou mais espiritual do que qualquer outro, porque nossa espiritualidade é parte do genoma humano (que inclui o nosso DNA espiritual, até mesmo se ele não foi isolado), e não um resultado do que fazemos. Uma pessoa pode conscientemente focar em reinos espirituais e atividades conforme sua busca na vida, enquanto outra pode procurar "a boa vida". Cada um tem um objetivo que nós não podemos conhecer sem acessar a história holográfica de sua Alma; portanto, o julgamento de outros é contrário à lei espiritual.

Mesmo se alguém é um ateu declarado, isso não significa que ele ou ela possui menos essência espiritual. Uma pessoa pode ficar totalmente extasiada por uma noite estrelada que abre a sua consciência para o fluxo cósmico. Esta é uma experiência espiritual profunda, da mesma forma como é rezar para uma divindade.

Os intermináveis debates sobre Deus *versus* ciência, criação *versus* design inteligente, são distrações impotentes do que é importante para nosso despertar espiritual. Talvez seja porque a voz feminina seja tão necessária agora. É essencial que procuremos ampliar nossa "experiência" de divindade em nossa vida, sem matá-la com palavras ou poluí-la com ódio. Se pudéssemos tocar o sagrado da vida do modo como toda mãe faz, estaríamos desejando que os outros se relacionassem com a

Fonte Divina em seu próprio modo, sem depreciar ou tentar provar que eles estão errados. Nossa unificação do espírito é a associação de todos os grandes ensinamentos espirituais.

Não podemos conhecer os limites de Deus. Não podemos guardar todas as suas formas em nossa consciência porque nosso ponto de referência está apenas aqui na Terra. Ainda temos que cruzar os céus do plano astral ou os céus do próprio espaço. Nossa busca nunca terminará, assim como nossas Almas vão eternamente se renovar no interior do Divino. Deixe que Deus se desenvolva! Alcancemos de modo consciente, além da solidão humana, e toquemos a fonte do ser humano – a Fonte Divina.

E se entrarmos no diálogo de participarmos como Fonte? Não apenas somos Divinos porque somos o milagre da vida, mas somos a Fonte de tudo que atraímos para nós mesmos. Quando nos permitiremos que o que vem a nós seja positivo, energias maravilhosas retornando conforme a amplificação de nossa divindade refletida? Precisamos de coragem para imaginar e praticar a expressão Divina. Podemos argumentar sobre Deus para sempre, ou podemos ativar o processo de nos tornarmos sagrados, agora.

Talvez seja difícil para você imaginar que é um ser sagrado. Seria mais fácil imaginar que você é um galáctico, e que o seu Eu humano é uma parte de seu repertório como ser sensível vivendo em um sistema solar, em uma galáxia, em um Universo? Caminhe pelo mundo como se você fosse um dos galácticos de natureza superior que veio para ampliar a beleza, tornar as coisas boas, ajudar a humanidade a evoluir. Você pode fazer isso. Na verdade, todas as pessoas podem fazer isso, porque cada pessoa tem dentro de si a bondade e o poder para participar em nossa evolução. Algumas almas estão aqui, sofrendo doenças, fome, pobreza e outras adversidades, de modo que os outros podem despertar para as verdades espirituais superiores – assim como "o que acontece a você, acontece a mim". Qual é mais Divino? Eles não são menos avançados espiritualmente nem menos poderosos – talvez, ao contrário, a coragem deles para ser objeto da lição seja incalculável para a evolução de todos nós.

Existe uma diferença entre se prender a Deus e expressar a Deus. Prendemo-nos tão fortemente a uma faceta da Fonte Divina que temos todas elas, porém, abafamos as vozes que trariam consciência iluminada para nossa realidade.

A Fonte de Deus existirá eternamente, mas precisamos desesperadamente adotar sua essência em novos modos, para evitarmos nosso próprio fim com guerras santas que tanto perverteram nossa natureza superior. Conforme evoluímos para uma era mais dolorosa do sentido do Eu, sentimo-nos essencialmente sozinhos, o que nos faz aderir a velhas maneiras que nos dão algum lugar para pertencermos.

Nossas infinitas Almas estão presentes quando estamos espremidos na "Alma Única" dentro da ponta individualizada do espírito que inicia a vida. A partir do momento da concepção, frequentemente temos a sensação de separação e limitação, mais do que o êxtase da criação. A experiência humana é impressionante desde o primeiro golpe de consciência humana, perdido na minúscula realidade da materialização. Isso apenas porque não aprendemos a manter a cortina da realidade multidimensional aberta. Estamos começando a fazer isso agora, mas a visão cósmica é apavorante para muitos.

A consciência humana tem a capacidade inata de tocar o Divino por meio das facetas de sua consciência multidimensional. Precisamos revisitar a magia de tais experiências inexplicáveis que nos levam através do véu para dentro de outras dimensões onde podemos sentir sua presença. Todos nós entramos nesses lugares quando crianças, quando víamos auras e falávamos com seres fantásticos, mas que posteriormente foram apagados de nossa consciência. Podemos ter uma conexão direta que infunde a comunicação com alegria e entusiasmo. Contos históricos desse fenômeno foram cantados através das eras. Simplesmente nos esquecemos que essa é a nossa canção.

Ninguém quer parecer estranho ou sentir a estupidez de uma espiritualidade que não está dentro dos limites de aprovação de uma compreensão coletiva. Certamente, também herdamos as amedrontadoras marcas psicogenéticas de ser queimado na fogueira e outras consequências de qualidades espirituais visíveis. Isso sempre foi como um ponto de massa crítica quando estamos à beira de algo totalmente novo. Quase todas as culturas temem o julgamento dos outros. Não tenha medo.

Do mesmo modo que as religiões evoluem para se libertarem do antigo, e rearranjam e reconstroem o que elas acham ser a verdade, nós precisamos querer fazer isso em massa – e estamos prontos para fazer isso agora. É hora de dizermos não aos conceitos dos infiéis e pecadores, hereges e dissidentes, o excomungado e o amaldiçoado. É hora de libertarmos nossa mente e permitirmos que os visionários e a pureza do coração falem com o Divino – não apenas o homem ou o instruído, mas o amoroso e o amado.

Questões profundamente estabelecidas quanto à lealdade entram em jogo quando imaginamos mudar nossas práticas religiosas ou nossa fé religiosa. Um "Deus Todo-Poderoso" não tem necessidade de ciúmes ou lealdade expressados na prática religiosa acima das leis universais de unificação. Nunca poderia ser desleal com a Fonte Divina, aplaudir todas as religiões, e apoiar a qualquer um que vê a vida como uma oportunidade de expressão Divina. É nossa responsabilidade insistir que nossa religião confirme seus ensinamentos sagrados – amor, compaixão, rendição, em cada decreto e ação. Se não o fazem, então é evidente que seus motivos profundos incluem ambição e busca por poder.

Os deuses de nossos ancestrais vieram e partiram. De que forma e com qual energia estamos procurando novos hoje? Nenhuma das representações do Senhor, do Deus que tínhamos no passado, realmente serve ao futuro da humanidade, devido à violência, à manipulação e aos castigos associados com esses seres devastadores para a consciência em evolução. Às vezes me pergunto se aquelas marcas psicogenéticas estão tão profundamente entalhadas em nós que podem, realmente, ser adicionadas a nossa realidade.

Precisamos organizar um novo sentido de Fonte Divina

que seja livre desses tipos de interpretações humanas. Resumindo, precisamos de novos deuses, novos modelos que possam nos levar ao próximo nível de consciência cósmica. Cristo e Buda nos deram um vislumbre, mas nós não praticamos seus exemplos. Em vez disso, fizemos interpretações humanas de como alcançar seus mundos exaltados de paraíso e nirvana. Para isso, os budistas tentam se desapegar do mundo, enquanto os cristãos e muçulmanos instilam o senso de imperfeição e necessidade de salvação da nossa "maldade".

Até que nos libertemos de nossos conceitos venenosos de salvação e suas ilusões secretas de que somos indignos, pecadores de uma força de Deus vingativo, nunca ascenderemos para o total poder do potencial humano.

A vida não necessita de salvação, necessita apenas de correntes de evolução. Não precisamos ser salvos; precisamos ser iluminados, Deus não fez os humanos de forma pobre para ter de salvá-los ou destruí-los. Estes são antigos conceitos. Podemos descobrir que os humanos não são criações de um único Deus, mas sim o resultado de algum tipo de consciência superior. Um passo importante para mudar nosso relacionamento com a Fonte Divina é simplesmente remover o conceito negativo de salvação da equação. Ele envenenou nossa visão do que é ser uma Alma humana materializada e nos colocou em um abismo de desilusão durante muito tempo!

Deus não precisa de nosso medo, nossa submissão, nossa lealdade ou quaisquer outros discursos que recebemos das religiões – sob o pretexto de transmitir ordens Dele. Talvez o resultado mais trágico dessas marcas negativas seja que nós não nos permitimos a liberdade para buscar novos profetas, novas experiências ou visões de Deus. Podemos começar agora!

Não é dentro da lei cósmica que a voz do Divino pode ser ouvida de forma tão suave somente em tempos históricos e de desconexão. Estamos presos como as grandes civilizações de antigamente na ilusória expectativa vazia entre as aparências sagradas? É por tudo isso que instigamos guerras em nome de Deus e brigamos como crianças desacompanhadas – porque nenhuma condução direta veio para nos ajudar a sentir a presença Divina? Não podemos deixar nossa referência espiritual para interpretações dúbias do homem e de culturas que apenas existem através das sombras esqueléticas do passado. Imagine o cosmos infinito esperando por nosso despertar.

Todos os seres Divinos que nos mostraram um vislumbre das realidades espirituais alçaram a consciência humana apenas para ouvir o baque de nossa colisão conforme retornamos ao chão de nossa existência. Eles nos mostraram mundos misteriosos e verdades cósmicas profundas, e nós os reduzimos a batalhas sobre quem é o verdadeiro Deus ou a verdadeira religião, ou quem é um santo e digno da aceitação de Deus. Todos os seres Divinos que refletiram ou trouxeram a consciência de Deus para nosso planeta são parte de nossa evolução espiritual. O que fizemos com seus ensinamentos tem sido um disfarce.

Se pudermos liberá-los das religiões que criamos em seus nomes, em nome do dogma, do sistema de crenças que foi formulado pela interpretação humana, poderemos vivenciá-los em sua essência espiritual. Dessa forma, não sentiremos separação, nem medo, e talvez nem mesmo preferência de um sobre o outro, porque cada um deles nos deu o ensinamento que abriu a janela do potencial para toda a humanidade. Quando penso em Buda, Jesus, Maomé etc., penso em suas essências, e não em suas formas. Aprenda a meditar sobre a essência e você vai se tornar a energia do Divino.

Será que podemos praticar o poder da compaixão de Buda, do amor de Jesus, da rendição de Maomé, e da sabedoria de outros grandes seres que nos foi oferecida sem sufocá-los dentro do dogma religioso? O que seria dos pregadores e líderes religiosos que continuam perpetrando tais leis religiosas que engolem as energias originais? Eles poderiam se tornar os verdadeiros professores que pretendem ser. Gritar sobre pecado e julgamento, agradar ou desagradar Deus, não é iluminação nem verdade; é o som da traição, do arrependimento e do medo. É a trepidação da morte do passado.

O verdadeiro ensinamento é um abraço, um retirar encorajado do véu da consciência que abre o caminho para a essência de nossa humanidade, onde a verdade pode crescer e evoluir, assim como o próprio Universo. No fim, não importa as escolhas feitas por líderes religiosos do passado; o que importa é o modo como carregamos nossa verdade espiritual para um futuro por meio de escolhas que fazemos por nós mesmos. Parece improvável que representantes das igrejas possam dar um salto significante para expressões espirituais iluminadas, pois eles estão presos à perpetuação do passado. A evolução de nossa Alma está inevitavelmente em nossas próprias mãos. Meu Eu Superior diz que devemos nos tornar nossos próprios professores, nossos próprios líderes, nossos próprios sacerdotes.

Além da confusão, da instabilidade e do veneno do dogma religioso, nós ainda podemos amar, adotar e buscar a Deus. Podemos nos mover por meio de nossos rituais religiosos, cantar nossas preces, adotar a parte que designamos para Deus em nossa vida diária, e ainda continuarmos permitindo a evolução de Deus. Estamos indo para um tempo onde as realidades invisíveis podem entrar em nossa consciência e nos libertar. As estruturas da religião, junto com os caminhos que elas colocam sobre nossa cultura e sociedade, precisam tomar o rumo da mudança do simbolismo externo, da verdade profundamente vivenciada.

No fim das contas, não é sobre o que está errado com as religiões, e sim sobre o que estamos livres para criar. Mesmo a Fonte Divina precisa aspirar nova possibilidade dentro do cosmos. Imagine imagens religiosas humanas deixando suas formas para se tornarem imagens cósmicas – do homem para Deus. Como seria isso?

Tornemo-nos a essência de nossa religião, e não suas cristalizações, sua estrutura antiquada. Haverá um momento em que a Fonte Divina não será sobre como devemos viver, mas o modo como vivemos refletirá toda a Divindade. Quando a consciência humana for mais iluminada, regras não serão necessárias, o direcionamento interno será inerente, e a vida incluirá um profundo sentido de Deus dentro de todos os seres sensíveis. Nós teremos conquistado nosso direito de primogenitura e ativado nosso verdadeiro destino.

Nós podemos nos tornar a religião e cultura da "humanidade". Seus atributos espirituais de amor e compaixão, heroísmo e vontade, fornecerão a solução final para nossos conflitos. Perdemos o sentido de transcendência que é um grande ensinamento sobre superioridade acima da desordem. Se guardássemos a vibração da transcendência em nossa consciência, sentiríamos a paz interior que poderia nos fazer atravessar qualquer barreira e nos transferir para um local de iluminação holográfica.

"A Paz é uma escolha" dizemos na Nizhoni School of Divinity – e é verdade que devemos escolher entre sermos ou não conscientes da Fonte Divina. A graça da vida espiritual não está em orar ou meditar, estudar ou aprender, está realmente em escolher. Uma vez feita, a iluminação começa a fluir desimpedida em nossa vida.

Se nos conectássemos diretamente com nossa Fonte Divina, perceberíamos que o esforço em todos os níveis de nossa vida diminuiria. Em vez de lutarmos para arrastar nossas crianças para a igreja, para atrair nossos maridos e esposas para rituais semanais, seríamos livres para sentir o abraço profundo do cosmos em nosso coração a todo o momento. Nossa mente se tornaria iluminada com a sabedoria que buscamos por tanto tempo.

O tempo altera a verdade vivenciada – ainda que com teimosia nos recusemos a permitir nossa visão do Divino de novas formas ou até mesmo nossa honra para com uma oitava superior de nossa humanidade. A paz mundial pode ser o modo mais iluminado de refletir a sabedoria espiritual que conquistamos. Mais do que o medo e o esforço que engolem nossa pequena realidade pessoal, podemos adotar todos os humanos como um grupo de Almas e compartilhar a existência pacífica como nosso direito de primogenitura durante esta permanência na Terra. Os deuses da guerra que conquistaram o limiar dentro de nossa evolução não podem continuar porque dividem a humanidade por domínios, e não nos ensinaram a paz – precisamos ensinar a nós mesmos.

Se é uma face da Fonte Divina que reconhecemos como Deus ou muitas materializações, realmente não importa. Elas são apenas reflexos de nossas próprias capacidades e repertório. Como transcendemos nossa vida, como trazemos os mistérios do Universo para dentro de nosso corpo e nosso mundo, é a próxima oitava de todos os esforços espirituais.

Estamos realmente livres para expressar e vivenciar nosso relacionamento com a Força de Deus de forma totalmente nova. Existem aspectos de nós mesmos que vão surgir, que são inconcebíveis para nós neste momento, mas em breve vão se tornar o centro de nossa realidade. Somos Divinos em essência, e carregamos dentro de nosso DNA espiritual o potencial absoluto para expressarmos a Divindade por meio de nossa vida – neste plano. Ainda não conhecemos esse potencial em termos de significado verdadeiro para nossa própria evolução, mas ele pode apenas ser íntegro e abrangente. Se Deus é amor, então o amor é a nossa própria essência e nossa grande verdade? Nosso DNA espiritual vai nos ajudar a conquistar habilidades tais como a cura, telepatia, bilocação e consciência, além de nossa realidade tridimensional.

Livremo-nos da insignificância de "não poderia ser eu". A resposta para esta dúvida é que isso tem que ser nosso. Esta é a razão pela qual estamos aqui. O fato é que nós estamos relacionados a Deus – independentemente se sabemos disso ou não, não importa o que fazemos durante a vida. Todos os nossos pensamentos, sentimentos, escolhas e expressões são o pano de fundo para novas possibilidades Divinas de criação. "Deus cresce por meio de você", diz meu Eu Superior.

Uma possibilidade realmente emocionante seria ver a Fonte Divina dentro de seu "próprio" contexto. Como podemos estender nossa consciência o bastante para até mesmo imaginarmos qual poderia ser o contexto? Possivelmente, a jornada é interna para o mais puro núcleo que ainda não vislumbramos.

Talvez esses milhares de anos de *Kali Uga* (escuridão) sejam apenas um flutuar na evolução da Alma, e na verdade, estamos indo maravilhosamente bem. Poderíamos estar evoluindo na compaixão, misericórdia e amor, aos seres humanos. A evolução de Deus é na verdade um pré-requisito de nossa própria evolução da Alma. Começamos com uma palavra para a Fonte Divina – nós a chamamos de Deus. Então a reivindicamos e a utilizamos como uma arma. Agora, somos convidados a estender nossa consciência para descobrirmos novas verdades espirituais, e esta espiral continuará para o infinito. Conforme saímos para o Universo, tornaremo-nos iluminados de acordo com as leis cósmicas, e por meio desse conhecimento encontraremos novos nomes e descrições do que chamamos de Deus. Todas as coisas são transcendentais, mesmo além dos Universos. Nossa evolução não precisa ser preenchida com tumulto e confusão; ela pode ser preenchida com o poder da transmutação, transfiguração e transcendência.

Devemos deixar nossas ilusões para trás para que possamos nascer dentro de um mundo de compreensão de quem nós somos. Como seria olhar por meio do olho mágico dentro do cosmos e vivenciar a nós mesmos como energia, mais do que simples corpo?

Imagine a si mesmo evoluindo em um ser verdadeiramente divino – preenchido com amor e luz. Imagine a si mesmo transcendendo as limitações de seu separado e solitário Eu – e a imagem mais estonteante de todas – imagine que você é a chave para *A evolução de Deus*!.

A paz mundial poderia ser a maneira
mais iluminada para refletir e tocar a Deus.

Sucessos de *ZIBIA GASPARETTO*

Crônicas e romances mediúnicos.
Mais de dez milhões de exemplares vendidos.
Há mais de dezesseis anos, Zibia Gasparetto vem se mantendo na lista dos mais vendidos, sendo reconhecida como uma das autoras nacionais que mais vendem livros.

Crônicas: Silveira Sampaio

- Pare de Sofrer
- O Mundo em que Eu Vivo
- Bate-Papo com o Além
- O Repórter do Outro Mundo

Crônicas: Zibia Gasparetto

- Conversando Contigo!
- Eles Continuam Entre Nós

Autores Diversos

- Pedaços do Cotidiano
- Voltas que a Vida Dá

Romances: Lucius

- O Amor Venceu
- O Amor Venceu (em edição ilustrada)
- O Morro das Ilusões
- Entre o Amor e a Guerra

- O Matuto
- O Fio do Destino
- Laços Eternos
- Espinhos do Tempo
- Esmeralda
- Quando a Vida Escolhe
- Somos Todos Inocentes
- Pelas Portas do Coração
- A Verdade de Cada Um
- Sem Medo de Viver
- O Advogado de Deus
- Quando Chega a Hora
- Ninguém é de Ninguém
- Quando é Preciso Voltar
- Tudo Tem Seu Preço
- Tudo Valeu a Pena
- Um Amor de Verdade
- Nada é Por Acaso
- O Amanhã a Deus Pertence
- Onde Está Teresa?
- Vencendo o Passado
- Se Abrindo pra Vida

Sucesso de *SILVANA GASPARETTO*

Obra de autoconhecimento voltada para o universo infantil.
Textos que ajudam as crianças a aprenderem a identificar seus sentimentos mais profundos tais como: tristeza, raiva, frustração, limitação, decepção, euforia etc., e naturalmente auxiliam no seu processo de autoestima positiva.

- Fada Consciência

OUTROS AUTORES (Nacionais)

Conheça nossos lançamentos que oferecem a você as chaves para abrir as portas do sucesso, em todas as fases da sua vida.

LOUSANNE DE LUCCA
- Alfabetização Afetiva

MARIA APARECIDA MARTINS
- A Nova Metafísica
- Conexão – "Uma nova visão de mediunidade"
- Mediunidade e Auto-Estima

VALCAPELLI
- Amor Sem Crise

VALCAPELLI e GASPARETTO
- Metafísica da Saúde
  - Vol. 1: sistemas respiratório e digestivo
  - Vol. 2: sistemas circulatório, urinário e reprodutor
  - Vol. 3: sistemas endócrino (incluindo obesidade) e muscular
  - Vol. 4: sistema nervoso (incluindo coluna vertebral)

FLAVIO LOPES
- A Vida em Duas Cores

MECO SIMÕES G. FILHO
- Eurico – um urso de sorte (infantil)
- A Aventura Maluca do Papai Noel e do Coelho da Páscoa (infantil)

MAURÍCIO DE CASTRO (pelo espírito Hermes)
- O Amor Não Pode Esperar

RICKY MEDEIROS
- A Passagem
- Quando Ele Voltar
- Pelo Amor ou Pela Dor...
- Vai Amanhecer Outra Vez
- Diante do Espelho

LEONARDO RÁSICA
- Fantasmas do Tempo – Eles Voltaram Para Contar
- Luzes do Passado

VERA LÚCIA CLARO
- Stef – A Sobrevivente

LILIANE MOURA
- Viajando nas Estrelas

LUCIMARA GALLICIA
- Sem Medo do Amanhã

ANA CRISTINA VARGAS (ditado por José Antônio)
- A Morte é uma Farsa

MÁRCIO FIORILLO (ditado por Madalena)
- Em Nome da Lei

SÍRIA MARIA MOHAMED
- Kiwi – O Pintinho Diferente

MARCELO CEZAR (ditado por Marco Aurélio)
- A Vida Sempre Vence
- Só Deus Sabe
- Nada é como Parece
- Nunca Estamos Sós

- Medo de Amar
- Você Faz o Amanhã
- O Preço da Paz
- Para Sempre Comigo
- A Última Chance
- Um Sopro de Ternura

MÔNICA DE CASTRO (ditado por Leonel)

- Uma História de Ontem
- Sentindo na Própria Pele
- Com o Amor não se Brinca
- Até que a Vida os Separe
- O Preço de ser Diferente
- Greta
- Segredo da Alma
- Giselle – A Amante do Inquisidor
- Lembranças que o Vento Traz
- Só por Amor
- Gêmeas

ESPAÇO VIDA & CONSCIÊNCIA

É um centro de cultura e desenvolvimento da espiritualidade independente.

Acreditamos que temos muito a estudar para compreender de forma mais clara os mistérios da eternidade.

A Vida parece infinitamente sábia em nos dotar de inteligência para sobreviver com felicidade, e me parece a única saída para o sofrimento humano.

Nosso espaço se dedica inteiramente ao conhecimento filosófico e experimental das Leis da Vida, principalmente aquelas que conduzem os nossos destinos.

Acreditamos que somos realmente esta imensa força vital e eterna que anima a tudo, e não queremos ficar parados nos velhos padrões religiosos que pouco ou nada acrescentaram ao progresso da humanidade.

Assim, mudamos nossa atitude para uma posição mais cientificamente metodológica e resolvemos reinvestigar os velhos temas com uma nova cabeça.

O resultado é de fato surpreendente, ousado, instigador e prático.

É necessário querer estar à frente do seu tempo para possuí-lo.

Luiz Antonio Gasparetto

Mais informações:

Espaço Vida e Consciência – SP
Rua Salvador Simões, 444 – Ipiranga – São Paulo – SP
CEP 04276-000 – Tel./Fax: (11) 5063-2150
Espaço Vida e Consciência – RJ
Rua Santo Amaro, 119 – Glória – Rio de Janeiro – RJ
CEP 22211-230 – Tel./Fax: (21) 3509-0200
E-mail: espaço@vidaeconsciencia.com.br
Site: www.vidaeconsciencia.com.br

INFORMAÇÕES E VENDAS:

Rua Agostinho Gomes, 2312
Ipiranga • CEP 04206-001
São Paulo • SP • Brasil
Fone / Fax: (11) 3577-3200 / 3577-3201
E-mail: editora@vidaeconsciencia.com.br
Site: www.vidaeconsciencia.com.br